東アジアにおける知の往還

大学共同利用機関法人
人間文化研究機構
国文学研究資料館・高麗大学校グローバル日本研究院〈共編〉

勉誠出版

東アジアにおける知の往還

——【目次】

【序】

I 書物と文化

［序］

刊行によせて

ロバート キャンベル（国文学研究資料館長）

気候危機にパンデミック、市民間の分断。わたくしたちが生きようとする日常を生命をも脅かす大きな困難が次々と襲ってくる。多くの変化を短期間に強いられ、なかでも生活を支える言論の根拠について、世界各地で激しい対立が出来上がっている。われわれがいかにして大河のごとく流れる情報を「個」として的確に受け止め、判断の材料に変換できるかが喫緊の課題となっている。生存の根本に関わるさまざまな価値体系を動態として捉えるためには、歴史的経験の記述に基づいた検証を進めなければならない。そして現代において「文学」というディシプリンに括られる多種の証言と形態にこそ、その価値体系の推移を緻密に読み解くための素材が備わっているように思う。人文科学が、社会からの負託に向き合うのならば、「文学」が包摂する虚実諸々の記述に目を向け、知恵と知見を多角的な方法によって掬い取り、分析することが不可欠である。今後そのタスクが果たせないのなら、人文科学は学問領域としての幅も深度も拡充することができない。

その意味において、「東アジアにおける知の往還」とはまさに時宜に適った研究課題と言える。「知」を下支えするものの根拠を豊富な文献に求め、加速化する時代における人々の「往還」を現在の空間から切り放し、歴史的経験を留めた表現の集合体から照射することで新規の問いかけに繋げることができるのである。

先日、国文学研究資料館では「日本古典籍研究国際コンソーシアム」という前近代日本の文献資料（＝古典籍）をめぐる共同事業を立ち上げたばかりである。発足するまで二年はかかったが、その過程で高麗大学校の先生方や大学院生たちとのご縁が力となり、コンソーシアムとは何かについてさまざまな示唆を戴いた。六年前から、高麗大学校グローバル日本研究院と国文学研究資料館との間には学術交流協定が結ばれ、二〇一七年から昨年までは、合計三回にわたる共同フォーラムをソウルと東京で行った。その成果として、多岐にわたる往還の軌跡を一冊にまとめることができた。現時点では、韓国と日本の間を往還する人々の足はコロナ禍によって止められているのだが、それ以前に、歴史に刻まれた知の往還を共に探究できたことの意義は深い。一冊の完成を、心から喜びたい。

高麗大学校グローバル日本研究院の鄭炳浩《チョン・ビョンホ》院長を筆頭に、この日韓両国での共同出版に向けて多くの時間と情熱を傾けてくださった高麗大学校の金秀美《キム・スウミ》教授と国文学研究資料館の齋藤真麻理《さいとうまおり》教授と、両国それぞれの言語で編集作業に当たられた編集担当の方々に感謝を申し述べたい。国境を越え、今後も往還がますます大きな実を結ぶことを願うばかりである。

二〇二〇年十二月

Robert CAMPBELL――国文学研究資料館長。専門は日本文学。とくに近世から明治の文学およびそれに関連する芸術・思想・メディアなど。主な著書・論文に『漢文小説集』（共編、岩波書店『新日本古典文学大系 明治編』、二〇〇五年）、『海外見聞集』（共編、岩波書店『新日本古典文学大系 明治編』、二〇〇九年）、『近世文学史研究』三 特集「一九世紀の文学」（監修、ぺりかん社、二〇一九年）などがある。

刊行によせて

鄭炳浩（高麗大学校グローバル日本研究院）

本書『東アジアにおける知の往還』は、高麗大学校グローバル日本研究院と国文学研究資料館が二〇一四年度に締結した学術交流協定に基づき、東京とソウルを行き来しながら三回に渡って共催した「東アジアにおける知の往還」をテーマとしたフォーラムの貴重な成果物である。二〇〇〇年代以後いわゆるグローバル時代を迎えて、日本文学をも含んだ日本研究分野では一国を越えて東アジアを舞台に、あるいは全世界を舞台に国際的な学術交流が非常に盛んになってきた。しかし、その交流がややもすれば単発の学術的行事に終ってしまい、段階的なステップを踏んで着実に持続するような場合は以外と少ない。

そのような意味でも、それまでも交流の実績に基づき二〇一四年度に国文学研究資料館と本研究院が学術交流協定を結んで、二〇一七年から二〇一九年度に渡り毎年共同のフォーラムを開催し、その業績を一つの書籍に編集し刊行することはとても深い意義を持つと言わざるを得ない。その上、この間の学術交流の成果をそれぞれ日本語と韓国語で翻訳し日韓両国で同時に出版する試みはこれからの国際学術交流を考える上でも一つのモデルになれると確信するところである。

私は一九九〇年代後半日本に留学した時代、当時は品川区にあった国文学研究資料館の「国際日本文学研究集会」でわくわくしながら研究発表し、その論文を『国際日本文学研究集会会議録』に掲載していただいたが、今もその記憶が新しく、感無量の気持ちである。高麗大学校グローバル日本研究院は国文学研究資料館が力を入れている「日本古典籍研究国際コンソーシアム」にも積極的に参加するのみならず、これまでのフォーラムを一層継承させた多様なプログラムを通して持続的で成果のある国際学術交流を深めていきたい。

この『東アジアにおける知の往還』が日韓両国で共同出版されるに際して、今までの交流の実質的な作業にご尽力された国文学研究資料館の齋藤真麻理先生と高麗大学校日語日文学科の金秀美先生に感謝の意を申し上げたい。また、両機関の交流を積極的にサポートしその方向性に多くご教示くださったロバート キャンベル館長にも心から感謝の気持ちをお伝えしたい。最後に共同出版の編集作業と出版を快く受け入れて下さった日本の勉誠出版と韓国の亦楽出版にこの場を借りて御礼を申し上げる次第である。

二〇二〇年十二月

チョン・ビョンホ――高麗大学校日語日文学科教授・グローバル日本研究院院長。専門は日本近現代文学、植民地日本語文学。主な著書に『日本文学から見る三・一運動』（高麗大学校出版文化院、二〇二〇年）、『日本の災難文学と文化』（共著、高麗大学校出版文化院、二〇一八年）、『東アジアの日本語雑誌の流通と植民地文学』（共著、図書出版亦楽、二〇一四年）などがある。

本書の企画と構成

齋藤真麻理（国文学研究資料館）
金秀美（高麗大学校）

本書は東アジアにおける知の動態を明視すべく、国文学研究資料館と高麗大学校グローバル日本研究院の共編によって構想されたものである。両機関が希求したのは閉じられた一回性の企画ではなく、研究交流の継続性と多様性であった。研究課題に「東アジアにおける知の往還」を選んだのは、こうした企図に加えて、われわれ研究者自身が知の往還者として交流を行うという二重の意味をこめたのである。

それを実りあるものとするため、三つの観点から全三回のフォーラムが企画された。第一回「書物と文化」、第二回「記録と記憶」、第三回「都市という舞台」である。毎秋、紅葉の色も深まる頃に、多くの研究者が両機関に集って下さった。

第一回のフォーラムは二〇一七年十月、徐承元《ソウ・スンウォン》院長（当時）以下、四名の高麗大学校の研究者を国文学研究資料館に迎えて開催された。第二回は高麗大学校グローバル日本研究院を会場とし、国文学研究資料館側からロバート キャンベル館長以下、五名の研究者を迎えて実施された。第三回は再び国文学研究資料館が会場となり、鄭炳浩《チョン・ビョンホ》新院長をはじめ、高麗大学校から五名の研究者を迎えてさらに交流は深まった。いずれの回も日本文学、日本美術史、思想史、歴史学、アーカイブズ学など、多様な分野の研究者が専門性に根ざした知見を披瀝し、多くの聴講者に恵まれて熱心な討議が展開されたのは、誠に幸福なことであった。なお、こうした交流の端緒が開かれたのは、二〇一六年十二月、当時の今西祐一郎館長、谷川惠一副館長、徐承元院長との会談によることを、謝意をこめてここに記念しておきたい。

本書はこれら三回のフォーラムの研究成果をもとに、新たな知見や書き下ろしを加えた全三章から構成されており、日韓両国で共同出版されることとなった。専門を異にする研究者はもとより、学部生にも親しみやすいよう、表現に工夫をこらし、多くの図版を収載した。

第一章で着目するのは、文字・絵画・書形が形づくる書物文化の諸相である。東アジアという漢字文化圏において、日韓の古典文学の担い手は、それぞれ固有の文字表記、すなわち、仮名とハングルとを生み出した。その比較検討からは、女性表現の醸成と文化的背景の差異が浮かび上がってくる。近代日本に目を転ずれば、「遺稿集」や「元寇図」の世界が広がっている。絵画表象と文字との往還からは、国宝『源氏物語絵巻』の表現手法や、古注釈を活用した「徒然絵」の生成過程が見えてくる。書物の「かたち」そのものも見逃せない。それはしばしば「書かれるもの」と密接な繋がりを有しているからだ。装訂とジャンル、文字との関係性は文学研究にも有益な視点であろう。

第二章は、災難文学の視座に立ち、記憶に新しいセウォル号事件と東日本大震災の文学化をめぐって、その意義と特質が論じられる。原発事故など複合災害の事例には、歴史と文化の継承への弛まぬ営みが刻まれている。また、高麗時代モンゴルの侵略期に作られた『三国遺事』には、韓半島の歴史と文化を語る記述の中で、その国家的災難を克服しようとする願いが盛り込まれている。本章後半では「記録」と文学的言説の往還に目を向ける。森鷗外『高瀬舟』と江戸時代中期の法令とを併せ見れば、物語の時空は新たな読みによって変容を呈し、在日朝鮮人の「帰国事業」の動因は、その記憶を語る文学テクストによって総体を顕す。

本書を締め括る第三章では、「江戸」「京城」「パリ」の三都市を舞台に展開された歴史的・文学的営為に着目する。安政期に江戸を襲った天災と疫病は、大君の都の風景を大きく変えたが、その復興過程の観察からは大寺院と豪商との社会関係があぶり出されてくる。また、近代初、韓半島で出版された『朝鮮風土歌集』と朝鮮総督府の機関紙『京城日報』に収録された文学作品は、大都京城の表象に懐抱される朝鮮色や歴史記憶、植民地文化政治のイデオロギーを映し出す。そして最後に注目するのは、パリの都市表象に満ちた近代のさまざまなテクスト群である。翻訳受容や都市表象史の問題、江戸時代後期の文化との比較研究、延いては日本近代文学における都市表象の位置づけなど、新たな研究への展望が示される。

以上、本書は多面的な視角を提示しつつ、相互に結び合いながら、東アジアにおける知の往還を描き出している。その先にはどのような風景が現れてくるのか、さらなる一歩を踏み出したいと思う。

日韓それぞれの編集に当たっては、勉誠出版と亦楽出版より、多大なご尽力を賜った。なお、本書に掲載された国文学研究資料館の教員および桜井宏徳氏、ギョーム・カレ氏の論文およびコラムについては、韓国語訳の上、韓国語版『동아시아 지식의 교류（東アジアにおける知識の交流）』に収録される。その翻訳に際しては、高麗大学校グローバル日本研究院の金孝順《キム・ヒョスン》教授および翻訳院に格別のご高配を賜った。全三回のフォーラム開催に当たっては、国文学研究資料館国際連携部の機関研究員、井内美由起、滝澤みか（以上、当時）、幾浦裕之（現職）の諸氏、高麗大学校グローバル日本研究院行政室の文賢熙《ムン・ヒョンヒ》チーム長（当時）にご協力頂いた。末筆ながら、貴重な資料の掲載をご許可下さった諸機関に御礼申し上げる。

二〇二〇年十二月

『栄花物語』と朝鮮王朝の宮廷文学
――『閑中録』との比較を中心として

桜井宏徳

さくらい・ひろのり――大妻女子大学文学部日本文学科准教授、二〇一四〜二〇一六年度・国文学研究資料館共同研究員。専門は平安文学（中古文学）・歴史物語。主な著書・論文に『物語文学としての大鏡』（新典社、二〇〇九年）、『ひらかれる源氏物語』（共編、勉誠出版、二〇一七年）、「歴史叙述と仮名表記――『愚管抄』から『栄花物語』を考えるための序章」（『大妻国文』第五一号、二〇二〇年三月）などがある。

平安時代の日本では平仮名が、朝鮮王朝時代の韓国では八ングルが誕生し、女性表現の可能性は飛躍的に拡大した。やがて女性たちは、それまではもっぱら漢文に占有されていた歴史叙述にまで進出してゆく。本稿では、『栄花物語』と『閑中録』との比較を通じて、女性たちは仮名／ハングルの私的叙述で歴史をどのように書いたのかについて考察する。

一、『栄花物語』と朝鮮王朝の宮廷文学

日本の平安時代中期に相当する十一世紀の東アジアは、修史の季節を迎えていたといってよい。建国から一世紀ほどを経た宋では、前代を対象とする修史の機運が高まり、欧陽脩私撰の『新五代史』、勅撰の『新唐書』、そして司馬光による編年体史書の金字塔『資治通鑑』が、一〇五〇年代から八〇年代にかけて相次いで編まれている。北方の契丹でも、遼王朝の最盛期を築いた聖宗のもとで十世紀末から正史の編纂が始まり、以後、四半世紀から半世紀ほどの周期で実録が撰進されてゆく。一〇一一年の契丹の侵攻によって王都開城が陥落し、宮城の蔵書が灰燼に帰した高麗では、修史の再興をめざして修史官が設けられ、一〇三四年には『七代実録』（散逸）が撰進されるに至っている。(1)

一方、右のような十一世紀の東アジアにおける修史の盛行から、独り取り残されていたのが日本である。日本では、『日本三代実録』が延喜元年（九〇一）に撰進されたのを最後

に正史の編纂は途絶え、その後幾度か試みられた修史の復興も実現を見なかった。当時の東アジアでは、宋・契丹・高麗の三国が相互に関わり合いながら国際情勢が展開されており、国家としてのアイデンティティを内外に宣揚する目的からも修史が求められていたが、日本はすでに十世紀には東部ユーラシアとの政治的連関をほぼ喪失していたとされ、[2]それゆえに修史の機運も高まらなかったものと推察される。

六国史の終焉と入れ替わるようにして、十一世紀の日本では、近代に至って「歴史物語」と称されることになる仮名文の歴史叙述が登場する。その嚆矢が『栄花物語』である。『栄花物語』は正編三十巻・続編十巻から成り、正編は一〇三〇年前後、続編は一〇九〇年代の成立と推定されている。

東アジアの漢字文化圏では、最も権威ある書物である史書は、正統かつ公的な文字とされていた漢字の文章――漢文によって書かれるべきものであった。東アジアのどこでも読まれうる漢字・漢文で歴史を書くことは、国史の対外的な宣揚という前述の目的にも適うものであったろう。

そうした中にあって、女性たちの手によって『栄花物語』が仮名文で書かれたのは、世界史的に見ても異例のことであった。九世紀後半から用いられ始めた平仮名は、容易に日本語の音声を表記しうる便利さゆえに急速に普及していったが、仮名はその名のごとく、あくまでも「真名」すなわち真の文字とされた漢字に対する仮の文字に過ぎず、非正統・非公式の文字であることを免れていなかったのである。また、「女手」という別称が示すように、その使い手は主に女性であり、女というジェンダーと分かちがたく結びついてもいた。

そのような文字である仮名の文章で歴史を書くことが可能であった主因は、后妃の身辺の出来事をその女房たちが賛美的に記録する女房日記――『枕草子』『紫式部日記』なども女房日記としての一面を備えている――の伝統が平安時代の宮廷社会にすでにあったこと、そして何より、日本国の歴史と天皇家の正統性を内外に喧伝する公文書としての権威と使命を帯びていた六国史とは異なり、『栄花物語』が藤原道長の一家を中心として貴族社会の文化史を描くことに主眼を置く私的な歴史叙述であったことに求められよう。[3]みずから述べているように、『栄花物語』が書こうとしていたのは、「をかしくめでたき世の有様《ありさま》ども」(巻第一「月の宴」①三九頁)[4]であり、「殿の御前(道長)の御有様《ありさま》」(巻第三十「つるのはやし」③一八一頁)であり、「世の中のゆきかはり、人の御幸《さいは》ひなど、昔物語《むかしものがたり》のやうなる事ども」(巻第三十六「根あはせ」③三九八頁)であって、けっして国家の歴史ではなかったのである。

とはいえ、たとえ正史あるいはそれに準じるものではなかったにせよ、『栄花物語』のように女性によって漢字ならざる固有の文字で書かれた歴史叙述は、古代東アジアには見出しがたい。これに類するものが東アジアに出現するのは、『栄花物語』から六、七百年以上も時を隔てた十七、八世紀の朝鮮王朝においてである。朝鮮王朝の三大宮廷文学として知られる『癸丑日記』『仁顕王后伝』『閑中録』は、いずれも宮廷に生きた女性（『仁顕王后伝』には男性作者説もあるが）によってハングルで書かれ、私的な立場から歴史を記している点で、道長一家の女房たちが仮名で宮廷・後宮を舞台とする文化史を描いた『栄花物語』に近似しており、『閑中録』には、「このわたくしの記録はごく私的なものであるが」（五一四頁）[5]という、その私的性格の自覚を示す記述も見出される。

これら三作の宮廷文学は、それぞれ「日記」「伝」「録」と題されてはいるものの、小説なのか否か、小説ではないとすれば随筆・日記・記録等のいずれに分類されるかで議論が分かれており、「宮廷実記文学」という新たなジャンルも提唱されるなど、ジャンルを越境する多様性を有しているが[6]、仮名日記・作り物語・私家集・仮名書状など、平安時代のあらゆる女性表現の集大成というべき性格を持つ『栄花物語』も同様に、「物語」というジャンルの枠組みのみでは把捉しきれないテクストである。[7]

むろん、『栄花物語』と朝鮮王朝の宮廷文学とでは、各々を生み出した時代や社会的・文化的背景は大きく異なっており、その差異も等閑視しがたいが、本稿では、『栄花物語』と、朝鮮王朝の三大宮廷文学の中で最も大部であり、十八世紀半ばから十九世紀初めにかけての朝鮮王朝史の貴重な証言ともなっている『閑中録』との比較を通じて、女性が仮名／ハングルの私的叙述によって歴史をどのように書いたのかについて考察してゆく。

『閑中録』は、二十一代国王英祖の東宮思悼世子の嬪・二十二代国王正祖の母・二十三代国王純祖の祖母である恵慶宮洪氏が、一七九五年から一八〇五年にかけて、数度にわたって書き継いだものである。前半では、思悼世子が父の英祖によって処刑される壬午禍変（一七六二年）に至るまでの経緯が世子への哀悼の念とともに克明に記され、後半では、政争のために没落を余儀なくされた実家の洪氏、とりわけ冤罪によって死に追いやられた弟の洪楽任のための弁明が、痛憤を込めて綴られている。『恨中録』とも表記され、内容から見れば「恨」の方がよりふさわしいようにも思われるが、本稿では、「閑中」は「忙中」などと同じように、漢字熟語として成立するように思えるが、「恨中」は漢字熟語としてはいささか意味不明の語といわざるを得ない」とする鶴園裕氏の指摘(8)に従って、便宜的に『閑中録』の表記を用いることとする。

二、仮名／ハングルと女性文学

ここでは、『栄花物語』や『閑中録』のような私的な歴史叙述の出現を可能にした条件としての仮名およびハングルに注目して、それらの文字と女性文学との関わりについて、平安時代と朝鮮王朝の宮廷社会の差異にも留意しながら考察を加えてゆく。

仮名とハングルとの最大の共通点は、それぞれ日本語・韓国語の発音をそのまま表記できる表音文字である、ということであろう。九世紀後半に漢字の字体を崩す形で自然発生的に生み出された仮名（平仮名）と、十五世紀半ばに朝鮮王朝の四代国王世宗によって漢字とはまったく異なる文字として創製されたハングルは、成立の時期や経緯こそ大きく異なるものの、世宗が『訓民正音』の御製序で、

> 国の語音、中国に異なり、文字《もんじ》と相《あ》い流通せず、故に愚民、言わんと欲する所有《あ》れども、終《つ》いに其《そ》の情を伸ぶるを得ざる者多し。　（八頁）(9)

と述べていることは、仮名と漢字との関係にもそのまま当てはまる。日本でも、『栄花物語』が漢文の願文を仮名文に翻訳しがたいことについて、

> よく願文《ぐわんもん》のことばども、仮名《かんな》の心得ぬ（「心知らぬ」とする異文も存する）ことども交りてあれば、これ（仮名）にてえ写しとらず。　（巻第十五「うたがひ」②一九四頁）

と記しており、仮名が「文字《もんじ》（漢字）と相《あ》い流通」しないことが早くから自覚されていたことが確認される。

朝鮮王朝の人びともハングルと仮名の類似性には注目していたらしく、一五九七年の慶長の役（丁酉倭乱）の際に捕らわれて日本に抑留された経験を持ち、藤原惺窩との交流でも知られる朱子学者の姜沆は、その著『看羊録』の中で、

> （彼〔引用者注・空海〕は）倭人が文字（漢文）を理解できないので、方言（日本語）をよりどころにして、それを四八字に分けて倭諺《かな》〔文字〕を作りました。その諺《かな》を文字（漢字）に雑《まじ》えて用いるのは、酷《ひど》くわが国の吏読《りとう》に似ており、文字を雑えないのは、酷くわが国の諺文《ハングル》に似ております。　（二九頁）(10)

と述べている。空海が仮名を作ったとする俗説はさておき、漢文訓読と吏読、仮名とハングルとがそれぞれ酷似するという指摘は注目に値しよう。

また、これより早く一四四三年に通信使の書状官として日

本を訪れた申叔舟の『海東諸国紀』には、仮名についての、

男女と無く皆其の国字を習う。国字は加多干那（かたかんな）と号す。凡そ四十七字なり。（一一八頁）[11]

という記述も見られる。申叔舟はハングルの創製にも寄与した人物であり、金鍾徳氏は右の『海東諸国紀』の記事に着目

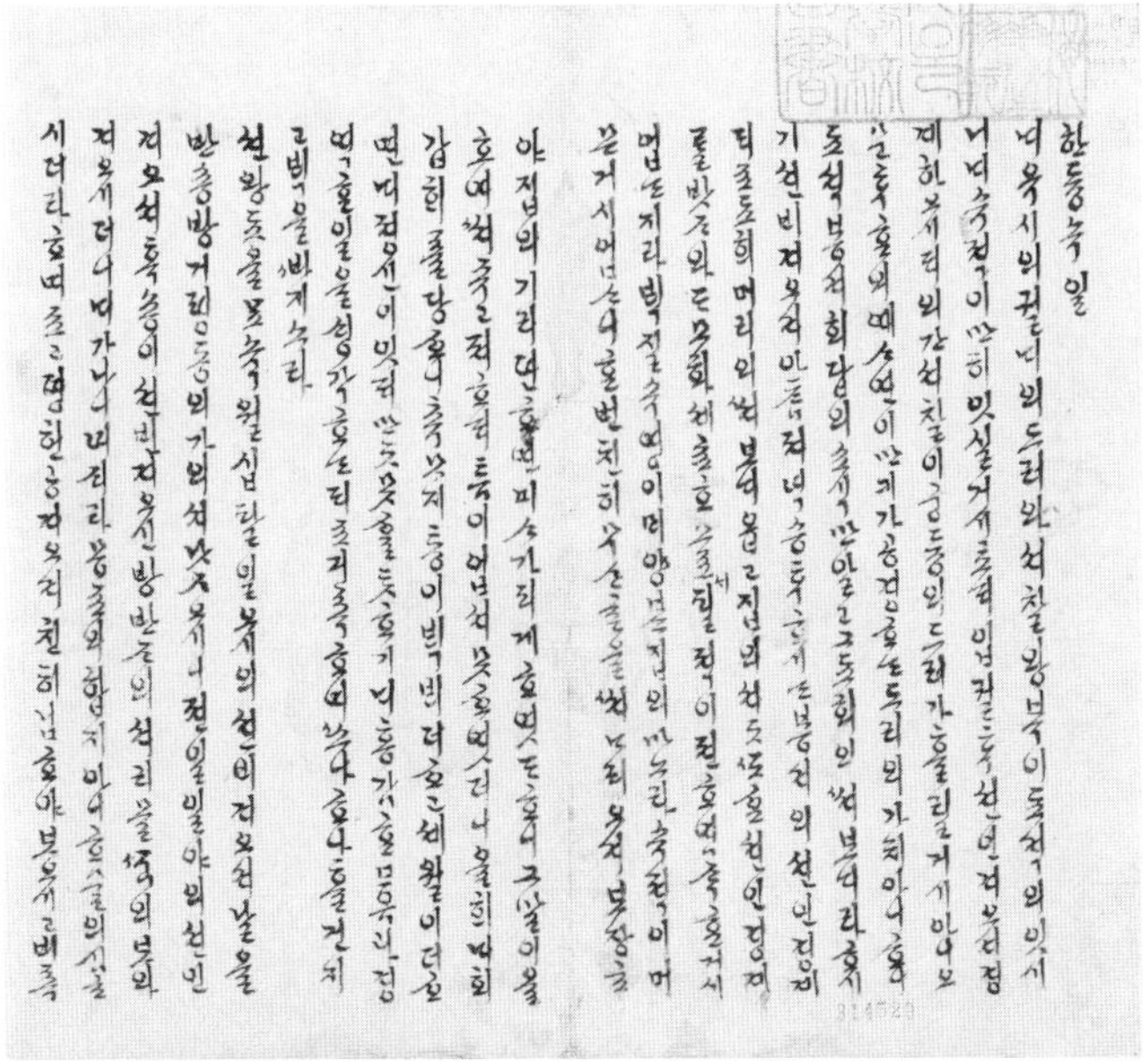

図1　ソウル大学校奎章閣韓国学研究院蔵『恨中録』
（http://kyudb.snu.ac.kr/pf01/rendererImg.do）

して、ハングルの創製に際して仮名がモデルとなった可能性を指摘している。[12]

前掲の『訓民正音』に「愚民、言わんと欲する所有《あ》れども、終《つ》いに其《そ》の情を伸ぶるを得ざる者多し」、また『看羊録』にも「倭人が文字（漢文）を理解できないので」とあったように、仮名もハングルも、基本的に漢文のリテラシーを持たない者が用いる文字とみなされており、いずれも当初の主な使い手は貴族階級の女性たちであった。

もっとも、仮名とハングルによる女性文学の歩みはかなり異なる。仮名は前述のように急速に貴族社会に定着し、平仮名が普及し始めてから五十年ほど後の九二〇〜三〇年代には中宮藤原穏子の女房たちが主人の身辺の出来事を記録した『太后御記』を残しており、[13]九七〇年代には女性による初めての日記文学として『蜻蛉日記』も書かれるに至る。

これに対して、強固な儒教（性理学）イデオロギーのもと、女性が抑圧・差別されていた朝鮮王朝では、漢文を重んじる士大夫を中心にハングルを忌避・蔑視する傾向が根強く、「雌文字」と蔑称されたり、十代国王燕山君によって禁止・弾圧されたりするなどしたため、その普及は遅れた。[14]「女手」という女性性を刻印された別称を持つ仮名も、公文書にはけっして用いられない非公式・非正統の文字ではあったが、

男性も日常生活の中では仮名を用いており、流麗な仮名の筆跡は男女を問わず称賛の的でもあったから、平安時代に仮名が蔑視されることはなかった、と見て誤らないであろう。

また、朝鮮王朝の宮廷は、女房たちが后妃の記録係としての役割を担い[15]、書くことによって後宮サロンの文化を内外に伝えることさえ期待されていた平安時代の宮廷とはおよそ異なる閉鎖性な空間であり、「九重禁中という特殊社会の機密の漏洩や権威に抵触することをしてはいけないといったタブーがあった」[16]ため、宮中での出来事を私的に記し伝えることは、筆禍を招きかねない危険な営みとしてタブー視されていた[17]。これについては、『閑中録』の冒頭にも、宮廷に入った作者恵慶宮洪氏が、父洪鳳漢に「見舞いの言葉以外に事細かに書くのはもってのほかで、道理にかなわないことだ」(二一七頁)と戒められたこと、また「実家の方でも、わたくし(恵慶宮)のしたためた文字はすべて水に洗い流して、わたくしの筆跡はほとんど残らないようにした」(同)ことが記されている。

右のような社会背景のもとでは、女性たちによるハングルの宮廷文学が花開くことなど期待すべくもあるまい。ハングルの創製から百五十年以上を経て、十七世紀初頭にようやく現れた『癸丑日記』は「朝鮮王朝宮中文学の嚆矢」「ハングルで書かれた最初の女性文学」[18]として高く評価されているが、これは仁穆王后の辛苦に満ちた幽閉生活をその内人(女官)たちが記したもので、政争にまつわる宮中の秘事を、タブーを犯して暴くものである。この点においては、仁顕王后と張禧嬪との対立を仁顕王后の側から勧善懲悪的に描く十八世紀初頭の『仁顕王后伝』や、前述のように壬午禍変や洪氏の没落を当事者自身が語る『閑中録』も同様であるといえよう。これらは本来秘匿されるべきものであり、事実、『閑中録』が発見・紹介されたのは、一九六〇年代に入ってからのことである。同じく女性の手による宮廷文学であるとはいえ、堀口悟氏がいうように、「平穏な日本の王朝時代と党争・換局に揺れる韓国宮中との歴史背景の違いを、まざまざと感じさせられる」[19]ことは否定すべくもない。

このように、平安時代と朝鮮王朝の宮廷文学は、内容的にはほとんど比較しがたいほど異なっているものの、仮名とハングルがそれぞれの用途を広げ、女性による宮廷文学を生み出すに至るまでの過程は、不思議なほど似通っている。李愛淑氏は、ハングルによる女性表現が日常生活の中で書かれる諺簡《オンガン》と称される手紙から始まり、その諺簡がハングルの詩歌である歌辞《ガサ》の伝統を媒介として長編化することで女性文学が成立したことを論じている[20]。『閑中録』もまた、内簡体と称される典雅な書簡体で書かれているのである。

叙上のごとく、朝鮮王朝では手紙と詩歌が女性表現の二つの柱だったわけであるが、平安時代の日本でも同様に、平仮名の当初の用途は手紙と和歌であり、手紙は和歌を伴うのが一般的でもあった。手紙を書くという営みは、女性たちの和歌を詠む力と散文の文章力とを、同時に高めてゆく役割を果たしていたものと考えられる。たとえば、「女」が書いた「和歌と散文の融合した独特の雅文」[21]と評される手習文《てならいぶみ》がそのまま「宮」への手紙とされた『和泉式部物語(日記)』の例などは、それを象徴するものといえよう。

朝鮮王朝の宮廷文学には詩歌そのものは含まれず、その点では例外なく和歌を含んでいる平安時代の物語や日記などの散文文学とは異なるが、仮名やハングルによって手紙や詩歌を書くという日常に根差した営みが女性表現の成熟を促し、宮廷文学への途を切り拓いていったことは確かである。

三、仮名/ハングルの歴史叙述とその虚構性

李愛淑氏は、漢文の正史『朝鮮王朝実録』では朧化されている壬午禍変の顚末――思悼世子が父英祖の命でみずから米櫃の中に入り、そのまま閉じ込められて餓死したこと――を『閑中録』が詳述していることについて、「漢字で記録する公的歴史が書かない事件の真相をハングルでの私的叙述で細部まで書くことは、それだけで公的秩序への侵犯にならざるを得ない」と説き、『閑中録』を「王権への侵犯の言説」と評している。[22]『閑中録』には、悲劇的な死を遂げた廃太子の妻として、また没落の憂き目を見た洪氏の娘としての恵慶宮の「公的秩序」に抗う「私的」な思いが横溢しており、『閑中録』はそうした内容の面からも、単に女性の文字であるのみならず、私的な心情の吐露に適した非公式・非正統の文字であるハングルによって書かれるべきテクストであったのである。

このことは、仮名で歴史を書くという『栄花物語』の営みについて、かつて阿部秋生氏が「歴史を物語の文章で書くということは、取りもなほさず歴史を冒瀆することであり、そのやうなことを思ひたつことは破廉恥行為であるといはれなければ幸ひといふべきであつたはずである」と述べていたことを想起させる。[23]しかし、『栄花物語』は、前述のように権威ある漢文の正史とは異質な、道長一家の動向を中心とする文化史的な歴史叙述であったことによって「歴史を冒瀆すること」「破廉恥行為」といった批判を免れ、さらには女性による仮名の記録としての女房日記の伝統にも支えられて、女

房たちが歴史や故実を学ぶための必読書として広く宮廷社会に流布していったのである。

また、『閑中録』の作者恵慶宮洪氏が、李愛淑氏がいうように、「王妃として宮廷権力の深部で暮らしながらも、権力体制から排除された女性」であったのに対して、[24]『栄花物語』の正編は藤原道長の後を継いだ頼通の、続編は頼通の嫡男である師実の政権下で、摂関家出身の后妃や、その所生の内親王に仕える女房たちによって編まれたものと思しく、[25]むしろ体制の側に身を置く女性たちの歴史叙述と見てよい。同じく非公式・非正統の文字による女性の私的な歴史叙述ではあっても、『栄花物語』は『閑中録』のような「王権への侵犯の言説」にはなるべくもなかった、というべきであろう。

こうした内容的な差異を抱えながらも、『栄花物語』と『閑中録』には、歴史的事象を描写する際に、政治的な出来事を極力政治色を排して描く――言い換えれば、政治的なものを非政治化して描くという共通点が存する。

たとえば、『栄花物語』は、花山天皇の退位・出家の原因をもっぱら最愛の女御忯子が懐妊のまま死去したことに求めており、歴史学では寛和の変と称され、『大鏡』が克明に描いている、東宮懐仁親王（一条天皇）の即位を望む外祖父藤原兼家による政変という政治的な一面には言及していない。『栄花物語』の花山天皇は、最愛の妻を若くして亡くした同情すべき若者に過ぎず、政変の犠牲者としては描かれていないのである。『栄花物語』の花山天皇の退位をめぐる叙述は、一篇の悲恋の物語としてまとめ上げられているといってよい。

一方、壬午禍変も朝鮮王朝において熾烈であった党争と呼ばれる派閥抗争――ここでは老論と少論との――の帰結と見るべき政変であり、[26]恵慶宮洪氏の父である洪鳳漢が老論の領袖であったのに対して、夫の思悼世子は少論に友好的であって、政治的には対立しており、『閑中録』も否定的に言及しているように、英祖が思悼世子に死を命じた際、米櫃に閉じ込めて餓死させることを勧めたのはほかならぬ洪鳳漢であったのではないか、と疑われていたほどである。ところが、『閑中録』はそのような政治的背景にはまったく触れず、思悼世子の死が、父子の性格の不一致と、世子が父に愛されないことを苦にして精神を病んだことに起因する悲劇であったことを一貫して述べている。『閑中録』が描く壬午禍変は、政変ではなく、あくまでも父と子の相剋の物語なのである。

それぞれが政変について語ろうとしないのは、『栄花物語』が『源氏物語』にも見られる「女のまねぶべきことにしあらねば」（「賢木」一―三五一頁）[27]――女性が政治について語ることを忌避する当時の社会通念に従い、かつは若き帝と女御と

の永訣という、いかにも物語らしい劇的な話柄に興味を惹かれたからに過ぎないのに対して、『閑中録』の場合は、李美

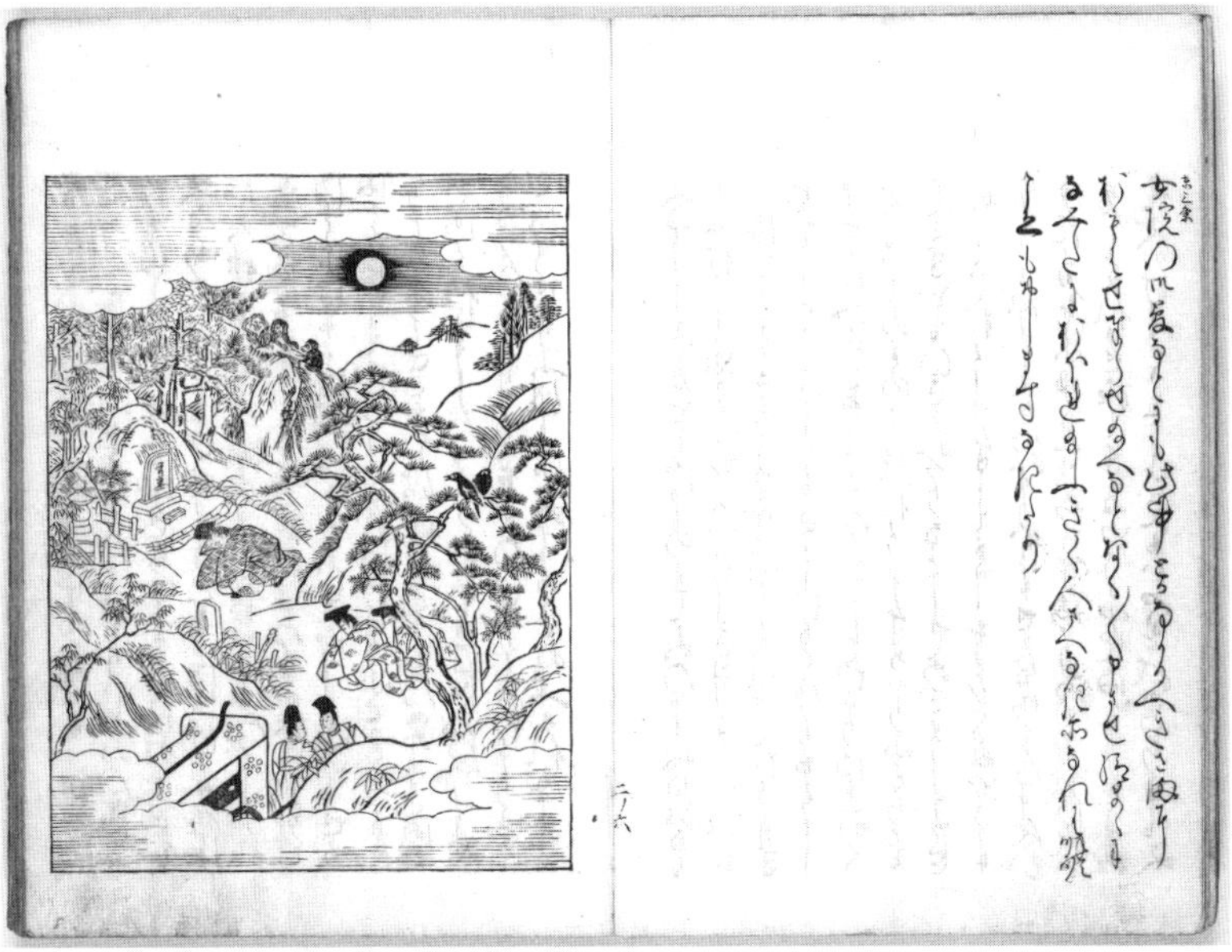

図2　国文学研究資料館　鵜飼文庫蔵・絵入九巻抄出本『栄花物語』巻第五「浦々の別」。父道隆の墓に詣でる藤原伊周。（https://doi.org/10.20730/200019159（image no.53））

淑氏が指摘するように、恵慶宮洪氏が「当時の権力層と立ち向かっていた病人の夫ではなく、英祖や実家、そして将来の王である息子を選んだ」ことを隠蔽し、自己と実家とを正当化することを企図したためであると考えられる。[28]『閑中録』にとって、壬午禍変の持つ政治性の徹底した隠蔽は、洪氏の正当化という、より大きな政治的目的のための手段にほかならなかったのであり、その意味で『閑中録』は高度に政治的なテクストなのである。

　鶴園裕氏や李美淑氏によって論じられている『閑中録』の虚構性は、[29]歴史的事象を故意に歪曲または捏造したり、創作を交えて脚色したりするという手法によってではなく、叙上のような話題の取捨選択の妙によってもたらされ、思悼世子が父の愛を求めながら得られず、その父との相剋の果てに死を余儀なくされた悲劇の王子であること、また、洪氏が王家を補佐すべき外戚の家でありながら、冤罪によって没落を強いられたことを読者に印象づける効果を挙げている。

　一方、しばしば指摘される『栄花物語』の虚構性は、これとはいささか異なる。もとより、女房日記の流れを汲む『栄花物語』は、主家――道長一家への賛美という政治的なバイアスから自由ではありえないが、『栄花物語』において際立つのは、主家賛美のための誇張や、主家に不都合な話題の隠

蔽よりもむしろ、歴史的事象をフィクションの作り物語、より具体的には『源氏物語』になぞらえて語ることへの志向である。巻第五「浦々の別」はそうした志向がとりわけ顕著な巻であり、藤原伊周を「かの光源氏《ひかるげんじ》もかくやありけむと見たてまつる」（巻第五「浦々の別」①二四八頁）と評しているのをはじめ、伊周が離京直前に父道隆の木幡の墓所に詣でて無実を訴えた――実際には愛宕山に逃亡していた――ことを、光源氏が須磨流離に先立って父桐壺院の山陵に詣でた場面を下敷きにして描き、伊周・隆家兄弟の帰京を冷泉帝の後見としての光源氏の召還と重ね合わせて描くために、外甥敦康親王の誕生後のこととする――実際の帰京は敦康誕生の二年前――など、歴史の虚構化が著しい。[30]

　道長に始まる御堂流に対抗しうる勢力もなく、政争らしい政争もない時代に制作された『栄花物語』が、歴史上の出来事や人物を『源氏物語』のそれになぞらえて虚構化するという、見方によっては他愛もない戯れに物語としての興趣を見出し、仮名の物語文による叙述を通じて歴史を私的な領域へと囲い込んでいったのに対して、熾烈な党争の中で幾多の近親の非業の死を目の当たりにしながら、実家の潔白と復権を訴え続ける『閑中録』は、ハングルによる「ごく私的な」（五一四頁）、「おんな子どもの無駄口」（二七〇頁）を装いながら、私的な領域から逸脱して、公的な領域――洪氏の潔白を訴える『閑中録』の後半部は、やがて幼主純祖が読み、真実（もちろん恵慶宮にとっての）を知ることを願って、その母嘉順宮朴氏に託されている――へと矛先を向けているのである。

　仮名とハングルは、表音文字であること、主として女性によって用いられること、非公式・非正統の私的な文字であることなど、多くの共通点を有しているにもかかわらず、それらによる歴史叙述の内実や志向がこれほどまでに異質であるのは、やはり日本の平安時代と朝鮮王朝の宮廷社会のあり方があまりに異なっていたことに起因するものと考えざるをえないであろう。苛烈な党争の舞台であり、王妃や内人たちも否応なくそれに巻き込まれざるをえなかった朝鮮王朝の宮廷では、ハングルの散文による女性文学が「ごく私的な」領域にとどまっていることなど許されなかったのだ、と見ることもできようか。

　朝鮮王朝の女性たちが「ごく私的な」領域に属するみずからの生を語る、『蜻蛉日記』『更級日記』にも比すべき自伝的な日記文学として『自己録』『閨恨録』などを書いたのは、宮廷を離れた両班（士大夫）の家庭においてであり、その書き手は王妃でも内人でもなく、平安文学でいう「家の女」たちであった。[31]

四、『栄花物語』『閑中録』の歴史叙述と王権・家

歴史叙述という営みについて、『栄花物語』が最も端的に自己言及しているのは、続編の巻第三十六「根あはせ」の末尾に見られる、次のような跋文めいた草子地においてである。

世の中のゆきかはり、人の御幸《さいは》ひなど、昔物語《むかしものがたり》のやうなる事どももあるを、幼《をさな》き人などにもかかることこそはあれとも見せんとて書きとどむれば、近きほどのことはなかなか忘れ、年月《としつき》のほどもたがひてぞ。殿《との》の大納言（藤原師実）大臣《おとど》にならせたまひにきなどいひたれど、この歌《うた》合《あはせ》（『皇后宮春秋歌合』〈一〇五六年〉）には中将にておはしましほどなりけり。人のせよといふことにもあらず、もの知らぬに、人のもどき、心やましくも思《おぼ》しぬべきことなれど、何《なに》の書き留《と》めまほしきにか。過ぎにしことも今のこともしどけなし。かく所どころに書き留むるは、ただなるよりは人にももどかれむとなるべし。

（巻第三十六「根あはせ」③三九八頁）

旧稿でも詳述したように、[32] ここには、これまで何を書いてきたのか（「世の中のゆきかはり、人の御幸ひなど、昔物語のやうなる事ども」）、読者として誰を想定しているのか（「幼き人など」）、といった制作の機微に触れることがらに加えて、歴史叙述に誤りが散見することへの弁明（「年月のほどもたがひてぞ」「過ぎにしことも今のこともしどけなし」）、さらには誰の依頼で書いたのでもない問わず語りであることの示唆（「人のせよといふことにもあらず」）など、歴史を書くことについての『栄花物語』の自己認識が、余すところなく示されている。やや内省的ながら、ここで述べられていることには高度な普遍性があり、続編のみならず、正編をも含めた『栄花物語』の全体に及んでいると見てよいであろう。

もっとも、『栄花物語』の続編は正編の末尾における、

次々の有様《ありさま》どももまたあるべし。見聞きたまふらむ人も書きつけたまへかし。

（巻第三十「つるのはやし」③一八三頁）

という呼びかけにあたかも応じるかのようにして書かれており（実際にそうであったか否かはむろん別問題であるが）、これほど大部な歴史叙述が、本当に求められることもなく書いた問わず語りであったとは考えにくい。ここでは、長々と歴史を書き続けてきたことを、問わず語りを装って自己韜晦しているのだと見ておきたい。

一方、『閑中録』でも、前掲の『栄花物語』「根あはせ」巻の〈跋文〉のように体系的にまとめられているわけではない

ものの、書くという営みをめぐる自己言及は随所に見出される。まず、執筆の動機については、

伯姪の守栄はいつも、「本家には叔母さまの手跡がまったくございませんので、どのような文字でも結構ですので、おんみずから書いていただければ、叔母さまの品質が保存されて、一家の宝物となることでしょう」といって、しきりに催促したが、暇がなくてなかなかかなわなかった。（二一七頁）

と冒頭で述べ、伯姪（長兄の長子）の洪守栄の求めに応じて書いたものであることを明示しており、作中にも「おまえ、守栄が生まれて」（二四七頁）「おまえはわたくしの弟たちと相談して」（四〇三頁）などのごとく、守栄に対する「おまえ」という二人称の呼びかけも散見する。

問わず語りを装う『栄花物語』と、他者の求めに応じて書いたとする『閑中録』は、一見対照的であるが、『閑中録』にしても、洪守栄の慫慂が執筆動機のすべてではなかったことは、以下に引用する記述からも明らかである。そこには、壬午禍変や洪氏没落の辛苦を当事者として味わってきた自分こそが生き証人として歴史を書かなければならない、という使命感さえ看取される。守栄の催促じたいは虚構ではなかろうが、そこにはやはりある種の韜晦があろう。守栄の「どのような文字でも結構ですので、おんみずから書いていただければ」というささやかな望みは、あくまでも一つの契機に過ぎず、恵慶宮はみずからの裡《うち》に書かずには済ませられない秘事を抱えていたのである。たとえば、壬午禍変をめぐっての、

あの年に起こった事どもを、わたくしはとても記録しておこうという意志などなかったのだが、また思い帰《ママ》すに、主上（純祖）が子孫としてその当時のことを茫然としてご存じないことがお気の毒であり、また是非についてもわきまえていらっしゃらないのではないかと憐れんで、しかたなく、このように記録した。（三六七頁）

という記述は、「記録しておこうという意志などなかった」「しかたなく」といった韜晦もなお見られるものの、それとはうらはらに書くこと――記録することへの強烈なまでの意志を感じさせる。同様のことは、洪氏の没落についての、

今、もしわたくしが数多くの事蹟を記録しておかなければ、また後になって（純祖が）子細にお知りになることができないことになってしまおうから、……（四七八頁）

といった記述についてもいえる。これらのような記述に接すると、執筆の契機は確かに洪守栄の催促であったにせよ、書簡体で書かれた『閑中録』の本当の宛先――想定読者は純祖であり、守栄はむしろ隠れ蓑に過ぎなかったのではないかと

思われてくるほどである。純祖に宛てられたものであってこそ、『閑中録』は真に前出の李愛淑氏のいう「王権への侵犯の言説」たりうるのではあるまいか。

一方、『栄花物語』についても、そこに描かれているのは「藤原道長による、母系を介した巧妙な王権簒奪《さんだつ》のプロセス」であるとする深沢徹氏の意見も存するが、(33) 天皇家と藤原氏とがミウチ（血縁・姻戚）関係によって結びつき、天皇・摂関・母后の三極が権力中枢を形成する摂関政治の基本構造(34)から推しても、そのような見方は当たるまい。加藤静子氏が推定しているように、母后彰子のもとでその女房たちによってまとめ上げられ、彰子こそが最初の読者であったとも目される『栄花物語』は、(35) 王権への侵犯どころか、むしろ王権を補完する言説であったと見るべきである。同じく外戚の家でありながら、天皇家との親和的なミウチ関係を介して安定的に権力中枢を占め続けた藤原氏と、国王との関係が党争とも関わって常に緊張を孕み、やがて権力中枢から排除されていった洪氏との差異が、『栄花物語』と『閑中録』の王権に対するスタンスの差となって表れているのだといえよう。

二〇〇〇年代以降、『源氏物語』『枕草子』などの平安時代の女性文学と、『閑中録』をはじめとする朝鮮王朝の宮廷文学とを比較し、双方の歴史的・文化的背景の違いをも視野に収めながら、その共通点と差異を考える試みが、主に韓国の研究者によって積み重ねられてきた。(36) 本稿は、それらに対する日本側からの応答として、これまでそうした研究の対象とはされてこなかった『栄花物語』を俎上にのぼせ、歴史叙述という視座から『閑中録』との比較を試みてきたが、結果的に、共通点よりもむしろ差異の方をより大きく浮かび上がらせることになったように思われる。

最後に、『閑中録』に見られる家——実家の洪氏一門への強烈な意識について付言しておきたい。これは、貴族社会における家門意識も中世ほど強固ではなかった平安中期に、道長家（御堂流）という家の当事者ではない女房たちによって書かれた『栄花物語』には当然見られないものであるが、こうした家の問題が女性文学において顕在化してくるのは、『十六夜日記』『とはずがたり』『竹むきが記』など、中世の一部の日記文学においてである。(37) その一端は、たとえば、後深草院の寵愛を受けた過往を愛の日々としてではなく、「朝恩《てうおん》をもかぶりて、あまたの年月《とし》を経《へ》しかば、一門《もん》の光《ひかり》ともなりもやする」（巻四・一八四頁）(38) と回想する『とはずがたり』の一節からも窺知することができよう。今後、宮廷文学として、また女性文学としての『閑中録』を家への意識という観点から考えてゆく上では、これらの中世日記文学との比較が有益であろうことを示唆して、ひとまず筆を擱くことにしたい。

注

（1）十一世紀の東アジア諸国における修史事業については、拙論「女が歴史を書くということ――東ユーラシアの中の『栄花物語』」（小山利彦・河添房江・陣野英則編『王朝文学と東ユーラシア文化』武蔵野書院、二〇一五年）で先行研究を踏まえて述べたところを略述した。

（2）廣瀬憲雄『古代日本外交史――東部ユーラシアの視点から読み直す』〈講談社選書メチエ〉（講談社、二〇一四年）二二三―二二四頁。

（3）以上の『栄花物語』についての概説は、拙論「歴史を仮名文で「書く」ということ――『栄花物語』論のための序章」（古代中世文学論考刊行会編『古代中世文学論考』第二七集、新典社、二〇一二年）による。

（4）『栄花物語』の引用は、梅沢本を底本とする、山中裕・秋山虔・池田尚隆・福長進校注・訳『栄花物語』①～③〈新編日本古典文学全集〉（小学館、一九九五～九八年）に拠り、引用本文には分冊数・頁数を併記した。なお、稿者は通常、影印または紙焼写真に基づいて私に校訂した本文を引用しているが、本稿では、韓国の読者にもお読みいただくことを念頭に、読みやすさを考慮して通行の校訂本文に依拠したことをお断りしておく。

（5）『閑中録』の日本語訳の引用は、韓国古典文学大系（教文社）本を底本とする、梅山秀幸編訳『恨《ハン》のものがたり――朝鮮宮廷女流小説集』（総和社、二〇〇一年）に拠る。

（6）山田恭子「『癸丑日記』研究――内人達の受難を中心に」（『朝鮮学報』第一八五輯、朝鮮学会、二〇〇二年十月）、李愛淑「王朝の時代と女性の文学――日本と朝鮮の場合」（小嶋菜温子・倉田実・服藤早苗編『王朝びとの生活誌――『源氏物語』の時代と心性』〈叢書・文化学の越境19〉森話社、二〇一三年）、同『色彩から見た王朝文学――韓国『ハンジュンロク』と『源氏物語』の色』（笠間書院、二〇一五年）など参照。なお、日本の平安文学の研究者である稿者には、「わたくし」という明確な一人称で語られる『閑中録』は、平安文学のジャンルに当てはめるならば、明らかに日記文学であるように思われる。

（7）拙論「ジャンルと時代を越えてゆくこと――『栄花物語』と「歴史物語」を例として」〈第百号記念特集『中古文学』の過去・現在・未来〉（『中古文学』第一〇〇号、中古文学会、二〇一七年十一月）参照。

（8）鶴園裕「『閑中漫録』を読む」（古稀記念刊行委員会編『大谷森繁博士古稀記念朝鮮文学論叢』白帝社、二〇〇二年）。なお、日本では誤解されがちであるが、〈恨《ハン》〉は日本語の「うらみ」と同義ではない。金慶珠『恨《ハン》の国・韓国――なぜ、日韓は噛み合わないのか』〈祥伝社新書〉（祥伝社、二〇一五年）によれば、〈恨《ハン》〉とは「ものごとのあるべき姿を追い求めようとする理想への願望であると同時に、そうではない現実と向き合う際の認識や感覚」であり、「理想には達していない、現実の不完全で理不尽な状態に対する嘆きや悲しみ、あるいは怨恨を含めたさまざまな感情」であるという（一八頁）。

（9）『訓民正音』の訓読文の引用は、澗松文庫本を底本とする、趙義成訳注『訓民正音』〈東洋文庫〉（平凡社、二〇一〇年）に拠る。

（10）『看羊録』の現代語訳の引用は、阿部吉雄蔵原刊本を底本とする、朴鐘鳴訳注『看羊録――朝鮮儒者の日本抑留記』〈東洋文庫〉（平凡社、一九八四年）に拠る。

(11)『海東諸国紀』の訓読文の引用は、東京大学史料編纂所本を底本とする、田中健夫訳注『海東諸国紀――朝鮮人の見た中世の日本と琉球』〈岩波文庫〉（岩波書店、一九九一年）に拠る。

(12) 金鍾徳「朝鮮王朝と平安時代の宮廷文学」（仁平道明編『王朝文学と東アジアの宮廷文学』〈平安文学と隣接諸学5〉竹林舎、二〇〇八年）。

(13) ただし、『太后御記』については、最近、松薗斉「藤原穏子の日記「太后御記」をめぐって」（『むらさき』第五七輯、紫式部学会、二〇二〇年十二月）が、仮名の女房日記ではなく、穏子自身が「漢式和文」で書いた記録ではなかったか、とする異見を提示している。

(14) 金両基『ハングルの世界』〈中公新書〉（中央公論社、一九八四年）第2章「その歴史をめぐって」―4「ハングルの受難」参照。

(15) 古瀬奈津子「清少納言と紫式部――中宮の記録係」（元木泰雄編『王朝の変容と武者』〈古代の人物6〉清文堂出版、二〇〇五年）参照。

(16) 金用淑著・大谷森繁監修・李賢起訳『朝鮮朝宮中風俗の研究』〈韓国の学術と文化29〉（法政大学出版局、二〇〇八年。原著一九八七年）六六頁。

(17) 前掲注12金鍾徳氏論文参照。

(18) 堀口悟「『癸丑日記《ケチュクイルギ》』――韓国宮中小説の嚆矢」〈韓国古典小説 代表作品20選（梗概と解説）〉（染谷智幸・鄭炳説編『韓国の古典小説』ぺりかん社、二〇〇八年）。

(19) 前掲注18堀口氏論文。

(20) 前掲注6李愛淑氏論文および著書。

(21) 近藤みゆき訳注『和泉式部日記 現代語訳付き』〈角川ソフィア文庫〉（角川書店、二〇〇三年）四四頁。

(22) 前掲注6李愛淑氏論文。

(23) 阿部秋生「日本紀と物語」（『国語と国文学』第四〇巻第一〇号、東京大学国語国文学会、一九六三年十月）。

(24) 前掲注6李愛淑氏論文。

(25) 拙論「『栄花物語』と頼通文化世界――続編を中心として」（和田律子・久下裕利編『平安後期 頼通文化世界を考える――成熟の行方』〈考えるシリーズⅡ ③知の挑発〉武蔵野書院、二〇一六年）参照。

(26) 英祖朝における老論と少論の党争については、李成茂著・李大淳監修・金容権訳『朝鮮王朝史』下（日本評論社、二〇〇六年。原著一九九八年）第22章「英祖朝 蕩平の時代」に詳しい。

(27)『源氏物語』の引用は、大島本を底本とする、柳井滋・室伏信助・大朝雄二・鈴木日出男・藤井貞和・今西祐一郎校注『源氏物語』一～五〈新日本古典文学大系〉（岩波書店、一九九三～九七年）に拠り、分冊数・頁数を併記した。

(28) 李美淑「朝鮮王朝の宮廷文学の史実と虚構――『ハン中録』を中心に」（仁平道明編『王朝文学と東アジアの宮廷文学』〈注12〉）。

(29) 前掲注8鶴園氏論文・前掲注28李美淑氏論文。

(30)「浦々の別」巻の虚構性については、河北騰「「浦々の別れ」巻について」（『歴史物語論考』笠間書院、一九八六年。初出一九六五年）に詳しい。

(31)『自己録』『閑恨録』については、李美淑「韓国と日本における女性日記――女性の生と自己表現」（和洋女子大学編『東アジアの文学・言語・文化と女性』武蔵野書院、二〇一四年）、同「越えれば越えるほど険しい山のような人生――朝鮮時代両班家女性の日記、『閨恨録』」(『アナホリッシュ国文学』第七号、響文社東京分室、二〇一四年八月)参照。
(32) 拙論「『栄花物語』続編における「書く」こと――正編との関わりを中心として」(『文芸研究――言語・文芸・思想』第一七九集、日本文芸研究会、二〇一五年三月)。
(33) 深沢徹「歴史物語と歴史叙述」(小峯和明編著『日本文学史 古代・中世編』ミネルヴァ書房、二〇一三年)。
(34) 倉本一宏「摂関期の政権構造――天皇と摂関とのミウチ意識を中心として」(『摂関政治と王朝貴族』吉川弘文館、二〇〇〇年。初出一九九一年)参照。
(35) 加藤静子「『栄花物語』の誕生――女房たちのネットワーク」(『むらさき』第五三輯、紫式部学会、二〇一六年十二月)。
(36) これまで注に掲出してきた論稿のほか、金鍾徳「『枕草子』と朝鮮王朝の宮廷文学――『癸丑日記』、『仁顕王后伝』、『閑中録』」(『国文学 解釈と教材の研究』第五二巻第六号、学燈社、二〇〇七年六月)、金英「日本と韓国の宮廷文学と女性」(平野由紀子編『平安文学新論――国際化時代の視点から』風間書房、二〇一〇年)などがある。
(37) 馬如慧「中世女性日記文学における「家」意識について」(『日本学研究』二七、北京日本学研究中心、二〇一七年十月)参照。
(38) 『とはずがたり』の引用は、書陵部本を底本とする、三角洋一校注『とはずがたり たまきはる』〈新日本古典文学大系〉(岩波書店、一九九四年)に拠る。なお、『閑中録』と『とはずがたり』とを比較して論じた先駆的論稿として、康米邦「日本と朝鮮の王朝文学――時代思想と女流文学のかかわり」(『平安朝文学研究』第二巻第九号、早稲田大学平安朝文学研究会、一九七〇年九月)がある。

附記 本稿は、第二回フォーラム「東アジアにおける知の往還――記録と記憶」(於・高麗大学校グローバル日本研究院、二〇一八年十月二十四日)における研究発表「『栄花物語』の誕生と東アジアの歴史叙述」の一部を発展させて成稿したものである。発表時に司会の労をお執りくださった金秀美氏、ご質問を賜った金季杼氏、成稿に際して多大なご教示を賜った延恩株氏をはじめ、関係各位に記して厚く御礼申し上げる。

I　書物と文化

遺稿集の季節——二十世紀前半の日本の言説編制

谷川惠一

たにかわ・けいいち——国文学研究資料館・総合研究大学院大学名誉教授。専門は近代文学成立期の研究。主な著書に『歴史の文体　小説のすがた——明治期における言説の再編成』（平凡社、二〇〇八年）、『言葉のゆくえ——明治二〇年代の文学』（平凡社ライブラリー、平凡社、二〇一三年）、「世界文学の文体チューニング——手紙の中のローザ・ルクセンブルク」（『世界文学と日本近代文学』東京大学出版会、二〇一九年十一月）などがある。

故人が書き残したものを知己や友人たちが編んで遺稿集として刊行するという江戸期から続いてきた営みは、二十世紀を迎えるころには、「内面」「生活」「人生」「青春」「天才」といったことばが飛びかう新たな言説編制の場となった。文学テクストへの向き合い方を大きく転換させた動向を展望する。

一、言説編制パラダイムとしての遺稿集

一九三七年に刊行された『荒井実博士追憶集』という本がある。三年前に数え年で四十五歳で亡くなった東京帝国大学医学部助教授荒井実を偲んで出されたもので、大学関係者や友人などが故人を追懐した文章の他に、その遺稿が収められている。遺稿の内訳は、中学時代からの日記の抜萃、大学生の時に書いた「俳句論」、高等学校から大学にかけて詠んだ俳句と漢詩、モリエールの戯曲の翻訳、大学入学直前に書いた感想文で、これらは全体で六〇〇頁弱のこの本の三分の一を占めている。故人の三回忌に合わせて作られた非売品＝配り本だからできたといえばそれまでだが、それにしても、故人が生前には活字にすることなど考えてもいなかったはずの若書きが、かくも無造作に人の眼にさらされてしまうことには、違和感をぬぐい去ることができない。森鷗外や木下杢太郎と違い、荒井実は、医学者と文学者という二つの顔をもっていたわけではなく、この本に収められている「荒井助教授業績目録」にタイトルがあがっている、欧文も含め二十六本

に及ぶ医学論文の中から、しかるべきものを選んで載せることもできたはずだからである。

「子供達が大きくなつてから、最も慈愛深く優しかつた父親を偲ぶよすがにと、御恩になつた方や友情厚く交つて下さつた方々に追憶を書いて戴き、在りし日の手記など集めて、残して置きたいと決心」したと、故人の妻だった荒井和子が遺稿の後に載せた文章に記しているから（「思ひ出のまにまに」）、医学論文ではなく俳句などの遺稿を収めることが彼女の意向にもとづくことは間違いない。夫人から遺稿を借覧して本書の編纂にあたった第一高等学校の学友が、故人の「学生時代の内的生活を端的に窺ふ事が出来た」と述べているのは（石川憲夫「荒井君を憶ふ」）、「在りし日の手記など」によって「父親を偲ぶ」という夫人の目論見を、彼らが高校生だった頃にもてはやされたことばを用いて言い換えているのである。「此書に集めた数十篇の文章は明治四十一（一九〇八）年から大正三年正月に至るまで、凡そ六年間に亙る自分の内面生活の最も直接的な記録である」とは阿部次郎『三太郎の日記』（一九一四年四月）の「自序」の一節であり、阿部より七歳年下の荒井が大学に入ったのは、一九一一年のことだった。阿部と同い年の安倍能成は、やはり同い年だった魚住折蘆の遺稿集を編む際に、阿部と同じことばを用いている。

『折蘆遺稿』一巻は必しも彼れの学殖や事業を語るものではない、更に一層直接に内面的に彼自身の情意生活を語るものである。この点に於てこの遺稿は世の多くの遺稿よりも一層彼其人を記念するに足るものである。

（安倍能成「序」、『折蘆遺稿』一九一四年十二月）

「学殖や事業」ではなく「内面」の「生活」を語るという遺稿集のこうしたパラダイムは、『荒井実博士追憶集』に正確に継承されている。『折蘆遺稿』は再版されず、荒井やその妻の言説にも折蘆への言及は見出せないから、『折蘆遺稿』の直接的な影響はまずないと思われるが、いずれの本も、その刊行に岩波茂雄がかかわっていることは示唆的であるだろう。両書の奥付にはどちらも発行者として岩波茂雄の名を記している。『荒井実博士追憶集』には岩波の文章も入っているが、それによると二人の関係はある財団の仕事を通してのつきあいに止まり、そうしたことを機縁として、荒井夫人が金主となった故人三回忌の配り本の製作を引き受けただけのようであり、「近頃書店を始めた友人岩波に相談して」（「凡例」）と記す『折蘆遺稿』のような個人的なつながりは認められない。しかし、そうだとしても、荒井の死の一ヶ月前に阿部次郎が編んだ『宿南昌吉遺稿　日記・紀行・俳句』（一九三四年六月）が他ならぬ岩波から刊行されていることはやはり見過ごすことができない。魚住や阿部の友人だった宿南は、一九〇八年十一月に京都帝国大学医科大学を卒業し、大学病院に勤めていた翌年に患者からの感染がもとで死んでいる（紅野敏郎「宿南昌吉『宿南昌吉遺稿』」、『遺稿集連鎖』二〇〇二年九月）。夫の死とほぼ同時に、夫と同じ医学を学んだ人物の日記や俳句を収めた遺稿集が、亡くなった夫とつながる書店から刊行されているのである。この遺稿集の刊行をきっかけとし、手許にある夫の遺稿を確認した夫人が岩波にそれらを含む追悼集を托したという推測も成り立つだろう。

いずれにせよ、「内面」の「生活」をとどめる遺稿集というパラダイムが、現在の私たちが考えるよりはるかに強い力をもって生きていた時代があったことは確かである。

二、「青春」の「遺著」という視界

高山樗牛・樋口一葉・国木田独歩・二葉亭四迷らの明治の文学者の全集に目を通した正宗白鳥が、次のような感想を書き残している。

若い夢を見てゐる最中に、突如として、惨い運命の斧に打たれて、生存を破壊された人間の生涯は哀れである。私は、若かつた一葉と樗牛の遺著を読んで、我が青春を回顧して多少の感慨を催した。（…）彼等の遺著は青春の書である。はじめて新文学の起つた明治二十年代の若い作家の誰れのものよりも、一葉の小説、樗牛の感想、藤村氏の詩が、青春の情趣を一層多く含んでゐる。

（「一葉と樗牛」、『文芸評論』一九二七年一月）

著作ではなく「遺著」といい、それに「青春」ということばを添えていることに注意したい。今日の文学からみると明治の文学は総じてひどく幼稚なものであるが、いずれも若かった作家たちの「青春」の「遺著」としてかろうじて再読に耐えるというのが、日本の近代文学についての白鳥の一貫した見方である。「要するに、文学者としての彼の価値は、頭脳の聡明な、識見の傑れた批評家としてゞはなくつて、無遠慮に青年の気焔を吐き、また青春の悩みを唄つた点にあるのだ」（同）と白鳥はあけすけに樗牛を語る。樗牛は三十二歳で、一葉は二十五歳で、それぞれ世を去っているのだが、この二人に限らず、明治の文学を担った人びとはいずれも若くして世に出ている。白鳥の目に明治文学は「青年」の「遺著」の堆積に映る。

樗牛全集の刊行に際しての広告には「三世の予言者としての其短き一代を終」った「高山林次郎君遺稿」の文句が躍り（東京朝日新聞掲載広告、一九〇六年四月二十四日）、一葉全集には「青春を以て奪ひ去」られた「女史の遺稿を集め、『一葉全集』として発行す」るというコピーが添えられ（読売新聞掲載広告、一八九七年一月十二日）、独歩全集前編は、その三回忌に合わせ「故国木田独歩君遺著」（同、一九一〇年七月十三日）として出ている。「単に年齢の上より云へば、二十歳《はたち》前後が青年也」（大町桂月「青年の気象」、『家庭と学生』一九〇五年六月）ということからすれば、「まる三十七年の生涯」（片上伸「国木田独歩論」、『生の要求と文学』一九一三年五月）だった独歩や、四十六歳で死んだ二葉亭も「青年」に該当する年齢をとうに過ぎていたが、文学の世界における「青年」は年齢だけでは見分けられない。

余をして忌憚なく直言せしめよ。我文壇の知名諸子は、多く青年に非ざる乎。其中には幾分の例外なきにあらざるも、露伴、柳浪二三子（老人大作家は別也）を除けば、正にこれ青春活潑の思想を有する人々に非ざるか。
（高須梅渓「青年の煩悶と当代の小説」、『青春雑筆』一九〇六年七月）

文学の世界の住人は「青年」と「老人」に分けられ、一部の例外を除き、「老人」でなければひとしく「青年」であり、若々しくいきいきとうごく心の所有者なのである。「青年は老人の書を閉ぢて、先《ま》づ青年の書を読むべきである」（「青年の書」、『新片町より』一九〇九年九月）といっていた島崎藤村は、北村透谷の二十八歳の自死から三十年近くたって編んだその全集に添えた文章で、「これを読む人は今から三十年も前に、これが青年の透谷によつて書かれたことを想ひ見て欲しい」と青年透谷を強調し、「この書こそ真に『青春の書』と言つてい丶。かういふ私は透谷の遺著がもう一度新しい装ひをもつて今の世の青年男女諸君に読まる丶日のあることを楽しく想像する」と宣言することになる（「序」、『改編透谷全集』一九二二年三月）。内実を明かさなくてもよい「青年の書」・「青春の書」といった便利なフレーズが、時代が明治から大正へと移り変わるころから通用しはじめたことを藤村の言説は示している。『青春』という小栗風葉の小説が評判を呼んだのが一九〇五年から翌年にかけてのことであり、「若き。年若き時代。青年時代。妙齢」という語釈とともに「青春」をわざわざ立項した『新文学辞典』（生田長江・森田草平・加藤朝鳥編）が出たのが一九一六年である。

大正期を通して刊行され続けた大鐙閣の独歩叢書には「天才は永久に若し、彼れ今死を超えて歩む」（国木田独歩『武蔵野』〈六十三版〉巻末広告、一九二一年六月）という惹句が添えられていたが、「青春」の流行期はまた、「天才」へのこうした憧憬がひろく共有されていた時期でもあった。先に挙げた透谷全集に付された藤村の序にも「彼こそはまことの天才と呼ばるべき人であつた」ということばが見える。「天才」とまでは行かなくとも、永遠に若い「天才」が死を超えるように、それぞれが生きたかけがえのない「青春」の「内面生活」を伝えるべく次々と若書きを収めて遺稿集が作られていったのである。

三、遺稿集の命脈

紅野敏郎の『遺稿集連鎖』は、「近代文学側面史」という その副題が示しているように、扱っている対象が中央文壇の動向と連関しているものに限られていて、文学と交渉をもたないものも含め、膨大な量の遺稿集がまだ残されている。いま国立国会図書館デジタルコレクションで書名に「遺稿」を含む本を検索すると、明治以降に出されたものを約二四〇〇点ほど確認することができるが、そのうち六割強にあたるものが一九〇〇年から一九四〇年までの間に出されていて、その後は次第に少なくなり、一九七〇年代はわずか三十点ほどに止まっている。ここには『荒井実博士追憶集』のように遺稿ということばをタイトルに含まないものはひっかかっておらず、花田清輝の『箱の話』(一九七四年十一月)のごとく本の帯だけに「遺稿集」と記されているものや、まだデジタル化されていないものはカウントされていないけれども、遺稿集の刊行動向について考える出発点にはなるだろう。

遺稿集と個人全集との密接な関連を指摘した先駆的な研究において中山弘明は、「近代における所謂〈作家〉という概念の形成」に果した両者の役割を「作家の肖像や遺墨の掲示、年譜、伝記等」の扱いから論じている(「「遺稿」と「全集」の間―個人全集の発端をめぐって」、『文芸と批評』七巻六号、一九九二年十月)。遺稿集の読者は肖像や年譜などによって「自己の読みをある程度方向づけられ」るとする中山の指摘は貴重だが、こうした「書物そのものを作家のトータルな人格や仕事と結びつける認識」をただちに個人全集にも求めようとするのは早計であった。『一葉全集』(一八九七年一月)や『改編透谷全集』に年譜が付されていなかったことが示すように、個人全集にとって年譜や著者の伝記が必須であったわけではない。それをかならず要求したのは遺稿集であり、だからこそそれを欠く『透谷集』(一八九四年十月)は「略伝など附記せんも透谷子の願ひにあらざるべく」とわざわざ例言で断らなければならなかったのであって、著者の略歴を記した跋文を添えた明石海人の『海人遺稿』(一九三九年八月)に至るまで、こうしたルールを遺稿集は守り通してゆくのである。文学者の個人全集などというものはそもそもめったに出るものではなかったし、比較的古いもので思い浮かぶのは、末尾に

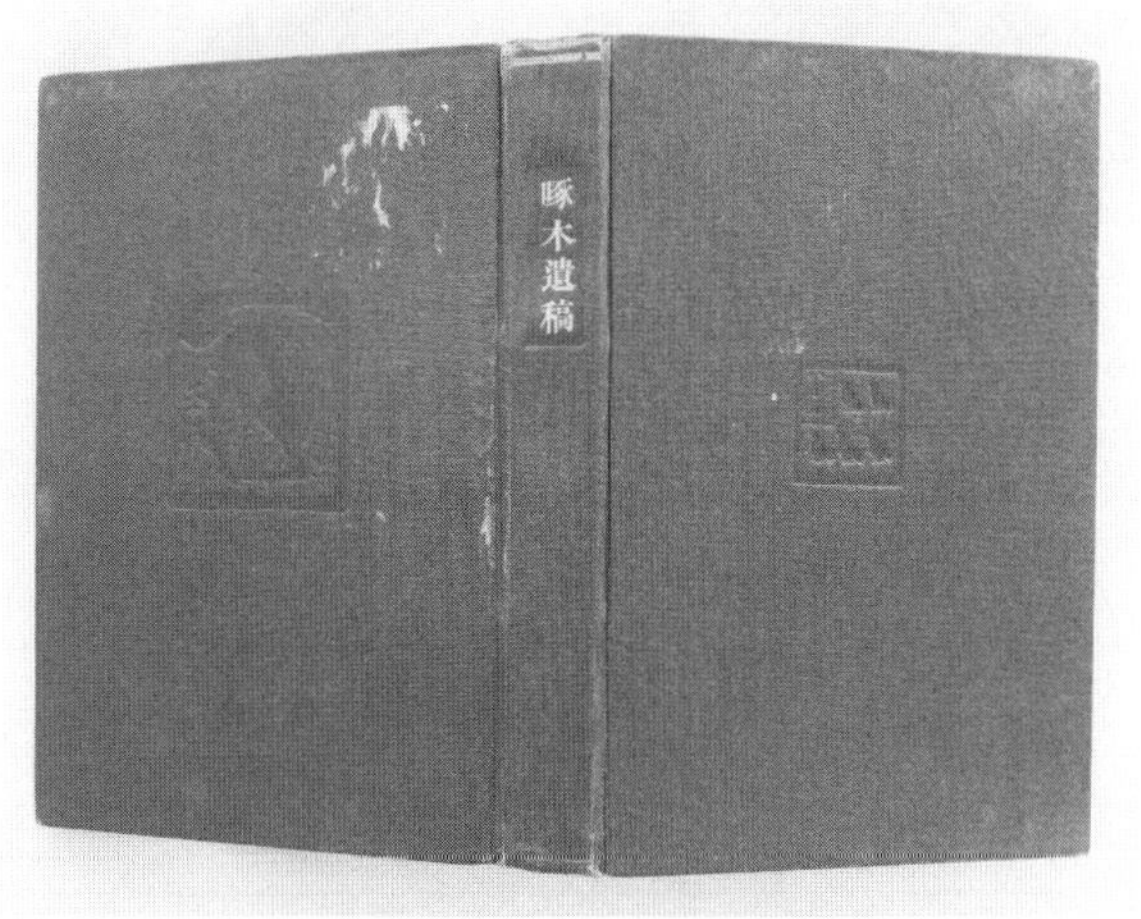

図1　多くの遺稿集が版を重ねることがなかった中で『啄木遺稿』は例外である。新潮社の『啄木全集』の刊行後も東雲堂は『啄木遺稿』を重版した。書影は1920年7月に出た第4版。

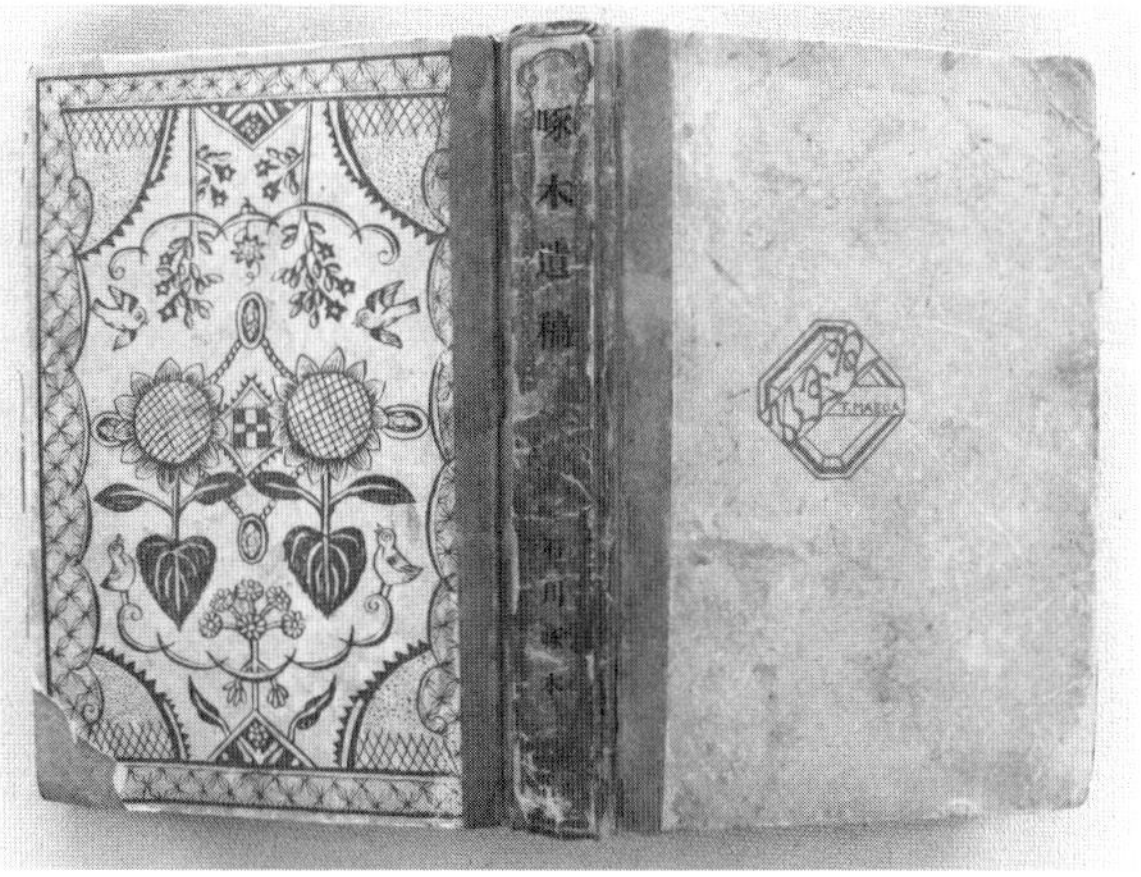

図2　紅玉堂版。『啄木遺稿』の刊行は、東雲堂から紅玉堂に継承された。書影は奥付に「大正十三〔1924〕年十月二十日三版」と記す重版。東雲堂の四六版を袖珍本に改める。

二頁の略年譜を添えた『柳北全集』（一八九七年七月）や冒頭に八頁の年譜を置いた『二葉亭全集』（第一巻、一九一〇年五月）ぐらいのものである。著述をその書き手と内面的に強く結びつけようとする志向は、おびただしく生産されていった遺稿集によってもっぱら培われたのである。

　こうした状況において、『啄木遺稿』（一九一三年五月）と『啄木全集』（第一巻：一九一九年四月、第二巻：一九一九年七月、第三巻：一九二〇年四月）はやはり突出した存在であり、遺稿集と個人全集をめぐる「内面」の問題系のひとつの大きな集約点となった。

　年二十、すでに詩集「あこがれ」一巻を以てその鬼才を称へられ、のち「一握の砂」「悲しき玩具」の二歌集を出して僅かにその片鱗を示し、二十七歳にして早くも世を去れる故人の変化多き生涯は知る人をして大なる暗示と、深き瞑想に入らしむ。然もその内生活に至りては未だこれを知るもの甚だ罕なり。今故人の遺稿より、「あこがれ」以後の詩作と感想とを整理して、これを公にす。蓋し、本書によりて始めて故人の思想生活及び人生批評家としての抱負の一端に触るゝを得んか。「人」としての啄木を知る好個の資料たるなり。

（『啄木歌集』〈再版〉巻末附載「啄木遺稿」新刊広告、一九一三年六月）

彼が複雑にして深刻なりし内生活は此の篇によりて赤裸々たらん。彼が天才の片鱗随所に閃らめくものあるを看よ。

（独歩叢書10『独歩病床録』巻末附載「啄木全集」第三巻広告、一九二五年九月）

「呼子と口笛」や「心の姿の研究」などの詩と「食ふべき詩」や「時代閉塞の現状」などの評論を収め、啄木の死からほぼ一年後に刊行された『啄木遺稿』には、啄木の生涯に寄り添ってきた金田一京助の手になる「石川啄木略伝」一六頁が付されていたが、八つの時期にその生涯を区切った詳細な伝記は、その著述活動を織り込んだストーリーを構成していて、遺稿集に付された伝記として画期的なものだった。

暑い盛りの時分感興に襲はれて昨夜一と晩寝兼ねたとて昼迄起きないことがあつたが、起して見たら歌四十幾首を作つてゐた。翌夜もその通りで今度は六十幾首、その次の夜も同様で今度は九十首、次は百首といふやうにして一寸の間に四百首ばかり出来上つた。一握の砂の中の「東海の小島の磯の白砂に」などを始めとして「父と母と壁のなかより杖つきて出づ」だの「たはむれに母を背負ひて」だの親孝行な歌は此の時の傑作である。

一九〇八年に三度目の上京をした啄木が金田一の下宿で「悪戦苦闘の生活」を始めたころのことである。「明治四十一年夏以後の作一千余首中より五百五十一首を抜きてこの集に収む」とある『一握の砂』（一九一〇年十二月）のはしがきを、この「略伝」の一節を手がかりに、読者はより具体的な情景としてイメージしつつ、その歌に向うことになる。『啄木全集』第三巻に収められた「啄木年譜」は、金田一の手によりこの「略伝」がさらに増補されたものである。後に金田一はこの下宿での日々を「幾夜も寝ね兼ねて、散々に自己を罵り、自己を嘲り、自己をさいなみ抜いた揚句に、偶々虚無的な客観態度に自ら成り得て幾つもの歌が後から〱出て来た」と書く（「菊坂町時代の思出から」、『石川啄木』一九三四年三月）。啄木の作品から読み取られたことと、かれと暮した日々の記憶とが渾然となっているのは、啄木のテクストがその自己を語っていることがすでに自明とみなされているからだろう。「詩は所謂詩であつては可けない。人間の感情生活（もつと適当なことばもあらうと思ふが）の変化の厳密なる報告、正直なる日記でなければならぬ」とは「食ふべき詩」で啄木が説いた詩作の指針だが、これを逆から眺めると、そのまま読者が啄木の詩を読む際のガイドラインとなる。

　日本最近の詩歌壇を通じて啄木ほど最も容易に、最も明かに「彼自身の生活」をその詩の上に体現しえた作家はないと云へる。また彼ほど日常悲劇を永遠の問題として詩の上に巧みに刻みつけたものもない。

（川路柳紅「啄木の文学的成功」、読売新聞、一九一九年四月十一日〜四月十四日）

　読者は「作品を通して作者の内的生命に触れむと欲する者」（阿部次郎「三太郎の日記」五「さまぐ〜のおもひ」、『三太郎の日記』）となるのである。このとき、読者である川路が、その「詩の上」に啄木の「生活」をみたと自信満々でいいきることができたのは、「人間の世界の最も平凡な、しかも最も深酷な試練に苛《さいな》まれ苦《くるし》まされたものゝ最後を示す最も典型的な哀史である」「彼の短い生涯」（「啄木の文学的成功」）をつぶさに川路に伝えた金田一の「石川啄木略伝」のおかげである。「作品を通して作者の内的生命に触れ」るには作者の閲歴を知ることが欠かせないのであり、だとすると、すぐにその出自が忘れられてしまうことになるが、こうした読者はじつは皆遺稿集の読者かその直系の子孫であるといっていいのである。

　『啄木歌集』は故人石川啄木君の遺稿中その短歌を輯めたものである。明治十八年に生れ、同四十五年の春肺を病んで東京小石川で亡くなつた。幼い頃から人なみすぐれた秀才であつたと聞く彼の短い一生は、多く不遇の裡に過ぎてしまつた。曽ては稀有なる天才とまで地位ある人々に讃へられ、やがては田舎の小学代用教師、または地方新聞の記者などに不本意の日を送りつゝ、亡くなる時は某新聞の校正係といふ地位にあつて永久に眠り去つたのである。さうした境遇に在つて歌つてゐた彼の歌が、果してどんなものであつたか、次ぎに数首を引いて見やう。要するに彼の歌には、世に謂ふ歌の趣味とか歌ごころとかいふやうな似而非高尚優美な所などは少しも無かつた。寧ろ、真の無垢玲瓏な人生といふものが歌といふものゝ形をかりてその姿を現はしてゐるといふが適当であらうと思ふ。

（若山牧水「『啄木歌集』の歌」、『和歌講話』一九一九年一月）

啄木と面識のなかった川路とは違い、その臨終に立ち合ってもいた牧水には、啄木の「短い一生」とその歌をむすぶ彼なりの実感があったはずだが、そんなことを持ち出さなくとも、その不遇の生涯に簡単に言及しただけで、啄木の歌はその「人生」の現れであるという結論をすぐに牧水が提示できたのは、「遺稿」と「人生」との強い結合を自明の前提としているからである。

ライフ　生、人生、生命、生活、生涯、生計など場合によつていろ〳〵に用ゐられる。Life,（英）

（生田長江『文学新語小辞典』一九一三年十月）

「生活」といい、「生命」といい、あるいは「人生」ともいうが、つまるところは「ライフ」である。詩は「感情生活」の「報告」であるという啄木の主張を実現するのにもっともふさわしい場は皮肉にもその遺稿集である『啄木遺稿』や『啄木全集』であり、そこには「私の今日迄歩いて来た路は、恰度手に持つてゐる蝋燭の蝋の見る〳〵減つて行くやうに、生活といふものゝ威力の為に自分の「青春」の日一日に減されて来た路筋である」（「食ふべき詩」）とみずから要約していた彼の「生活」が展開しているのである。

一九二六年から一九三一年にかけて刊行された改造社の現代日本文学全集は、作家別の編集を基本とし、それぞれの作家のパートには必ずその年譜を添えるという画期的な方針を採用した。自分で年譜を書いた現役の作家たちがいることで見えなくなっているが、これはもともと遺稿集のモードだったものであり、新潮社が先行して出していた代表的名作選集のシリーズでも、物故した作家を収録する場合には巻頭に置かれた解題が作家の略伝になっていたのである。文学全集の遺稿集化とでも呼べそうな、遺稿集のモードが拡散していく過程が開始され、遺稿集が全集またはその一部となっていく一方で、あえて遺稿集のままでいつづけるものもいた。

『啄木全集』より約半年前に代表的名作選集の第三十一編として刊行された『啄木選集』は扉に「石川啄木遺稿」と記しており（七版：一九一九年一月、六十六版：一九二八年六月）、第五編の『透谷選集』にも同様に「北村透谷遺稿」とあるのに対し（初版：一九一四年十二月）、第三十九編の『泉谷集』は「有島武郎作」ですませ（初版：一九二四年六月）、第九編の『平凡』も同様に「二葉亭主人作」とそっけない（八十五版：一九二六年六月）。すでに亡くなっている著者の扱いにこうした差を設けているのは、おそらく死亡した年齢によるものであり、二十代で亡くなった青年のものだけに遺稿の文字を添えて、読者である青年たちにアピールしようという戦略なのだろう。

文芸出版のこうしたやり方は『二十歳のエチュード』（二

版：一九四七年六月）にまで受け継がれている。「遺稿」の文字は扉に記されていて、そのウラには、たった四行の「原口統三略歴」が記されている。

昭和2年1月14日　朝鮮京城府に生る、3男2女の末子
昭和6年3月　関東州大連市に移り爾後満洲各地に
　育つ
昭和19年　大連第一中学校卒業、第一高等学校
　文科入学
昭和21年10月25日　逗子海岸にて入水、享年20歳

ぐっと縮んでしまっているが、遺稿集に付されていたかつての年譜や略伝がかすかにその命脈を保っている。やはり手ぶらでは「作者の内的生命」に触れることはできないということだろう。

[Ｉ　書物と文化]

近代日本の元寇図と『蒙古襲来絵詞』

金容澈

キム・ヨンチョル――高麗大学校グローバル日本研究院教授。専門は近代東アジア及び日本美術史。岡倉天心、戦争美術、韓国及び中国の近代美術、満州国美術、などをテーマにした論文多数。

十三世紀に二回に亘って行われたモンゴルの侵入と神風による撃退の経験は、日本の元寇図の出現の背景となったが、その図像は定かではなく、量も少なかった。『蒙古襲来絵詞』が一八九〇年に天皇家に献納された後、元寇図の図像に影響を与えることによって矢田一嘯の〈元寇大油絵〉（一八九六年）以来、新しい図像の伝統が確立され、アジア太平洋戦争期の権藤種男、磯田長秋らの絵にまで継承され図像の固定化現象が現れた。

はじめに

十三世紀後半、二回にわたったモンゴル軍の日本遠征と神風による撃退の経験は以後日本人の観念に大きな影響を与えた。伝統的な神国観思想の強化とともに神仏の加護への依存観念が強まり、国家観念もまた高揚された。それは絵画分野において元寇図が登場する背景となった。(1)元寇図はモンゴルの侵入と神風による撃退の経験を取り上げた歴史画として元寇つまり、元の侵入と結びついた画題でありながら蒙古襲来、神風といった単語とも結合した。しかし、絵画と詞書両側面を持つ『蒙古襲来絵詞』を例外にするなら、文学分野で十四世紀に書かれた『太平記』『増鏡』『八幡愚童訓』などでモンゴルの侵入が言及された事実に比べて、絵画分野ではそれを取り上げた例は数も少なく、図像も一定しなかった。(2)

一方『蒙古襲来絵詞』は絵巻ではあるが、モンゴル侵入当時御家人の竹崎季長の活躍ぶりを描いたいわゆる合戦絵巻の一つとして、歴史的事件を取り上げた点で高い史料的価値を持っている。そのため美術史や文学史分野のみならず、歴史分野でも様々な研究が行われた。(3) 近年になってこの絵巻についての研究は改竄の問題に集中しているような傾向を見せ新しい注目を集めている。しかし、図像の側面においてこの絵巻が日本の近代の戦争画の元寇図に及ぼした影響が極めて大きかった点に関して具体的研究が行われたことはない。(4)

大矢野家が所蔵していた『蒙古襲来絵詞』が一八九〇年に天皇家に献上されて、以来一九四五年の第二次世界大戦の終戦までの各時期ごとに元寇図の図像に大きな影響を及ぼした様子を具体的に究明するのが本論文の主な目標といえる。以下本論では元寇図の図像を中心にし、明治時代中期まで一定しなかった元寇図の図像、『蒙古襲来絵詞』が天皇家に献上されてから元寇図の図像に影響を与えたこと、そしてアジア太平洋戦争期に元寇図の図像が固定した様子などを明らかにしてみたい。とりわけ、アジア太平洋戦争期にはそれまでの時期との図像の連続性が認められても、神風特攻隊の登場のような時期的特殊性と図像の固定化そのものが意味を持つ点を考えあわせ、一つの章として独立させたことを前もってお断りして置く。

一、様々な元寇図の図像

モンゴルの侵入を絵画化した元寇図はその数が少なく、純粋な絵画として分類できる例は江戸時代以後書かれたものしかない。現在伝わっている元寇図の早い例としては一七六二年に描かれたとされる奈良県三郷町神社の絵馬が挙げられる。元寇図が神社に献納された絵馬として描かれた事実そのものが非常に珍しい例として注目されるこの絵では、左右それぞれにモンゴル軍と日本軍の陣営、そして画面の中央に両軍の兵船が描かれ、両側の軍事的衝突を説明するかのように提示している。しかし、この絵馬に関しては制作年度以外に画家、などについての詳しい情報は知られていない。それに比べると江戸時代後期の浮世絵画家歌川国芳の絵〈弘安四年上人利益濠虎軍敗北〉(図1)はモンゴル侵入当時の仏教僧侶日蓮の一代記を絵画化した〈高祖一代略図〉十場面の最後の場面である。〈東条古松原御法難〉、〈霊山ヶ崎の祈雨〉などの場面と共に一つのセットをなしたこの絵では、地上戦を中心に描写しており、画面の左側に日蓮が頼まれて描いたとされる旗つまり、蒙古退治旗曼荼羅が強調されている。(5)

江戸時代末期に描かれた浮世絵の場合、庶民の情緒や世界観を反映しながら事実を大袈裟に書いたり歪曲したりする傾

図1　歌川国芳〈弘安四年上人利益濠虎軍敗北〉1835年（『歌川国芳高祖御一代略圖』日本画粋社、1926年）
「国立国会図書館デジタルコレクション」https://doi.org/10.11501/966961（image no.13）

向を見せた例はよくある。元寇図と関連してそのような傾向を現した画家が河鍋暁齋である。暁齋が一八六三年に描いた〈蒙古賊船退治之図〉（図2）はその年起きた下関事件をモンゴル侵入当時の神風場面に見立てて描いたものである。豪快な画面には神風で壊滅したモンゴル艦船や海に溺れた兵士たちが描かれており、砲弾に当たり放射線を描きながら飛んでいく破片とダイナミックな波の描写などに、江戸時代末期の民衆の情緒が露わになっている。しかし、この絵でモンゴル侵入当時の神風の場面を取り上げたのは、政治社会的破壊力が大きい同時代の事件を取り上げないように定めた江戸幕府の検閲を避けるための臨時的方便に過ぎなかった。実際に帆船の帆柱や西洋式軍服など、十九世紀後半の事情を反映させたモチーフが描かれた。事実図像の側面から見ると、定まっていなかった元寇図ではあったが、江戸時代末期に至って神風を集中的に描写した元寇図の図像が登場した。いわゆる尊皇派画家菊池容斎が描いた一連の元寇図はその代表的例といえる。南北朝時代、南朝の忠臣の菊池氏を自称した彼は〈元艦覆滅図〉（一八四七年）で見るように神風を中心に描いた一連の元寇図を残した。激しい暴風が吹く浜辺の松林の中で沈没していくモンゴルの

図2　河鍋暁斎〈蒙古賊船退治之図〉（河鍋暁斎記念美術館蔵、1863年）
https://twitter.com/kyosaikyosui/status/1123509883943424000

兵船を眺めている日本軍の姿が描かれているが、うねる波を強調することによって劇的効果を加えた。同じ時期、尊皇派の画家として平安時代大和絵伝統への回帰を目指した復古大和絵派の画家浮田一蕙もまた元寇図を描いた。浮田一蕙は一八五三年、ペリー艦隊が武力示威を通して日本の開港を要求した事実に反発して描いたとされる〈神風覆夷艦図〉が図版で伝わっている。[6]これらの例を考え合わせると尊皇派画家たちの間で描かれた神風場面中心の元寇図はいわゆる神風史観に基づいたタイプの図像と言うべきである。[7]

　以後一八六二年、一八七六年にも同じ場面を取り上げた菊池容斎の元寇図は風雨で壊滅したモンゴルの兵船の群れを浜辺の松林の中で眺めている日本軍を斜線構図で配置した画面構成を通して一つのパターンを提示した。ただ、浜辺の松林の中に立っている日本軍の姿が占める割合を大きくしたり、画面の構図を左右に変えたりする変化を見せるだけであった。

　幕末明治期に至って神風を中心にした元寇図が一つのパターンをなしたのは、一八七三年にエドアルド・キョッソーネ（Edoardo Chiossone）がデザインした一円紙幣を始めとし、菊池容斎の弟子であった松本楓湖、西洋画家印藤真楯などに影響を与えた事実からも確認することができる。石版画に長じていた印藤真楯は菊池容斎の影響を受けて『高等小学歴史』（一八九一年）教科書挿絵に風浪の打つ神風場面を中心に描写し、松本楓湖は菊池容斎の元寇図を屏風画面に再構成した〈蒙古襲来図〉を〈蒙古襲来・碧蹄館図屏風〉の左隻として描き、全体の画面を横へと拡大することによって安定感を与えた。その上画面の左右に松林を配置して、菊池容斎が描いた元寇図の二つの種類の構図を一つに纏めたような形にした。興味深いのはその絵に反映された歴史認識である。一八九五年頭に描かれたこの絵で松本は鎌倉時代のモンゴル軍撃退場面と、豊臣秀吉軍が朝鮮と明の連合軍に勝利した碧蹄館戦闘場面とを一つのセットとして仕立てることによって日清戦争の勝利を祈願した。言い換えれば、日清戦争を対中国戦争の第三ラウンドとして捉え戦勝を祈願したわけである。(8)

以後、元寇図の図像の展開過程を考えると、菊池容斎死後に大きな変化のきっかけが設けられた。そのきっかけとは元寇記念碑建設運動で、その運動を招いたのは一八八六年に長崎で清の北洋艦隊と日本の警察が衝突したいわゆる長崎事件である。(9) 元寇記念碑建設運動は当時福岡警察署長であった湯地丈雄が主導した護国精神高揚運動で、演説やスライド上演、出版、歌謡などの分野に広がり、元寇図の図像にも大きな影響を与えた。とりわけ、湯地丈雄が愛国思想の昂揚のため刊行した『元寇反撃　護国美談』（一八九一年）シリーズには何枚かの挿絵が載っており、注目される。紫山居士つまり、北村三郎が著わした『元寇反撃　護国美談』は鎌倉時代の文献の『八幡愚童訓』を参考にしモンゴル侵入当時のことを取り上げた本である。また、元寇記念碑建設と愛国思想の昂揚のための運動の影響で同じ一八九一年には山田安栄が『八幡愚童訓』をはじめとし『筥崎宮縁起』『神明鏡』といった日本の文献のみならず、『高麗史』『東国通鑑』のような韓国の文献、『元史』『元史類編』のような中国文献からモンゴル侵入関連内容を編集し重野安繹が監修した『伏敵編』が刊行され、モンゴル侵入関係歴史研究には画期的地平を開いた。(10)

硯海という号を使った画家が描いた挿絵（図3）にはモンゴルの兵士が日本人の肝を取り出して食べる場面や血を啜る場面など、まさにむくりこくりの言葉を連想させる衝撃的場面が描写されており、その中の一部は他の画家の図像に影響を与えたこともあった。(11) 例えば『元寇反撃　護国美談』に登場する〈筑前玄海洋に蒙古舩艦覆没する絵〉（図4）は同じ年に描かれた河合倖次郎の〈元艦〉（一八九一年）に活用された。(12) 視点を海と岸の中間に設定し、安定した構図を提示するとともに現実感を高め浜辺に並べている日本軍の様子に比重を置いたこの絵に登場するモンゴル戦艦の形や角度を考えてみると『元寇反撃　護国美談』から影響を受けたことは明ら

図3　『元寇反撃 護国美談』(青湖堂、1891年)
「国立国会図書館デジタルコレクション」https://doi.org/10.11501/755487 (image no.25)

図4　『元寇反撃 護国美談』(青湖堂、1891年)
「国立国会図書館デジタルコレクション」https://doi.org/10.11501/755487 (image no. 46)

かだ。ただ、沈没していくモンゴル戦艦の位置をあまり近づけたためリアリティーを損ねており、造形的未熟さを物語っている点は否めない。

二、『蒙古襲来絵詞』の天皇家献上と元寇図図像の変容

多様な元寇図の図像に本格的な変化をもたらしたのは、明治時代に入って『蒙古襲来絵詞』が天皇家に献上されてからだ。元寇図の観点から見れば『蒙古襲来絵詞』は鎌倉時代以来日本の文献や認識とは異なる。すなわち、モンゴル侵入当時の決定的場面ともいえる神風の場面を取り上げていないのみならず、戦闘場面を取り上げた部分でも竹崎季長個人の行為に集中した画面構成が特徴をなしている。そのような特徴は個人の武功を記録するために描いたものである事実で十分に説明されるといえるが、またその事実は前で触れたように『蒙古襲来絵詞』とは別の元寇図の図像すなわち、竹崎季長以外の人物を主人公にしたもっと劇的な図像の出現の可能性を予想させる。

江戸時代に『蒙古襲来絵詞』を所蔵していた細川家が一八六七年に大政奉還以後元来の所蔵者の大矢野家に返したこの絵巻は、模写本が制作され出版物にも紹介された。江戸時代の松平定信の命令などによって制作されたとされる模写本は現在まで約四十種類が知られており、一八四七年から一八五三年に亘って水野忠央が編纂した『丹鶴叢書』にも紹介されたが、その影響力は一部の地域に限られたと思われる。[13]

大矢野家がそれまで所蔵していた『蒙古襲来絵詞』を天皇家に献上したのは一八九〇年のことで、以後模写本が制作され、出版物に紹介されることによって画家たちに影響を及ぼした。その上様々な角度からモンゴル侵入に関する新しい研究を可能にした。[14]『蒙古襲来絵詞』が天皇家へ献上された後、元寇図の図像と関連して変化が現れたのは日清戦争が勃発した一八九四年頃からである。岡倉天心の弟子の下村観山が一八九五年に描いた〈元寇図〉は『蒙古襲来絵詞』が活用された早い例である。日清戦争が終わった直後に描かれたこの絵は、今の東京大学教養学部の前身である第一高等学校に展示する歴史画の一点として描かれたものである。画面にはモンゴル軍と日本軍の間に繰り広げられた激しい地上戦が絵画化されている。[15] この絵には『蒙古襲来絵詞』の影響を物語ってくれる幾つかのモチーフが確認される。破壊された鳥居や地面の瑞垣などは『蒙古襲来絵詞』で筥崎神宮を描いた部分と密接な類似性を見せている。また、画面の左のモンゴル軍兵士の結い髪は『蒙古襲来絵詞』に登場するモンゴル軍兵士の

姿と一致している。その他にもモンゴル軍の鎧や兜はすでに当時その所在が知られていたもので、現在、元寇記念館などに所蔵されている例を参考にし、忠実に描いたものである。

下村観山の〈元寇図〉で『蒙古襲来絵詞』やモンゴル軍の兜、鎧、などを参考にした背景には歴史画で時代考証を重視した当時の要求があった。すでに明治時代において歴史画流行の先駆けであった菊池容斎が歴史画で時代考証の重要性を強調したことがあり、明治時代中期に政府が主催した内国勧業博覧会のような公募展で故実つまり、時代考証が厳格な審査基準として定着していた。[16]一八九〇年第三回内国勧業博覧会の審査員であった岡倉天心は歴史画を書く際には〝特に故実を考究し杜撰妄雑の感がないようにとすべきである〟という歴史画の審査基準を明らかにしたことがあり、同じ審査に参加した下条正雄もまた歴史画で時代考証の重要性を強調した。[17]このような事実は、明治時代に歴史画の制作を積極的に奨励し指導した岡倉天心の東京美術学校の弟子下村観山が『蒙古襲来絵詞』を参考にし〈元寇図〉を描いた背景を十分に説明してくれる。

『蒙古襲来絵詞』の影響を受けた画家で元寇図の図像の問題で大きな革新を成し遂げたのは西洋画家矢田一嘯である。かつて菊池容斎から絵を習った矢田は横浜で画塾を開いて運営していた中、西洋人が描いた肖像画の迫真さに惹かれて西洋画の学習を決心し、アメリカに渡って西洋画法を習う傍ら、パノラマ館のいわゆる活人画に接した後帰国した。帰国後矢田一嘯は活人画の背景を書いたり戦争場面を取り上げたパノラマの制作に関わり自らの知名度を高めた。[18]

東京の上野パノラマ館、熊本市の九州パノラマ館などで日本の西南戦争やアメリカの南北戦争の戦闘場面を取り上げたパノラマを制作した矢田一嘯が、画家として新しい転機を迎えたのは日清戦争勃発直後の一八九四年八月、元寇記念碑建設を提唱した福岡警察署長湯地丈雄との出会いがきっかけとなった。当時日本全国を巡回しながら元寇記念碑建立運動を展開していた湯地丈雄の講演を聞き、感銘を受けた矢田は元寇図の制作に協力することを約束した。元寇記念碑建立運動の当時、湯地丈雄が制作し配布した元寇記念碑建設義援金募集の広告によると、外敵を退いた歴史の教訓を通して教訓を得、護国精神を高揚させることの可能な象徴的造形物を建設するのが元寇記念碑建設の趣旨であった。[19]九州で始まった元寇記念碑建設運動は全国を巡回しながら繰り広げられ、もともと志賀島に北条時宗の銅像を建立しようとした計画が変更され、亀山天皇の銅像の建立に決定され実現された。[20]

矢田一嘯が新しい元寇図の図像の確立に取り組んだのは日

清戦争が終わる前の一八九五年一月と推定され、グラビア版〈元寇〉の制作を皮切りに、一八九六年には〈元寇大油絵〉（**図5**）を完成させ一般大衆に公開した。[21] 総計十四点からなる〈元寇大油絵〉は菊池容斎の神風場面と『蒙古襲来絵詞』の場面などを参考にし、以前にはなかった画面を提示することによって元寇図の図像では新しい伝統を確立した。スケールが大きいスペクタクルな画面にダイナミックな構成など、パノラマ技法を十分に活用した矢田は以前に形成された元寇図の図像も活用した。とりわけ、矢田が海戦場面の新しい図像を創案する過程で一番重要な参考になったのは神風を中心にした菊池容斎の元寇図と『蒙古襲来絵詞』の登場する竹崎季長一行の奇襲場面である。

図5　矢田一嘯〈元寇大油絵　第12図〉（靖国神社蔵、1896年）

　矢田一嘯が提示した元寇図の画面には対馬で起きた壮絶な地上戦を始めとし、広い博多浜辺を背景にした戦闘、そして海戦などスケール上革新が目立つ。スペクタクルな矢田の画面構成はパノラマ制作を通して蓄積したノウハウと無関係といえない。その点は彼の元寇図のシリーズを特徴づける傾向でもある。矢田の革新による画面には『蒙古襲来絵詞』を活用した場面も含まれている。つまり、『蒙古襲来絵詞』の中に登場する大矢野兄弟がモンゴル戦艦に近づける場面（**図6**）を活用して、もっと大きなスケールの画面に劇的画面を提示した。波のうねりが目立つ海上で大規模海戦が繰り広げられている場面設定はもともと絵巻には見られないもので、劇的緊張感とダイナミックさが強調されている。熊手を利用してモンゴル戦艦に近づく日本兵士の様子や弓を狙っている場面などは、二つの作品の間の明らかな影響関係を物語っている。当時〈元寇大油絵〉の解説書に当たる『元寇画鑑』には沖のモンゴル戦艦で起きた火災は河野通有、合田五郎、草野次郎らによるもので、手前の子船に乗って奇襲を行った日本軍は竹崎季長、大矢野兄弟によるものとして書いている。(22)『蒙古襲来絵詞』には河野通有の奇襲場面が登場しないことを考えると、その場面は別の典拠があったことが分かる。その典拠とはモンゴル侵入の後十三世紀の文献『八幡愚童訓』などの内容で、文献に登場する内容を優先的に適用し絵画化する過程で『蒙古襲来絵詞』に登場する竹崎季長の奇襲場面を活用したのは明らかだ。(23)まさに、その二つを統合、再構成する過程で『蒙古襲来絵詞』に出てくる子船に乗った侍たちの接近場面が造形的土台になったことが分かる。結果的に、画面手前では『蒙古襲来絵詞』の中の竹崎季長らの奇襲場面と敵長の首を切る場面が描写された内容を忠実に参考しながらも画面奥では燃えているモンゴル戦艦と子船二隻を描くことによって画面全体のスケールがもっと大きくなり、劇的効果を感じさせるようにした。

図6　宮内庁三の丸尚蔵館蔵『蒙古襲来絵詞』（『蒙古襲来絵詞』日本の絵巻13、校倉書房、1988年より転載）

三、アジア太平洋戦争期の元寇図図像の固定化

明治時代日清戦争期にピークに達していたモンゴル侵入への関心とそれに因んだ護国思想は、その後日露戦争期にも生きていたとはいえるが、次第に弱まっていった。しかし、一

九二四年の文永の役六五〇年の記念祭、一九三一年の弘安の役六五〇年を記念して行われた幾つかの行事、一九二八年博多湾志賀島に建てられた蒙古軍大供養塔や出版などは、一般の人々にモンゴル侵入に対する関心を喚起させた。(24) 学問的研究においても大きな進展があり、池内宏の『元寇の新研究』や竹内栄喜の『元寇の研究』、『蒙古襲来絵詞』についての研究を纏めた荻野三七彦の『蒙古襲来絵詞』などは、モンゴル侵入に関する研究成果としては高い水準を見せ、戦後の研究の基盤ともなった。(25)

同じ時期、元寇図の図像の上では大きな変化はなかったといえるが、モンゴル侵入と関係のある何人かの歴史人物を取り上げた絵画が登場した。事実、日本の歴史の中でモンゴルの侵入及び撃退と関連のある主要人物には亀山天皇を始めとし、日蓮上人、執権北条時宗などがおり、『蒙古襲来絵詞』の中には主人公の竹崎季長、大矢野兄弟、河野通有らが登場しているだけに、彼ら皆が潜在的には主人公になる可能性を持っていた。実際に、前で見た元寇図の例たち以外にもかつて明治時代に何人かの画家たちが彼らを主人公にした歴史人物画を描いたことがある。野田九浦は第一回文部省美術展覧会に日蓮の辻説法を取り上げた〈辻説法〉を出品しており、横山大観は一九一二年に〈日蓮〉を描いた。これらの二作品はモンゴル侵入とは直接関連はなく、それぞれ日蓮の一代記の中で一場面を取り上げたものであるが、今村紫紅が描いた〈時宗〉(一九〇八年)はモンゴル侵入と関連をもっている。つまり、二番目のモンゴルの侵入がある前、南宋から日本へ行った禅宗の僧侶祖元に時宗が一二八一年教えを求める場面を取り上げたものである。

このような現象は、明治時代後期以来進められた人物研究とも無関係とはいえないが、昭和時代に入っても更に多くの研究成果が出された。(26) すでに指摘されたように昭和十年代には時局を反映しモンゴル侵入と関係のある人物についての研究が進み、北条時宗と日蓮はモンゴル侵入という大国難の時期の〝二大英雄〟として認識された。(27) 一九四三年、文部省美術展覧会(文展)に出品された堂本印象の〈北条時宗〉もやはりこのような背景の中でモンゴル侵入当時の時宗の姿を取り上げたものである。また、根上富治は伊勢神宮を参拝し〝自らの身をもって国難を代えさせてたまえ〟との願文を捧げたとされる亀山天皇を主人公にした〈元寇図〉(一九四二年)を東京府が建立した養成館に展示すべく歴史画七十五点の一つとして完成した。(28)

一方、矢田一嘯による革新の結果、ドラマチックな画面に再構成され多様化された元寇図は、アジア太平洋戦争期に一

図7　磯田長秋〈夜襲〉（文部省美術展覧会出品絵葉書、1941年）

つのパターンを形成し固定化した。図像そのものは河野通有が子船を使って大きなモンゴル戦艦によじ登る場面を中心にしたもので、前で述べたように文献上の根拠と『蒙古襲来絵詞』と関連がある。日本画家磯田長秋は一九四一年『蒙古襲来絵詞』の中で大矢野家の三兄弟がモンゴル軍艦に近づく場面を活用して画面を拡大し劇的効果を強化した〈夜襲〉（**図7**）を文展に出品した。夜間奇襲という画題に表れているように、これは大矢野家の兄弟たちを始めとする河野通有らがモンゴル戦艦に夜間奇襲を敢行する場面を絵画化したのは明らかだ。『八幡愚童訓』によると、夜間奇襲で大矢野家の兄弟たちは二隻の船に乗ってモンゴル兵士二十一人の首を切り、モンゴル戦艦に火を放つ戦果を挙げた。磯田長秋はこの絵で夜間奇襲のため子船に乗って岸辺を離れる場面を描写し、人物の表情と動作に緊張感を表現した。元来『蒙古襲来絵詞』に登場する竹崎季長の姿を完全に排除したことから、内容的には『八幡愚童訓』にもっと忠実な画面を提示したと評価できる。磯田長秋はその翌年にも緊迫した場面設定が特徴といえる〈元寇敵船〉を軍用機献納作品展に出品した。弓矢が飛び交っている中子船に乗った侍たちがモンゴル戦艦に乗り移る場面を取り上げたこの作品は『蒙古襲来絵詞』を忠実に消化し、新しい場面を設定した結果物といえる。熊手を利用しモンゴルの戦艦に近づく日本軍兵士、弓矢を狙うモンゴル兵士の服装や髪結いなどは『蒙古襲来絵詞』との類似性をそのまま表している。『蒙古襲来絵詞』の画面構成とモチーフとを活用し日本軍兵士の兜や鎧などは緻密に描写しており、充実した時代考証をもとに人物の動きを生かした歴史画として生まれ変わっている。

矢田一嘯によって『蒙古襲来絵詞』に登場する場面をもとにした新しい元寇図の図像が固定化していく現象は、これらの日本画のみならず、西洋画にも表れた。西洋画家権藤種雄は東京府が建立した養成館に展示する目的で描いた〈神風〉(図8)で、矢田一嘯と類似しながらもともと『蒙古襲来絵詞』の中で大矢野兄弟登場する画面と似た画面を設定した。また、夜の嵐の中でモンゴル軍への攻撃を行っている日本軍の様子を捉え〝神風〟という画題を付けたこの絵画作品と同じ時期に画いた〈河野通有奮戦之図〉(一九四一年)という二曲一隻の屏風絵は、その図柄も類似性が高く、その右の端にあるサインには〝河野通有奮戦之図〟と書かれているが、両作品共に権藤はモンゴル侵入当時の文献の内容に一層忠実な絵画として形象化した。つまり、『八幡愚童記』(『八幡愚童訓』文明本)の中に帆柱を切って梯子として使い奇襲を敢行しモンゴルの戦艦に火を放ち、敵将を生け捕って帰った河野通有の活躍ぶりが浮き彫りにされ、権藤はそのような文献の内容を以前の誰よりも詳しく描写した。(29) 前で触れたように一八九一年に出版された『伏敵編』の中に登場する『八幡愚童訓』のこの場面を、暗い海で帆柱を梯子に活用しモンゴル戦艦に乗り移った後奇襲を行う日本軍兵士たちが戦闘を繰り広げる場面として再構成したわけである。その過程で矢田一嘯の図像を活用し、もっと遡ってみると『蒙古襲来絵詞』の場

図8　権藤種雄「神風」(神宮徴古館蔵、1942年)(『名画にみる国史の歩み』近代出版社、2000年より転載)

面とも関連があるが、兜を脱いだ竹崎季長の姿を完全に排除することによって矢田の元寇図とは差別化し、河野通有を完全な主人公として目立たせた。

アジア太平洋戦争期に歴史画である元寇図の図像の固定化が著しくなり、その数は多くなかったにせよ、描かれ続けた事情は次の二つのコンテキストで説明できる。まず、従軍記録画を始めとして、銃後の生活や占領地の光景を取り上げた同時代の戦争画に比べて歴史画の割合が小さくなったことである。その歴史画の中で豊臣秀吉や加藤清正など、いわゆる文禄慶長の役と関連のある人物、楠正成のような天皇制イデオロギー関連人物、そして源頼朝や源義経といった武士道成立期でもある源平合戦期の人物と共に元寇図が描かれたわけである。[30]

二番目は、自然現象であった神風に対して神が風の形で現れ神風とのことを強調した見解が出されるなど、神秘の側面が強化されたことである。[31] それは一九四四年十月に神風特攻隊が出現して以来、アジア太平洋戦争末期にはモンゴル侵入と関係のある多くの歴史的経験や認識までもが神風特攻隊と片付けられ、取って代わった事情とも関係がある。[32] 特に、小さい船で巨大なモンゴル戦艦に浸透する大矢野家の兄弟あるいは河野通有の姿は、神風特攻隊の攻撃場面ともオバーラップされる場面であったし、アジア太平洋戦争期の日本軍のメタフォーでもあった。いわば、当時の新聞に載った神風特攻隊の写真や宮本三郎の〈萬朶隊比島沖奮戦す〉などの例は歴史の中の神風が現実の神風に転移、復活されたものであり、元寇図のアジア太平洋戦争末期のバージョンともいえる。

もちろん、歴史画の割合が小さくなった中で元寇図の数が少なく、その図像もまた固定化したとしても元寇図に関する関心が低くなったとは言い切れない。朝日新聞社が一九三八年五月三日から開催した東京朝日新聞創刊五十周年記念戦争美術展覧会には、元寇図と関連した作品が幾つか展示された。当時の出品目録には天皇家が所蔵していた『蒙古襲来絵詞』の模写本を所蔵していた東京帝室博物館の『蒙古襲来絵詞』の模写本を始めとし、前で触れた松本楓湖の〈蒙古襲来碧蹄館図屏風〉なども含まれていた。[33] 美術評論家の脇本楽之軒は『朝日新聞』に載った「戦争美術展を見る（三）」というタイトルの文の中で『平治物語絵詞』と『蒙古襲来絵詞』が持っている色彩感と人情表現の優れていることを指摘し、日本戦争美術の特色をよく表した例として評価した。[34] また、同じ時期に大阪市が〝国威宣揚元寇展〟というタイトルのもと展覧会を開催し、亀山天皇の肖像画を始めとし醍醐天皇の〝敵国降伏〟と書いた書の模写本、北条時宗の肖像画、『蒙古襲来

絵詞』の模写本、そして下村観山の〈元寇図〉などを展示した。(35)

その頃、『蒙古襲来絵詞』は同時代の戦争画と結びつけて語られた。一九四四年五月、美術雑誌『美術』には美術史学者田中一松が「古典芸術に於ける記録画の問題」という題目の文を乗せ、記録画の問題が当時戦争画と関連して一つの課題になっていたことを指摘しながら、歴史的事件の正確な記録が求められていることを強調した。(36)古い戦争画の例として『平治物語絵詞』『蒙古襲来絵詞』などを挙げ、『蒙古襲来絵詞』の場合竹崎季長の従軍記録であり、彼が関わった戦況報告と規定した。その上、モンゴル侵入という未曽有の国難に関して部分的ではあるが、精緻な描写ではかつてなかった例として高く評価した。とりわけ、竹崎の奮闘姿勢を高く評価しながらも構図上動きの表現が充分ではない点を指摘し、それが厳密な記録的性格によるものと指摘した部分では、アジア太平洋戦争期に戦争画に対する田中一松自身が持っていた批判的態度が伺える。つまり、『蒙古襲来絵詞』の例を通して伝統的日本絵画が客観的描写に忠実であったことを強調することによって、アジア太平洋戦争当時の戦争画に記録画らしい客観的描写府が物足りないことを指摘している。

おわりに

以上述べたように、二回に亘ったモンゴルの侵入と撃退の経験は元寇図の背景になったが、元寇図の図像は江戸時代末まで一定しなかった。幕末維新期に神風の場面を中心に輪郭を現した元寇図の図像で、『蒙古襲来絵詞』の図像の伝播はいわゆる神風史観に基づいた神風の場面が大きな割合を占めていたモンゴル侵入場面を多様化させ、具体性を与えた。矢田一嘯、下村観山らの元寇図には『蒙古襲来絵詞』が活用され、図像の変容が実現された。図像の変容過程で矢田一嘯の役割は大変大きく、元寇記念碑建立運動にも関わりながら元寇図の制作に臨んでいた彼の絵には『蒙古襲来絵詞』に登場する場面がドラマチックに再構成され、以後一つのパターンをなした。つまり、絵巻の中に大矢野家の兄弟がモンゴルの戦艦に近づき奇襲攻撃を行う場面に『八幡愚童訓』の内容が適用され、河野通有が奇襲の主人公として登場し、磯田長秋の元寇図は変容した図像を継承、活用した例といえる。西洋画家権藤種雄はその図像を継承しながらも、文献の内容にもっと忠実であった態度を見せた。

『蒙古襲来絵詞』の影響を受けて変化した元寇図の図像の中で、一つ注目すべき現象は神風の場面が大矢野兄弟の奇襲場面に取って代わった事実である。それは歴史画で時代考証が強調され、客観的で科学的な説明が重視された近代日本の認識で、科学的に説明しにくい神風現象に対する忌避現象のせいかもしれない。その代わりに大矢野兄弟が見せた敢闘精神こそ実現可能なことで、『蒙古襲来絵詞』に描かれているため具体的根拠を持っている歴史的事実として確証されたためと推測される。図像の固定化現象が現れた元寇図や『蒙古襲来絵詞』の模写本が、アジア太平洋戦争終盤まで関心を集めながら戦争美術の一部として展示された点も注目すべき現象であるが、歴史の中の元寇あるいは神風が現実の神風特攻隊に復活し、取って代わったのであり、当時の新聞などに載った神風特攻隊の写真は元寇図のアジア太平洋戦争末期バージョンと規定できよう。

注

(1) 黒田俊雄『蒙古襲来』日本の歴史八（中央公論社、一九六五年）一四五―一五六頁、南基鶴『蒙古襲来絵詞と鎌倉幕府』（臨川書店、一九九六年）、新井孝重『蒙古襲来』戦争の日本史七（吉川弘文館、二〇〇七年）。
(2) 石黒吉次郎「蒙古襲来と文学」（『専修国文』八四、二〇〇九年一月）二一―四一頁。
(3) 池内宏『元寇の新研究』東洋文庫論叢第一五（東洋文庫、一九三一年）、小松茂美編『蒙古襲来絵詞』日本の絵巻一三（中央公論社、一九八八年）、太田彩『蒙古襲来絵詞』日本の美術四一四（至文堂、二〇〇〇年）。
(4) 佐藤鉄太郎『蒙古襲来絵詞と竹崎季長の研究』（錦正社、二〇〇五年）、大倉隆二『「蒙古襲来絵詞」を読む』（海鳥社、二〇〇七年）。
(5) しかし、この絵は伝説を描いたもので、モンゴル侵入当時の記録とは異なる。山上智海の〈蒙古調伏の曼陀羅〉解説参照。田中甚助編『高祖御一代略図奥附』（日本画粋社、一九二六年）一一頁。
(6) 藤岡作太郎『近世絵画史』（金港堂、一九〇三年）二九六―二九八頁。
(7) 干河岸貫一編『近世百傑伝』（博文堂、一九〇〇年）二三五―二三九頁。
(8) 金容澈「청일전쟁기 일본의 전쟁화」（『日本研究』九、二〇一二年）一七―三四頁。
(9) 「清国軍艦「定遠」の水兵、長崎で暴行」（『東京日日新聞』一八八六年八月十五日）、「清国水兵暴行の詳報」（『時事新報』一八八六年八月十八日）、「談判やっと落着」（『時事新報』一八八七年二月十日）。
(10) 山田安榮編『伏敵編』（吉川半七、一八九一年）。
(11) 服部英雄『大野城市史（上）』（大野城市教育委員会、二〇〇五年）五一〇―五一二頁。
(12) 『元寇反撃 護國美談』（青湖堂、一八九〇年）。
(13) 水野忠央『丹鶴叢書』（一八四七～一八五三年）。
(14) 池内宏『元寇の新研究』東洋文庫論叢第一五（東洋文庫、一九三一年）。
(15) 小堀桂一郎「舊一高所蔵の歴史画に就いて」（『紀要比較文化研究』一四、一九七四年）一―三四頁。

(16) 塩谷純「菊池容齋と歴史画」（『国華』一一八三、一九九六年）七―二二頁。

(17) 岡倉天心「第三回内国勧業博覧会審査報告」（『岡倉天心全集』三（講談社、一九七八年）八二―九三頁から再引用）。

(18) 西本匡伸「矢田一嘯　彼が画人としてあることについて」（『よみがえる明治絵画』福岡県立美術館、二〇〇五年）六六―七二頁。

(19) 元寇記念碑建設事務所、「元寇記念碑来歴一斑」及び湯地丈雄、「元寇記念碑義捐金募集広告」（太田弘毅編『元寇役の回顧』（錦正社、二〇〇九年）二三―二五から再引用）。

(20) 川添昭二『蒙古襲来研究史論』（雄山閣、一九八七年）一一七―一一八頁。

(21) 西本匡伸、前掲文、六六―七一頁。

(22) 鈴村譲『元寇画鑑』（東陽堂、一八九七年）。

(23) 萩原龍夫 校訂「八幡愚童訓 甲」『寺社縁起』日本思想大系二〇（岩波書店、一九七五年）一八三頁。

(24) 弘安役六五〇年記念会編『元寇弘安六百五十年記念会紀要』、佐藤独嘯『元寇と松浦党』、武谷水城『元寇史実の梗概』、長村鑒編『蒙古寇紀』（元寇弘安役六百五十年記念会、一九三一年）。

(25) 池内宏『元寇の新研究』、竹内栄喜『元寇の研究』、荻野三七彦、『蒙古襲来絵詞』。

(26) 菅谷勝義『北条時宗』（如山堂書店、一九〇九年）、大和田建樹『相模太郎』（博文館、一九一二年）、雄山閣編集局編『異説日本史 第三巻第三巻人物篇第三　鎌倉時代』（雄山閣、一九三一年）三一一―三四〇頁。

(27) 川添昭二、前掲書、二〇六―二〇八頁。

(28) 平泉隆房「武家の活躍」（所功編『名画に見る国史の歩み』近代出版社、二〇〇〇年）三六頁。根上富治〈元寇〉解説参照。

(29) 山田安榮編、前掲書、一三―一六頁。

(30) 金容澈「아시아태평양전쟁기 일본 역사화 속의 국가주의」（『翰林日本学』二〇、二〇一二年）一〇五―一三〇頁。

(31) 秋山謙蔵「元寇と神風と仏教」（『史潮』一九、一九三七年二月）六七―八二頁。

(32) 家永三郎『太平洋戦争』（岩波書店、一九六八年）二〇六―二〇八頁、吉田裕・森茂樹『アジア・太平洋戦争』（吉川弘文館、二〇〇七年）二〇六―二〇八頁、御田重宝『特攻』（講談社、一九八八年）七―一三二頁。

(33) 『朝日新聞』一九三八年五月三日。

(34) 脇本楽之軒「戦争美術展を見る（三）」（『朝日新聞』一九三八年五月十七日）。

(35) 「国威宣揚元寇展目録」（大阪市編『国威宣揚元寇展図録』大阪市、一九三八年）。

(36) 田中一松「古典芸術に於ける記録画の問題」（『美術』一九四四年五月）一二―一六頁。

附記　本稿は大学共同利用機関法人 人間文化機構 国文学研究資料館編『第四二回国際日本文学研究集会会議録』（二〇一九年）に載った論文を修正したものである。

◎コラム◎

絵画と文字の表現コード
――『源氏物語絵巻』を読み解く

金秀美

キム・スウミ――高麗大学校教授。日本古典文学・文化。主な著書・論文に「国宝『源氏物語絵巻』断簡に関する一考察――場面選択の方法を中心にして」(『日本研究』八二号、二〇一九年)、『東アジア学の理解』(共著、高麗大学校出版文化院、二〇一九年)、『日本古典文学を絵で読む　国宝『源氏物語絵巻』』(高麗大学校出版文化院、二〇二〇年)などがある。

一、国宝『源氏物語絵巻』の人物描写の謎

徳川・五島本『源氏物語絵巻』(通称、国宝『源氏物語絵巻』。ここでは『源氏物語絵巻』と記す)に向かってその絵を見ていると、私はいつも謎解きをしているような気がする。それは、この作品に潜められている象徴の豊富さ・表現の深遠さが齎したものであり、鑑賞者には難しさとともに面白さを与える源泉にもなっている。

その中で、最近私はこの作品における人物の描き方が気になっていた。それは、「御法」の画面に描かれた明石中宮がごく小さく描かれている点である(図1参照)。「東屋二」の浮舟も小さく描かれているが、明石中宮はそれよりも一段と小さい。それどころか、「柏木三」では、物語において女三宮が女主人公として登場する場面であるにもかかわらず、絵巻においては詞書にも絵の画面にも削除されており、「鈴虫一」では、女三宮が詞書に女主人公として比重をおいて書かれているにもかかわらず、絵の画面では、女三宮の代わりに女房が描き出されていた。このような『源氏物語絵巻』の絵画における人物描写の自由自在さに驚きを感じながら、この作品における表現体系・絵画の方法ということについて知りたくなったのである。

周知の通り、『源氏物語絵巻』は、十一世紀初、紫式部が執筆した『源氏物語』を絵画化したもので、現存する源氏絵の中、最古・最高の遺品として知られている。それは、仮名文字で書かれた詞書(絵詞)の部分と絵の画面一つとを繋いでつくった段落式絵巻であり、その詞書は、『源氏物語』から絵に該当する内容の一部分を抜粋し、その原文に省略・修正などを行ったものである。このように、本作品は、『源氏物語』という文字

テキストで表現されたストーリを、文字（詞）と絵画に盛り込む形で制作され、絵画テキストと文字テキストを同時に解

図1 『源氏物語絵巻』「御法」絵（五島美術館所蔵）（金秀美著『日本古典文学を絵でよむ――国宝『源氏物語絵巻』』（高麗大学校出版文化院、2020年2月、119頁）を複写転載）

読する作業を通して、意味内容を把握・鑑賞するものになっているのである。

とすると、この作品では、絵画と文字という伝達媒体・表現媒体の特性をどのように活用して、絵巻なりの表現体系として構築しているのだろうか。それを検討する過程を通して、先に述べたこの作品における人物描写の謎の実体を読み解いてみたい。というわけで、次章では、絵画・文字の特性について、しばらく時間を設けて考えたい。

二、絵画と文字という媒体の特性

では、いったい、絵画（painting）と文字（character・letter）とは如何なるものなのか、ということから始めよう。

『国語大辞典』（小学館）によると、「絵画」は「線や色彩などを用いて、ある形を平面上に描き出すもの」であり、「文字」は「点や線の組み合わせによって言語をひとくぎりごとに記号化したもの」と解されている。[1] この定義によれば、「絵画」と「文字」は、一見別々の概念のように見える。しかし、絵画と文字の起源を眺めると、相互の繋がりがより明らかに見えてくる。

人類の最古の絵画といえば、先史時代の洞窟壁画を思い浮かばせるだろう。有名なフランス南部のショーヴェ洞窟（Chauvet Cave：紀元前三万二〇〇〇年頃）、フランス西南部のラスコー洞窟（Lascaux Cave：紀元前一万五〇〇〇年頃）、スペイン北部のアルタミラ洞窟（Altamira Cave：紀元前一万五〇〇〇年～一万年頃）など、これらの洞窟の壁画には、主に野牛、馬、ライオン、鹿、山羊などの動物が活写され、当時狩猟採集生活をしていた原始人の様子が垣間見られる。このような壁画が、旧石器人の芸術欲により誕生したものなのか、狩猟の獲物に対する単純な記録なのか、豊富を願う人間の呪術的心境の現れなのか、はっきりしないわけだが、ともあれ、これらが文字のない先史時代において、人間の感情や考えを表現した

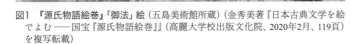

ものであり、それを残して次の時代に伝えたという点では、文字と同一な機能を有しているといえよう。

その反面、文字の存在も、もともと絵から出発する。人類最古の文字といわれる、紀元前三〇〇〇年頃のシュメール人による楔形文字（cuneiform）も、絵文字（pictograph）であった。最初は事物のすがたを簡単な線で描いた線画の形であったが、次第にその形象が組織的に象徴化・抽象化されて、記号のような形へと発達したという。このように、メソポタミア文明で楔形文字が拡がっていく中、古代イジプトと中国では、別の文字体系が発達していた。[2] それが象形文字（hieroglyph）である（図2参照）。絵文字といっても、楔形文字が線画から発達した、より幾何学的・抽象的文字体系だとすれば、象形文字は、美しく描かれた絵（人間の頭、鳥、動物、植物、花）からなるもので、より詩的であり生動感あふれる魅力があった。[3] このような絵文字が、時代の推移とともに、人間の考えや感情をより正確に伝えるために、言語と結び付いた文字体系として発展したのが、現在の文字である。このように、文字が言語と結び付いたことにより、文字を書く人と読む人との間に、より正確に同じ意味を共有できるようになったのである。ここに至って、文字と絵画との相違は、決定的なものになる。従って現在、文字といえば、普通言語・言葉で変換できるようなものを指し、言語を記録・伝達するための象徴体系として捉えている。

図2　カルナック神殿に描かれている古代イジプトの象形文字

しかし、現代社会においても、依然として絵文字が使われている。我々が周辺でよく発見できる「非常口マーク」、「禁煙マーク」のような案内用マークがそれである（図3参照）。

図3　「非常口マーク」のピクトグラム（pictogram）

それは、「ピクトグラム（pictogram）」といわれる視覚記号で、使用言語に制約されず同一の意味や重要な情報などを見る人に早く手やすく知らせるために考案されたデザインのことをいう。すなわち、この「ピクトグラム」は、言語と直接繋がってはいないが、ある意味を表す図像であり、絵文字の一種といえる。このように、文字・絵画（絵文字をも含めて）の中で、どれが表現媒体および伝達媒体として有効なのか、ということは、使用主体や対象・表現内容・状況・目的などによって異なっているのである。

以上を鑑みると、絵画と文字とは、人間の思考や感情によって生じた意味内容を線・図象などによって表し、保存・伝達するという共通性を有するものであるが、その反面、言語との照応性の可否、表現手段（これに関する両者の差異については、第三章で細述する）には相違点が目立つ。では、このように類似性と相違点を同時に有している絵画と文字という媒体を、『源氏物語絵巻』では、どのように活用しているのだろうか。ここで、再び『源氏物語絵巻』に戻って考えてみる。

三、絵巻における文字と絵画の表現体系

文字テキストと絵画テキストとは、その特性上、表現・伝達できる内容と方法が異なっている。では、文字で書かれた『源氏物語』のストーリ内容は、『源氏物語絵巻』の文字（詞）と絵画という、異なる二つの領域の中に、どのように表現されているのだろうか。

まず、文字テキストでは、言語と結び付いている文字の性質上、人の対話や独白、人間内面の思考などを、会話文、独り言、心中思惟、草子地などの形で書き記すことができ、また、形象や状況説明なども、言語・単語の範囲内で具体的に書き留めることができる。さらに、人の感情も「嬉しい」、「悲しい」、「寂しい」という形容詞を使って表わし、他人に正確に伝えられる。

しかし、絵画テキストでは、このような会話、内面描写、人間の感情などを、文字のように具体的に表現するのは不可能である。とすると、絵画テキストでは、『源氏物語』のストーリを表現するため、言語の代わりに何を表現手段としているのか。もちろん、絵画の領域でもっとも基本的な手段といえば、やはり線と色彩であろうが、ここでは、その線・色彩による画面の構図、空間分割、形・輪郭などのシェイプ、模様、事物の大きさ、遠近、濃淡、質感などの要素も、その範疇に入れて考えたい。

もともと、『源氏物語』のように文字で書かれたストーリの場面内容を、絵画という別の媒体にそのまま具現することは、最初から不可能なことであろう。しかし、『源氏物語絵巻』は、文字テキスト（詞書）と絵画テキストが結合した形であり、時には、原作の本文内容を、詞書と絵画とに分けて、巧みにその意味内容を表現したり、時には、原作の記述を詞書と絵の画面で省略・変更する形で、絵巻なりの独自の世界を構築したりして

いる。

前者の例としては、絵巻の「横笛」の画面が挙げられよう。『源氏物語』の（a）「上も御殿油近く取り寄せさせたまて、耳はさみしてそそくりつくろひて、抱きてゐたまへり」（「横笛巻」三六〇頁）[4]と、（b）「撒米し散らしなどして乱りがはしきに」（「同巻」三六〇頁）という原文の記述は、絵巻の詞書では省略されている。しかし、詞書の文脈で除去されていた雲居雁の「耳はさみ」の髪形、「御殿油」、「撒米」の要素は、絵の画面にそのまま描出されていることに気づかれる。髪を両耳にはさみ、耳を露出した雲居雁の姿は、顔と耳、髪の輪郭とその色彩によって、より効果的に視覚化されており、高灯台は「夜」を象徴する記号として、「撒米」は、魔除けのものとして雲居雁と乳母の間に描かれ、文字で提示するより、絵の視覚性によって克明に画面に刻み込まれているのである。このように「横笛」の例は、文字・絵画の特性を活用して、詞書と絵の画面が、各々その役割を分担・補完しながら効果的に意味内容を表現・伝達しているといえよう[5]。

四、「御法」における明石中宮の表現コード

では、このコラムの冒頭で提議した「御法」に描かれた明石中宮の稀有な大きさという人物表現の問題に取り組んでみよう。

「御法」は、紫上の臨終の直前の場面であり、見舞いに来た明石中宮と源氏が、紫上と和歌を詠み交わすところである。**図1**をみると、画面の中央に源氏と紫上が向き合っており、明石中宮はこの二人の間に後ろ姿で座っている。彼女の下半身は上長押や簾に隠され、頭と上半身だけが、ちらりと見える。このように、絵の画面では、当時子供ではなく、既に子持ちの二十三才の成人女性である明石中宮がごく小さく描かれているのである。同じ画面にある源氏と紫上の大きさと比べると、その相違はより劃然たるものになっている。

従来この画面における明石中宮の大きさについては、あまり注目されてこなかった。が、この点については、次の千野香織氏の意見が参考になろう。千野氏は、「鈴虫二」の画面に描かれた人物と建物の大きさが現実の比例に合わないことを指摘し、「絵に描かれる対象の大きさは、必ずしも、それらの現実の大きさの比例に拘束される必要はない」[6]と説明し、それが「この時代の絵画の方法の一つ」であると断言する。千野氏の指摘通り、この作品をはじめ、平安時代の絵巻や倭絵には、「引目鉤鼻」や「吹抜屋台」という約束事があり、人物や事物のスケールの自在さも、絵画の一方法といえるわけだが、私は、この明石中宮の異例な人物描写を、単にそのような一般的なものとして片付けてよいのか、という疑問が生じた。

人物の非現実的な大きさというのは、

当時仏画の領域においても、よく見られることであった。平安時代後期の「阿弥陀聖衆来迎図」（和歌山、十二世紀後半、国宝）には、中央に巨大な阿弥陀如来の姿とその周辺に雲集した大勢の小さい菩薩の像が描かれていた。このような阿弥陀如来と菩薩のサイズの顕著な差によって、阿弥陀如来の威光と徳を称えている。

また、日本の親王院蔵の高麗後期の仏画「弥勒下生経変相図」（一三五〇年）の場合も、中央に弥勒仏、その左右に脇侍菩薩、その周辺に十代弟子と帝釈・梵天・四天王・八部衆、その下に衆生が配置されているが、これらのサイズは、弥勒仏を頂点にして次第に小さくなっていく（図4参照）。そのような例は、知恩院蔵の高麗仏画「弥勒下生経変相図」や二〇〇九年京都妙満寺で見つかった高麗仏画「弥勒下生変相図」（李晟作、一二九四年）など、当時の高麗仏画にもよく見られる現象であった。このように、当時仏画や東洋美術にも、画面における人物を必ずしも現実の大きさに比例して表現しなくてもよいという、倭絵と同じ「絵画の方法」があったと思われる。もちろん、これはあくまでも仏の世界であり、人間にそのまま適応することには慎重すべきところであろう。が、このような仏画の人物描写に馴れていた古代の人々は、遠近法から絵を鑑賞する現代人とは異なり、このような人物描写にあまり違和感を覚えなかったかもしれない。

図4　高麗仏画「弥勒下生経変相図」（親王院所蔵、1350年）

しかし、それでも、やはり釈然しないところは残る。仏画で仏を極大化して描いているように、「東洋・西洋絵画において遠近法と関係なく、主要な人物、重要な事項を大きく描写する手法は、広く使われた方法」であった。[7]とすると、本作品で非現実的に小さく描写されている明石中宮は、この場面で源氏と紫上より比重が低いため、小さく描いているのだろうか。

この場面で、明石中宮は、紫上の養女として源氏と紫上の仲を繋ぐ役割をしており、詞書の記述をみると、紫上の手をとって涙を流しながら、紫上の心情に同調する人物として書かれている。すなわち、本場面における明石中宮は、役割上にも、中宮という身分上にも主要な人物として描かれているのである。とすると、この絵の画面における明石中宮の矮小な姿は、仏画や倭絵とは異なる、非常に異例的な例といえるのではなかろうか。では、この画面ではどうしてこのように明石中宮を小さく描いているのだろうか。わたしは、この謎解きの鍵が、次の和歌に潜んでいると思う。

（明石中宮）秋風にしばしとまらぬつゆの世をたれか草葉のうへとのみ見ん（「御法」五〇五頁）

　これは、紫上と源氏が、紫上のはかない命を庭の萩の露にたとえて、和歌を詠み交わした直後、明石中宮が詠んだ和歌である。明石中宮は、「秋風に吹かれて散っていくのは、草の上に置かれた露（紫上の命を象徴）のことだけではなく、私どもみな同じ運命である」という意の和歌を詠み、悲痛に浸っている紫上と源氏の心を慰めている。[8] このように、みんな死の前には同じ運命だという人間の矮小さを表現するために、明石中宮は小さく描き出されているのではなかろうか。すなわち、彼女の小さな後ろ姿は、「臨終直前の紫上の心境を投影したものであり、生死の前に人間はみんな矮小な存在であることを形象化するための姿である」[9] と思われる。絵画は、文字のように明石中宮の和歌を直接書き記すことはできないが、彼女の小さい姿を画面に活写することにより、絵の画面にその和歌の意味合いを視覚的に表現しているのである。まさに、これは、絵画なりの方法、絵画の論理による表現といえる。

　わたしは、このように『源氏物語絵巻』の「御法」の画面の物陰に隠れた、謎解きのような表現コードの象徴性を読み解きながら、この作品の表現の豊かさとおもしろさを改めて実感した。その後、改めてこの画面を眺めてみた。すると、紫上と源氏という二人の人物に注目したせいか、最初には見落としてしまった、画面における明石中宮の小さな後ろ姿が、より大きくわたしの目に入ってきた。

注

（1）『国語大辞典』（小学館、一九八一年）四二二、二三三九頁。
（2）Georges Jean著・イジョンイン訳『文字の歴史』（時空社、一九八七年）二五頁。
（3）前掲注2、『文字の歴史』二六頁。
（4）以下、本稿における『源氏物語』本文引用は、阿部秋生・秋山虔・今井源衛校注『新編日本古典文学全集　源氏物語』（小学館、一九九四〜一九九八年）による。
（5）金秀美「絵の伝達力・文字の表現力――『国宝 源氏物語絵巻』を中心にして」『日本研究』七八号、二〇一八年、七四頁。

（6）千野香織『岩波日本美術の流れ3 10〜13世紀の美術』（岩波書店、一九九三年）五九頁。
（7）吉田秀和『吉田秀和全集17』（白水社、二〇〇一年）一一五頁。
（8）前掲注5、八五頁。
（9）前掲注5、八五頁。

◎コラム◎

奈良絵本と『徒然草』

——ジャンルを往還するメディア

齋藤真麻理

一、奈良絵本の時代

今に「奈良絵本」と通称される絵入り写本が制作されたのは、室町時代後期から江戸時代中期にかけて、約一五〇年間のことである。その多くは室町物語（御伽草子）であり、次いで幸若舞曲や古浄瑠璃といった芸能や『源氏物語』『伊勢物語』等の物語、軍記、歌書などが奈良絵本に仕立てられた。素材は文芸作品に留まらず、中国明代の類書や、仮名書きの官職概説書『百寮訓要抄』までもが美しい絵入り本となり、人々の目を楽しませていたのである。[1]

とりわけ、江戸時代前期は奈良絵本の全盛期であり、この時期の作例には、濃彩の挿絵に金銀の箔や泥を用いた豪華本が多い。『文正草子』や『大黒舞』などの祝儀性を帯びた作品は、嫁入り本や正月の読み初めにも愛好された。

しかし、元禄から享保頃に至ると、奈良絵本は急速に輝きを失ってゆく。その一例として知られるのが、藤井隆氏蔵『竹取物語』である。末尾のかぐや姫の昇天などは、絵師の腕の見せどころであろうが、藤井本の挿絵では簡素な邸内にかぐや姫と老尼が対座するばかり、屋根の上には車一両が無愛想に乗り、天人はおろか、竹取の翁も武士団も描かれない（『藤井文庫 物語の古筆と奈良絵本』春日井市道風記念館、二〇〇八年）。以降も大名家が婚礼道具に奈良絵本を注文した記録はあるものの、生き生きとした奈良絵本の時代は幕を閉じる。

奈良絵本の大半は奥書等がなく、制作の実態は不明な部分が少なくない。研究史上、比較的初期のまとまった論としては、清水泰《ゆたか》「奈良絵本考」（『日本文学論考』初音書房、一九六〇年）が挙げられる。ここには奈良絵本をめぐる諸問題がほぼ網羅されている感があり、必読の論といえよう。一九七八年から七九年にかけて

さいとう・まおり——国文学研究資料館教授・総合研究大学院大学教授（併任）。専門は日本中世文学。主な著書・論文に『一乗拾玉抄の研究・影印』（臨川書店、一九九八年）、『異類の歌合 室町の機智と学芸』（吉川弘文館、二〇一四年）、「室町物語と玄宗皇帝絵 『付喪神絵巻』を起点として」（『和漢のコードと自然表象 十六、七世紀の日本を中心に』勉誠出版、二〇二〇年）などがある。

は「奈良絵本国際研究会議」が開催され、奈良絵本研究は一つの到達点を迎えた。その成果は奈良絵本国際研究会議編『在外奈良絵本』（角川書店、一九八一年）、同編『御伽草子の世界』（三省堂、一九八二年）等に結実した。後者に収録される松本隆信「増訂室町時代物語類現存本簡明目録」は、現在も奈良絵本や室町物語研究に必須の文献である。二〇〇三年からは石川透氏の牽引する奈良絵本・絵巻国際会議が開かれる一方、室町物語や幸若舞曲など、ジャンル別の研究が深化し、コレクションごとの研究も進展した(2)。「奈良絵本」という呼称が「集古会」の営為を通じて定着してゆく様相も明らかになり(3)、詞書の筆跡の分析なども精力的に進められている(4)。

　近年は、古典籍のデジタル画像の公開が世界規模で推進され、居ながらにして画像による検討や比較研究が可能となった。研究環境は格段に向上し、WEB上の情報は伝本発掘にも有益である（拙稿「渡海の絵巻――いけのや文庫蔵『御曹子島渡り』」『国文学研究資料館紀要』文学研究篇44、二〇一八年三月など参照)。

　今後はこうした研究成果と資源の蓄積を基盤に、デジタル画像をよりよく活用し、研究を深めてゆくことになろう。そのためには古典籍に関する基礎知識が不可欠であるし、公開画像には写ることのない「ウラの顔」も見逃してはならない。その表情に目を向け、子細に観察してみると、奈良絵本の制作現場の光景がおぼろげながら浮かび上がるようだ。延いては、「奈良絵本とは何か」という根本的な問いも響いてくるだろう。

二、奈良絵本のウラの顔

　古典籍の表紙には、しばしば補強のために反故が用いられている。そこには時に学界の注目を集める情報が保持されており、先学によって、貴重な古活字版や奈良絵本制作の実情を伝える書き付け、大福帳などが発見された（渡辺守邦『古活字版伝説　近世初頭の印刷と出版』青裳堂書店、一九八七年。同『表紙裏の書誌学』笠間書院、二〇一二年。母利司朗「書本屋について」『東海近世』6、一九九三年十二月。石川透『奈良絵本・絵巻の生成』三弥井書店、二〇〇三年）。

　加えて、早稲田大学図書館蔵の伝三条西実枝筆『源氏物語』の表紙裏反故からは、近世京都の書肆と推測される「表紙屋弥兵衛」らが、物語類や『徒然草』等の写本のほか、『文正草子』『酒呑童子』『落窪』『蓬莱物語』『雨やどり』『百合若大臣』等の奈良絵本を制作し、その料紙も扱っていたことが判明した（新美哲彦『源氏物語の受容と生成』武蔵野書院、二〇〇八年）。この『源氏物語』は同大学の「古典籍総合データベース」で公開されているが、反故は確認できない。画像公開が進む昨今、同様のケースは多々生じていよう。原本は、端正に整えられた二次元のデジタル画像では読み取れない情報を持つ。

図1　国文学研究資料館 碧洋臼田甚五郎文庫蔵『子易の本地』上巻表紙（部分拡大）

国文学研究資料館の碧洋臼田甚五郎文庫蔵『子易の本地』もその一例である。本書は江戸時代前期の典型的な豪華絵巻で、筆跡は朝倉重賢と見られる。全文のデジタル画像も公開された（「新日本古典籍総合データベース」https://doi.org/10.20730/200032458。「国文研ニューズ」55、二〇一九年六月）。

図1はその上巻表紙の下部の部分拡大である。公開画像では視認できないが、原本に対すると、経年劣化によって擦り切れた原表紙の下部から、補強材として使われた版本をわずかに確認できる。

はき時は　荘子天道篇　し人の性な
んそ
クツロヒテ　カラ　キ

さて、この紙片は何であろうか。『荘子』と見えるが、江戸時代前期の絵巻に使われたことから推しても、平仮名本の『荘子』注釈書とは考えにくい。そもそも注釈書ならば、逐一、その書名を文中に記さないだろう。やや縦長の平仮名は、物語や随筆の版本に見かける書風とも近い。これは和文脈の作品ではなかろうか。

そこで右の文字列を手がかりに探索すると、『徒然草』に行き当たる。当該箇所は『徒然草』第二一一段であり、傍線部分が紙片の文言と一致する。(5)

よろづの事は頼むべからず。愚かなる人は、深く物を頼むゆゑに、恨《うら》み怒《いか》る事あり。勢《いきほ》ひありとて頼むべからず。こはきもの先《ま》づほろぶ。財《たから》多しとて頼むべからず。時の間《ま》に失ひやすし。才《ざえ》ありとて頼むべからず。孔子《こうし》も時に遇《あ》はず。徳ありとて頼むべからず。顔回《がんくわい》も不幸なりき。（中略）左右《さう》広ければさはらず。前後《ぜんご》遠ければ塞《ふさ》がらず。狭《せば》き時はひしげくだく。（中略）人の性《しやう》なんぞことならん。寛大にして極《きは》まらざる時は、喜怒《きど》これにさはらずして、物のために煩《わづら》はず。（『徒然草』第二一一段）

さらに『徒然草』の注釈書を検すると、右の一節に『荘子』天道篇を引く書を複数見出せる。たとえば林羅山の『野槌』は「荘子《サウシ》天道《ノ》篇《ニ》輪扁《リンヘン》曰《カ》」云々と漢文体の注を付す。青木宗胡の『鉄槌』もほぼ同様で、字母の選択や、平仮名交じりの『徒然草』本文を添える点など、『野槌』よりは件の紙片に近い。しかし、やはり用字や行取りが合わない（両書とも国文学研究資料館「新日本古典籍総合データベース」に画像公開）。

　そこで浮かび上がってくるのは、同じく『徒然草』の注釈書の一つ、『なぐさみ草』である。一行目の文字列は件の紙片と完全に一致する（**図2**）。しかもこのささやかな事実は、単に表紙裏反故の素性が判明したというに留まらず、江戸時代前期に盛行した「徒然絵」の世界へと繋がっている。

　『なぐさみ草』は松永貞徳の講義に基づく『徒然草』の注釈書である。八冊から成り、慶安五年（一六五二）の跋を持つ。最大の特徴は『徒然草』の出版史上、初の絵入り本であることで、計一五七図の挿絵を有し、後の『徒然草』の絵画化に多大な影響を与えた。

　事実、徳川美術館の『徒然草絵巻』は外題に『なぐさみ草』とある。『なぐさみ草』に依拠しつつ、そこに描かれなかった場面も絵画化しており、挿絵は計二四一図に上る。十二巻の大作である（平塚泰三「徳川美術館蔵「なぐさみ草絵巻」について（上）――『徒然草』を題材とした絵巻の一例」（『金鯱叢書』23、一九九六年九月）。また、海の見える杜美術館の『なぐさみ草絵巻』二巻は、『なぐさみ草』の挿絵のみを絵巻に仕立てている（浅野日出男「『なぐさみ草』絵巻」『伝承文学研究』47、一九九八年六月）（**図3・4**）。

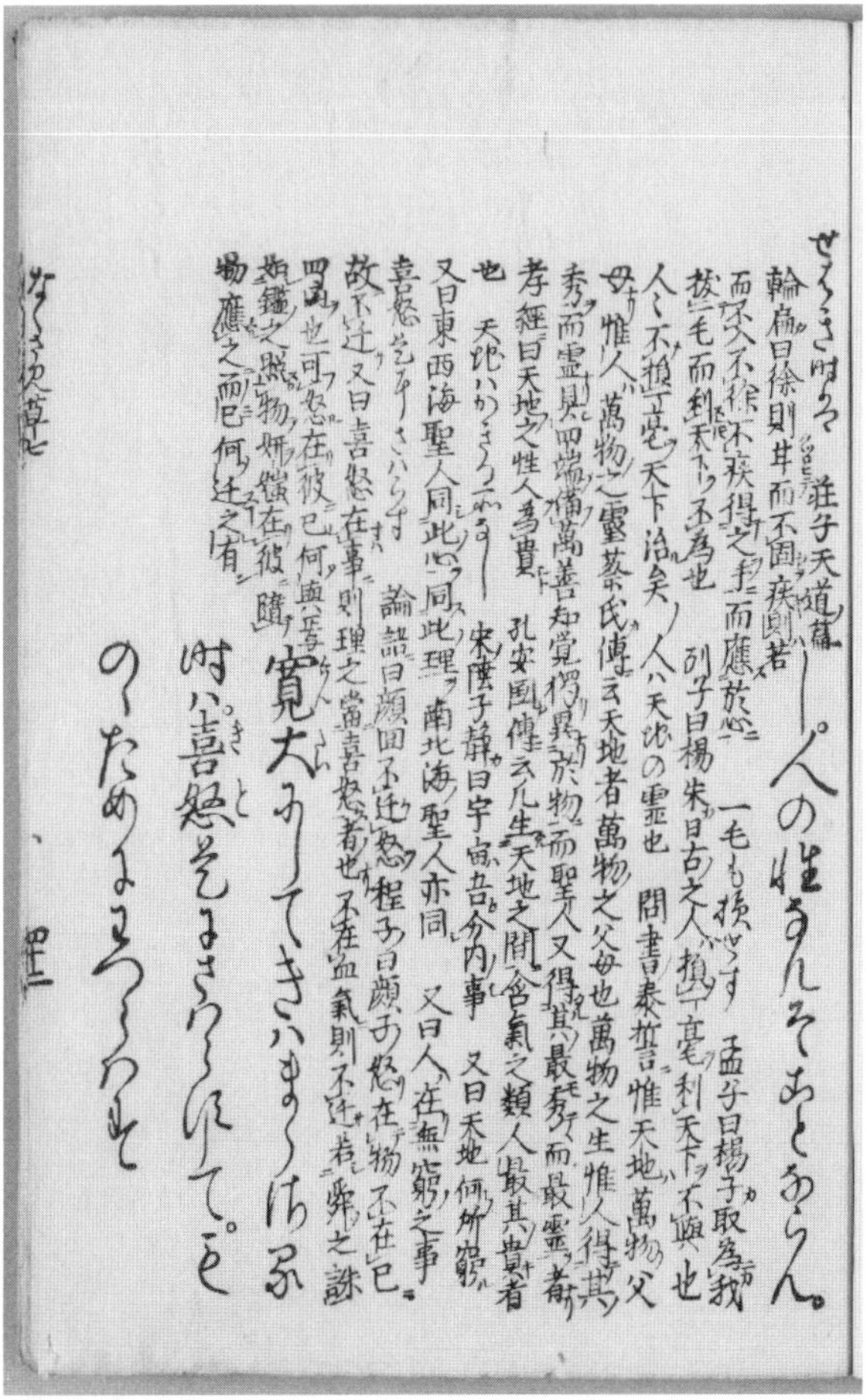
図2　国文学研究資料館 高乗勲文庫蔵『なぐさみ草』巻七。この段に挿絵はない。（https://doi.org/10.20730/200016213）

　これらの注文主や制作者は

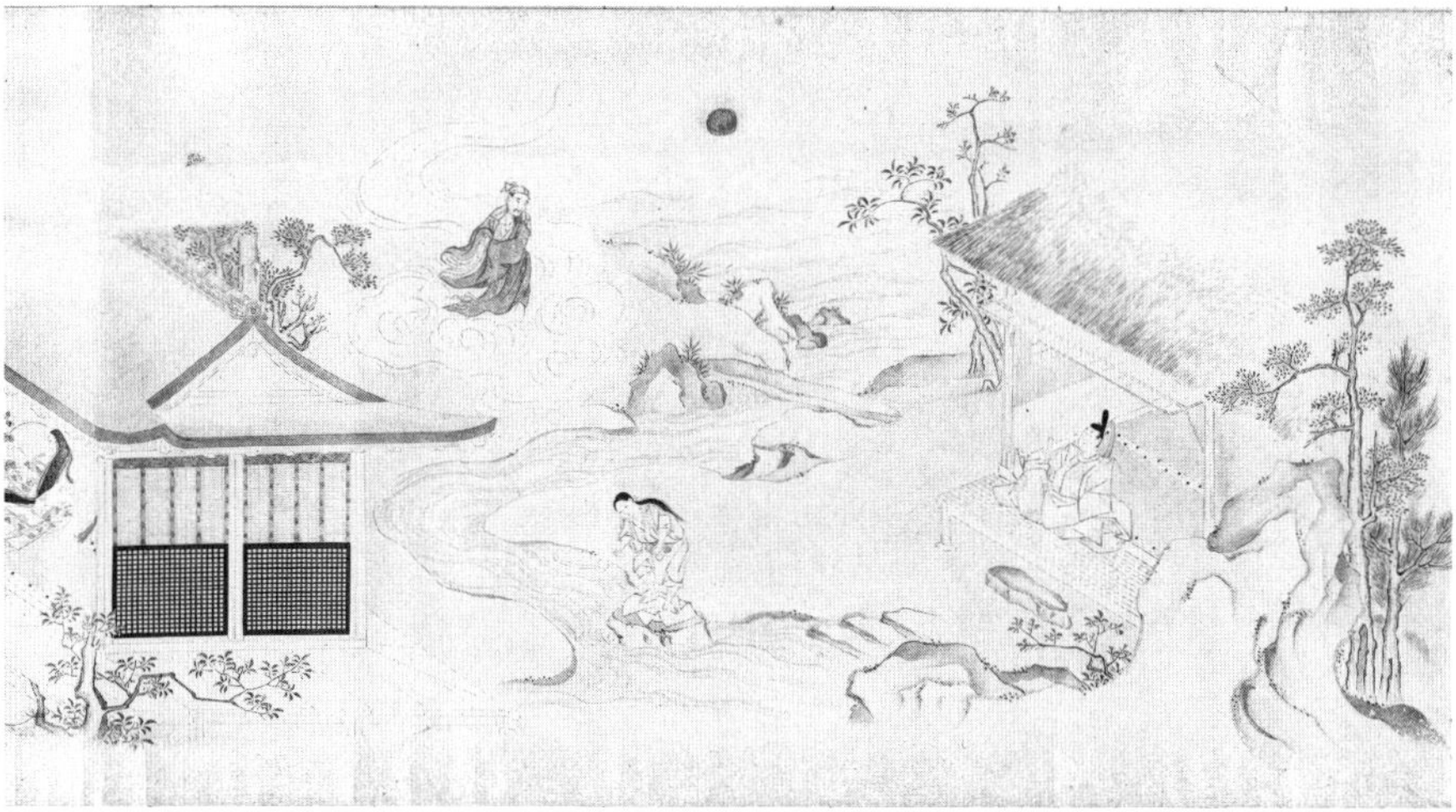

図3　海の見える杜美術館蔵『なぐさみ草絵巻』下巻。図4の『なぐさみ草』の挿絵が用いられている。

図4　国文学研究資料館 高乗勲文庫蔵『なぐさみ草』第6図（右・顕基中納言）と第9図（左・久米の仙人）。『徒然草』第5・6段に相当する。

不明であるが、江戸時代前期には狩野派、土佐派、住吉派など、諸派もこぞって「徒然絵」を制作し、屏風や画帖を含めてさまざまな作品が生み出された。この時代にいかに「徒然絵」が歓迎され、『なぐさみ草』が活用されたかが分かるだろう。こうした「徒然絵」の成立事情を考える上で、『なぐさみ草』との親疎は指標の一つとも見做されている（島内裕子『徒然草文化圏の生成と展開』笠間書院、二〇〇九年）。[6]

三、スペンサー・コレクション蔵『徒然草』

「徒然絵」が流行した時期は、あたかも奈良絵本の全盛期であった。果たして、『なぐさみ草』の挿絵は『徒然草』の奈良絵本ともよく一致する。[7]

従来、両者の密接な関係は、挿絵の比較などの内部徴証から検証されてきた。これに対して『子易の本地』の表紙裏反故は、江戸時代前期の奈良絵本の工房に実際に『なぐさみ草』があり、『徒然草』絵画化の依拠資料として利用されていたことを明示する物的証左といえよう。

奈良絵本の『徒然草』は、端本まで含めれば相当数が制作されていたと思われる。これらについては塩出貴美子氏の一連の研究があり、奈良絵本十本と『なぐさみ草』との「挿絵の出入り一覧」なども発表されている（「奈良絵本「徒然草」の挿絵について――「なぐさみ草」との関係」『奈良大学紀要』42、二〇一四年三月など参照）。

その一方で、先行研究がほとんど言及していない奈良絵本『徒然草』もある。それはニューヨーク公共図書館スペンサー・コレクションの一本である（以下、スペンサー本と略称）。『スペンサー コレクション蔵 日本絵入本及絵本目録』（弘文荘、一九六八年初版、一九七八年増訂再版）には次のようにいう。

165　つれづれ草　徳川中期頃写　絵入　6冊

挿絵は濃淡の二墨で描き、わずか金泥及び朱を点ずる。描線細緻、白描画の如くにして品よし。絵の数も多い。三ツ葉葵の金蒔絵の元箱入。

本書は列帖装の半紙本で挿絵は計四十八図、ところどころに施された金泥が繊細な趣の白描風であり、伝来も注目される。紙幅の都合上、詳細は別稿に譲るが、構図は『なぐさみ草』にほぼ忠実に描かれ、五図の見開き図を持つ。襖絵には秋草や菱繋ぎ文を多用し、牛車はすべて七曜紋を施す。

興味深いことに、スペンサー本の挿絵は、有吉本と通称される『徒然草』と場面選択が全く一致する。[8]詞書の筆跡も極めて近く、同筆かと推測される。この現象には、同一の祖本なり、制作指示なりの介在が想像されるのであり、奈良絵本『徒然草』の制作現場が透けて見えるようである。

むすびにかえて

冒頭に述べたとおり、奈良絵本は多種多様な素材を柔軟に取り込み、制作されてきた。そして「徒然絵」に垣間見たように、版本がもたらす新たな知や表象に対しても積極的であった。『子易の本地』の「ウラの顔」は、従来とはやや別の視野から「奈良絵本とは何か」という問いに示唆を与えてくれる。

奈良絵本はジャンルの境界を越え、知の沃野を自在に往還するメディアとして捉えることができよう。何より制作現場そのものが、知の往還を可能とする空間として機能している。その往還のすがたは、今なお未解明の謎と魅力に満ちている。

注

(1) 拙稿「描かれた異境——明代日用類書と『山海異物』」(『絵が物語る日本 ニューヨーク スペンサー・コレクションを訪ねて』三弥井書店、二〇一四年)、同「奈良絵本の時代」(『岩崎文庫の名品 叡智と美の輝き』山川出版社、二〇二一年)参照。

(2) 国文学研究資料館、The Chester Beatty Library共編『チェスター・ビーティー・ライブラリィ絵巻絵本解題目録』(勉誠出版、二〇〇二年)、国文学研究資料館編『アメリカに渡った物語絵 絵巻・屏風・絵本』(ぺりかん社、二〇一三年)など参照。

(3) 牧野和夫「〝奈良絵本〟という「ことば」の定着の背景とその周辺——明治三十年代中後期頃の奈良扇への関心をめぐる「集古会」周辺資料一、二と「南都の絵」資料一点」(『実践国文学』71、二〇〇七年三月)、同「中世文学〔美術〕史用語の生成・定着と内国勧業博覧会——奈良絵本をめぐって」(『実践国文学』87、二〇一五年三月)など参照。

(4) 石川透『奈良絵本・絵巻の生成』(三弥井書店、二〇〇三年)、同『奈良絵本・絵巻の展開』(三弥井書店、二〇〇九年)など参照。

(5) 引用は、近世に流布し、『なぐさみ草』も依拠した烏丸光広本(新編日本古典文学全集)に拠る。

(6) サントリー美術館の海北友雪筆『徒然草絵巻』は『徒然草』全段の絵画化を企図し、全二十巻に及ぶ。『なぐさみ草』ではなく、『野槌』の影響が見られる。『徒然草 美術で楽しむ古典文学』(サントリー美術館、二〇一四年六月)、『絵巻で見る・読む 徒然草』(朝日新聞出版、二〇一六年)。また、川平敏文『徒然草の十七世紀』(岩波書店、二〇一五年)など参照。

(7) 奈良絵本は注6図録のほか、神奈川県立金沢文庫の図録『兼好と徒然草』(一九九四年九月)、『徒然草と兼好法師』(二〇一四年四月)など参照。絵入り版本は齋藤彰「徒然草版本の挿絵史(一)～(十三)」(『学苑』738—769、二〇〇二年一月—二〇〇四年十一月)に詳しい。

(8) 有吉本は『徒然草 詳密彩色大和絵本』(勉誠出版、二〇〇六年)参照。解説には同本と近似する白描『徒然草』六帖(有吉氏蔵)についても短い紹介がある。その特徴はスペンサー本と酷似するが、題簽の書きぶりは異なっており、別本ならば、挿絵の場面選択を等しくする『徒然草』が三本あったことになる。

附記 貴重な資料の図版掲載をご許可下さいました海の見える杜美術館に御礼申し上げます。

◎コラム◎

正方形の本をめぐって

入口敦志

二〇一八年、東京国立博物館で開催された特別展「仁和寺と御室派のみほとけ――天平と真言密教の名宝」において、仁和寺に蔵される「三十帖冊子」が展示された。めったに見る機会のない貴重な本が並ぶ、圧巻の展示であった。

この本は、空海が唐に渡り(八〇四~八〇六)、そこで伝授された儀軌や経典を書き記して持ち帰ったもので、三十帖が現存することから「三十帖冊子」の名で呼ばれている。空海の筆跡を含むこともあり、書道史でも注目されているし、書誌的には、最も古い粘葉装の冊子本として知られている。大きさは、縦横が約一五センチ前後、ほぼ正方形の形をした、いわゆる枡形本である。

将来以来早くから重要視されており、延喜十九年(九一九)には醍醐天皇の叡覧に供され、天皇から蒔絵の箱を下賜されたとされる。後代儀軌類に粘葉装枡形本の装訂をとるものが多いのは、「三十帖冊子」の影響を受けてのことであったと考えられよう。

枡形本にはもう一つ、列帖装の装訂をとるものがあり、こちらはひらがなの散文作品に多く用いられている。縦横約一八センチ前後の六つ半本と言われる大きさのものが多く、藤原定家写『土佐日記』(尊経閣文庫蔵)『更級日記』(宮内庁三の丸尚蔵館蔵)などが古い例である。『土佐日記』については定家本の奥書によって、紀貫之自筆本が巻子本であったことがわかっている。定家の書写態度は、貫之の原文を忠実に写したものではなく、適宜改変しながら写しており、貫之と定家とのひらがな散文に対する意識の違いが装訂に現れているようで、興味深い事例だろう。

『方丈記』の古写本にも装訂と書写意識の違いを物語るものがある。最古の写本とされる大福光寺本は巻子本で、漢字カタカナ交じりで書かれたもの。鎌倉時

いりぐち・あつし――国文学研究資料館教授・総合研究大学院大学教授(併任)。江戸時代の小説を中心に、書物のかたちや出版文化といったメディアと文学との関わりについて研究を進めている。主な著書・論文に『武家権力と文学 柳営連歌、『帝鑑図説』』(ぺりかん社、二〇一三年)、「描かれた夢――吹き出し型の夢の誕生」(荒木浩編『夢見る日本文化のパラダイム』法藏館、二〇一五年)、『漢字・カタカナ・ひらがな 表記の思想』(平凡社、二〇一六年)などがある。

代末に書写されたとされる尊経閣文庫蔵本は列帖装枡形本、ひらがなで書かれている。ここでは、『方丈記』を記録として読むか、文学作品として読むかという作品そのものの解釈の違いが形態にも関係していると考えられるのではないだろうか。

日本の古典籍の特徴は、古い装訂が後代まで受け継がれていくことであろう。装訂そのものがジャンルと深く結びつき、規範や様式として定着する。出版が盛んになる江戸時代、例えば『源氏物語』が『湖月抄』として大本で出版され普及する一方、枡形列帖装の写本が作り続けられていることは大変興味深い。

枡形本は写本に多く見られるもので、出版物には少ない。その少ない中で良く知られているのが芭蕉の『おくのほそ道』である。

元禄十五年(一七〇二)に刊行された最初の版本は袋綴の枡形本であった。その後、明和版、寛政版と版を重ねるが、それらも袋綴枡形本の装訂で出版されている。この版本の注目すべき点は装訂だけではない。芭蕉の弟子の素龍が清書した本(西村本)を文字のかたち、行送りなどの配列に至るまで、忠実に写しているのである。西村本は芭蕉にとって『おくのほそ道』の最終的なかたちとされており、芭蕉自身が死去する直前まで所持していた。おそらく、芭蕉を慕う人びとは、芭蕉が所持していた本そのものを求めたのであろう。

近時出現した同じく素龍が筆写した柿衞本や芭蕉自筆本も同じく袋綴枡形本である。そうすると、芭蕉自身は意識的にこのかたちを選んだと考えざるをえない。

では、芭蕉はなぜ、このかたちを選んだのか。今そのことに対する答えを持っているわけではない。しかし、『おくのほそ道』の書きぶりを鎌倉時代の古写本の『源氏物語』などと比べてみると、驚くほど似ていることに気づく。これは全くの空想だが、芭蕉は王朝の物語や紀行文以来のひらがな文の伝統の中に、自分自身の文章を位置づけようとしていたのではないだろうか。

日本には多くの枡形本が残されており、それゆえに注目されてもいるが、中国や韓国ではどの程度残っているのだろうか。これまでも少し注意して見、あるいは人に聞いたりしていたのだが、あまり明確に答えが返ってきたことはなかった。

二〇一九年に韓国大邱の啓明大学校を訪問した際、図書館の展示室で古典籍に詳しい方に聞いたところ、具体的な書名や所蔵などについてはわからなかったのだが、高麗時代には正方形の本があるとのことであった。また、国学振興院で医学書の調査の際、八点ほどの正方形の本を見る機会があった。この時は、リストを見て請求した本を閲覧し終わって、最後にこんなものもありますが、ということで出してくれた十五点ほどの医学書の写本の中に含まれていたものであり、時間も限られていて詳しい書誌を採ること

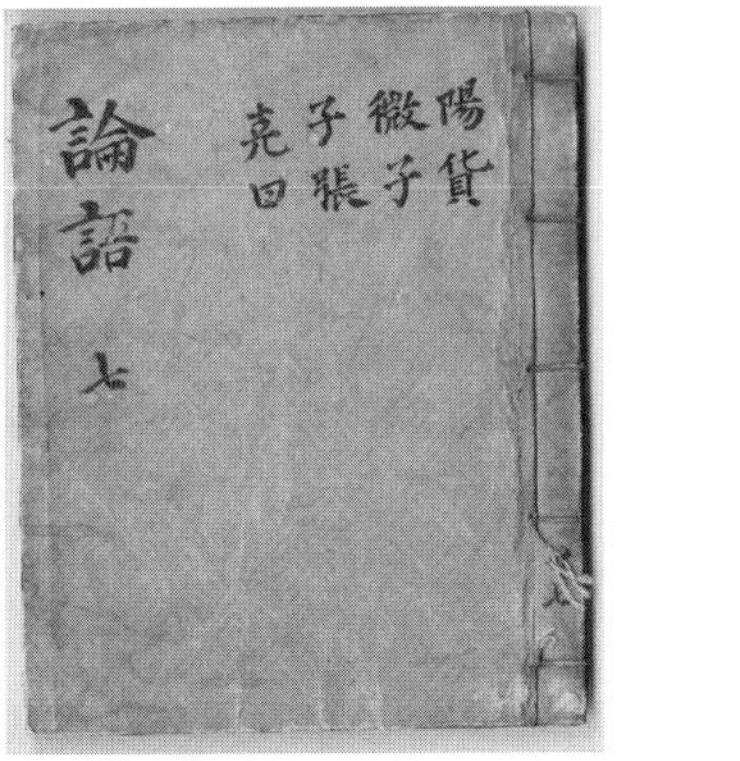

図1　『論語』（架蔵）表紙

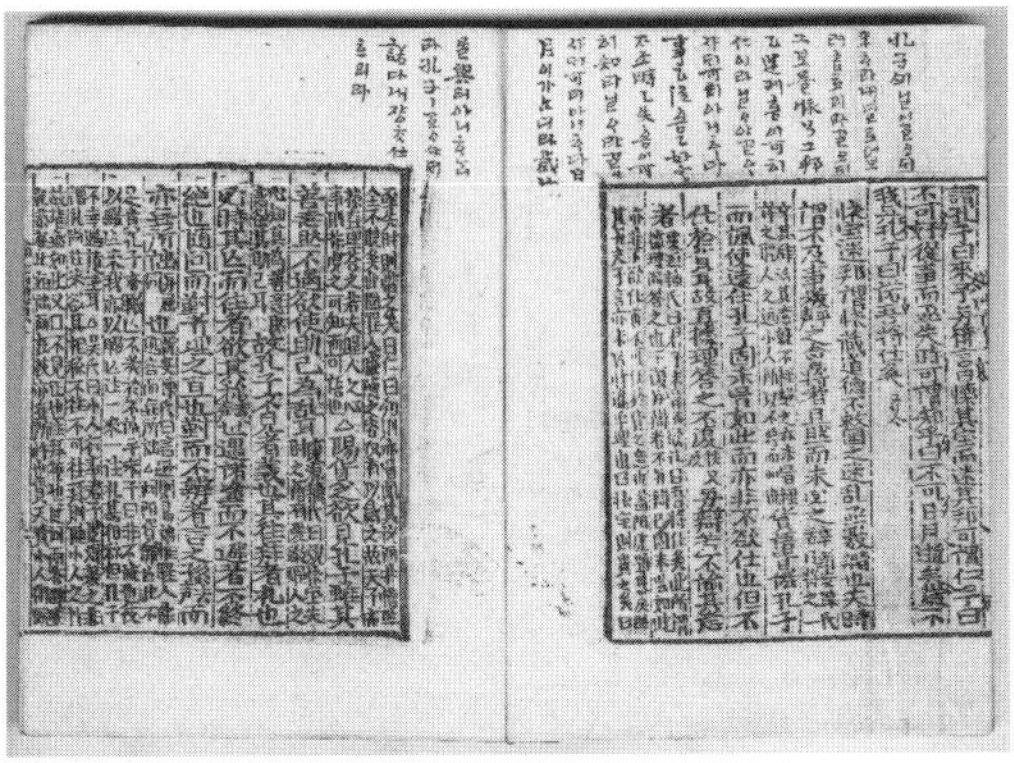

図2　『論語』（架蔵）見開き

ができなかった。一見したところノートのような印象を受けた。次回詳しく見てみたいと思っていたところ、新型コロナの影響で、訪問もかなわなくなってしまって現在に至っている。

　同じく二〇一九年十一月、法政大学で「文化・文学でつながる、韓国と日本」というフォーラムが開催された。私は所用で参加出来なかったのだが、小林ふみ子さん（法政大学文学部教授）から、何か話題を提供してくれないかという誘いがあったので、韓国に正方形の本があるのかどうかを聞いてみた。そうすると、お二方から韓国の本についての情報をいただいた。染谷智幸さん（茨城キリスト教大学文学部教授）からは、『魚龍伝』という朝鮮末期のハングル小説で、縦横がおよそ二〇センチほどの写本を、韓京子さん（青山学院大学文学部准教授）からは、『千字文』をご教示いただいた。

　私も一本、たまたまソウルの古書店で手に入れた正方形の朝鮮本を持っている。『論語』の端本、一冊。大きさは縦一九×横一六センチほど。枡形本と言うには大きいが、見かけはほぼ正方形である。染谷さんの『魚龍伝』とほぼ同じ大きさであることは興味深い。普通の朝鮮本の大きさからすると、この大きさでも袖珍本として作られたのではないかと考えている。『論語』にしても『千字文』にしても、携帯できる学習用の本として作られたと考えてみたい。

　現在販売されている韓国の本の中にも、子ども向けの『千字文』『明心宝鑑』（アイテムブックス、二〇一一年）で、正方形に近い横広（縦一五×横一一・五センチ）のかたちを持っているものがある。

　これらは、前述した学習用の正方形の『論語』や『千字文』と、何らかのつながりを持つものなのだろうか。また、現代の中国にも、一四センチ四方の正方形の『論語図解』（中国画報出版社、二〇〇五年）という本がある。多くの挿絵が入っていることから、子どもの学習用であることはわかるが、原文のほか、現代中国語、日本語、英語、韓国語も併記されるという、グローバルな作りになっていて興味深い。

日本でも、現代の書店で正方形の本を探そうと思えば、子ども向けの本のコーナーに行くのが良い。特に絵本には、洋の東西を問わず正方形のものが多く見られる。中国や韓国に見られるような、子どもの手になじむ小さな正方形の本もあるが、大きな絵本などでも正方形であるものが多く見られる。

たまたま目にしたものだけを点綴して見ただけだが、それでも何かおぼろげに正方形の本の位置づけが浮かび上がってくるようである。

正方形の本は、比較的小さな本が多い。日本では六つ半のものが主であり、朝鮮本でも小さめなものであった。このことから、持ち運びに適したものとして扱われているようで、「三十帖冊子」も『おくのほそ道』もこの点では共通しているだろう。また、小さいことから、女性や子ども向けのものとして使われていたとも言えそうである。ひらがなで書かれた散文作品が、多く枡形本に書かれていることは、それを物語っているのではないか。ハングルで書かれた『魚龍伝』の読者層はわからないが、ひらがな散文作品と通じるものがあるように思われる。

正方形の本をめぐって、とりとめもなく空想をめぐらせたようなものになったが、注意深く探していくことで、その意義もわかるようになってくるだろう。

図3　『明心宝鑑』・『千字文』（アイテムブックス、2011年）

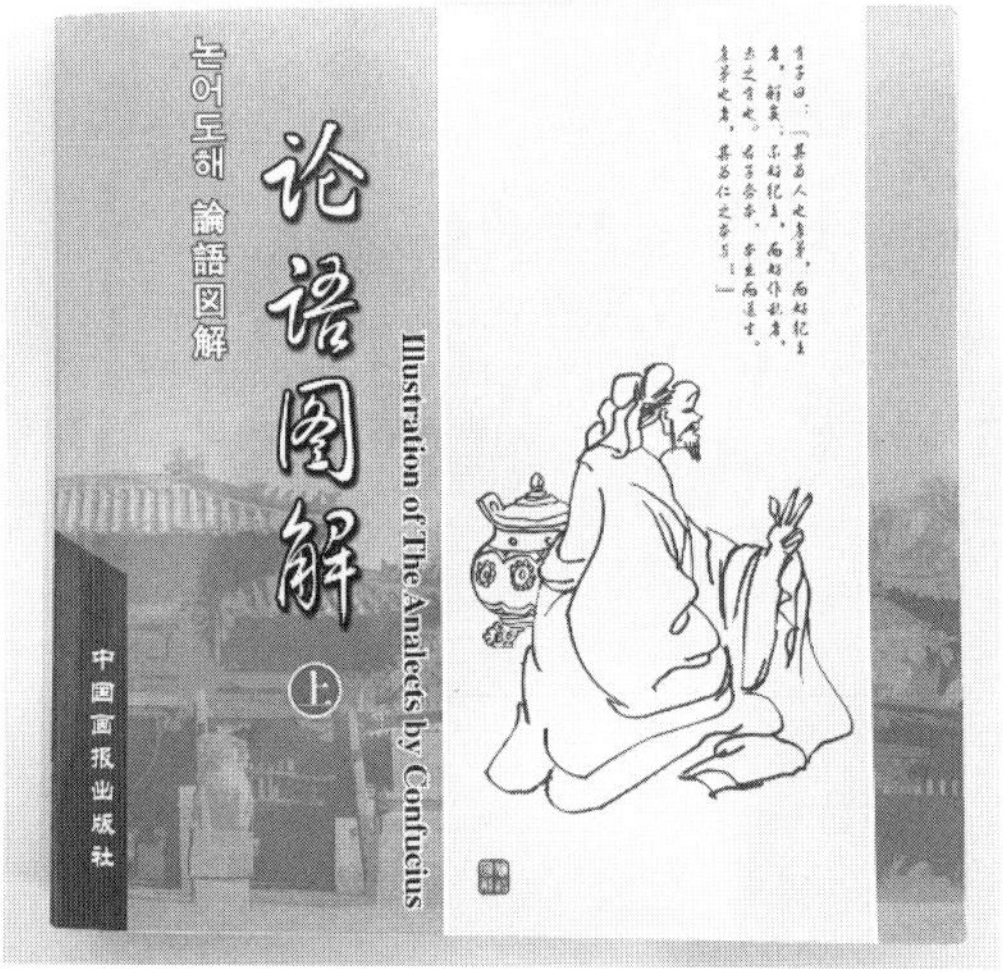

図4　『論語図解』（中国画報出版社、2005年）

日本と韓国の災難文学と記憶
――セウォル号沈没事件と東日本大震災の災難詩を中心として

鄭炳浩

本稿は、日本の二〇一一年東日本大震災と二〇一四年韓国のセウォル号沈没事故を中心として日本と韓国の災難文学を比較検討したものである。特に、本論文では主に災難詩を分析の中心に位置づけ、この巨大な災難に当って過去のいかなる経験と記憶を通してこの災難を認識し説明しているのかに焦点を当てる。

はじめに

日本は近代以前から震災を中心とし自然災害を描いた文学が活発に創作されており、明治時代の近代文学形成期にも一八九一年美濃と尾張地域で発生した「濃尾地震」と一八九六年東北地域で起きた「明治三陸地震」に対応して当時の代表的な作家が参加し災難文学集をいち早く刊行した。二十世紀に入り近代文学が定着されてから、一九二三年関東大震災と一九九五年阪神・淡路大震災、そして二〇一一年東日本大震災に際して多くの文学者が災難の経験をエッセイや評論で書き残し、または小説や詩の形で文学的に形像化した。それで、三・一一東日本大震災の直後には「震災文学」や「原発文学」が文芸用語として定着し幅広い議論が展開された。(1)

一方、韓国では日本に比べて大地震や大津波のような多くの人命を奪ったり建物の破壊をもたらす自然災害が少なかったため、このような災難文学が一つの文学ジャンルとして認識されなかった。しかし、韓国では二〇一四年四月十六日仁川から済州島へ向かう旅客船であるセウォル号の沈没事故が発生し、国家と企業の無責任な姿勢の中で三〇四人が犠牲された事態を国家的災難として認識し災難文学が大きな注目を集めることになった。(2) しかし、このような事実が韓国文学の中で自然災害や災難状況を形像化した作品の不在を意味するのではない。災難というテーマに焦点を当て、韓国文学をみれば二十世紀前半期から洪水や台風、干ばつによる自然災害の被害、火災や伝染病などの災難状況を描いた作品が多数存在しており、二〇〇〇年代以後この分野に関する研究が続々となされつつある。(3) その上に一九九〇年代半ばに急速な近代化の副作用として韓国人に多大な衝撃を与えた聖水大橋の崩壊と三豊百貨店の倒壊事故以後、このような災難文学の創作が本格化されはじめたと言える。(4)

日韓両国には様々な災難を描いた文学作品があるが、今までその比較研究は殆んどなされていない。それで、本稿では韓国のセウォル号沈没事故と、それと同時代的な自然災害であり日本の戦後最大の災難といえる東日本大震災を中心とし、日韓の災難文学の比較研究を試みる。(5) 特に、本稿では主に災難詩を分析の中心に位置づけ、この巨大な災難に際して、それぞれの災難を認識し解釈するため過去のいかなる経験と災難を通してこの事件を見つめているのかに焦点を当てて分析する。この分析をとおして韓国と日本の自然災害と災難をめぐった集団記憶を考察して災難に関する日韓両国の文化的特性を明らかにする。

一、日韓両国における災難詩集の刊行背景と災難文学の役割

二〇一一年東日本大震災はよく知られているように大地震と津波、そして福島原発の事故が重なった戦後日本の最大の災難であった。一方、仁川から済州島へと向かったセウォル号が珍島沖海上で転覆し沈没され、修学旅行に出た檀園高校の学生を含めて三〇四人が犠牲されたセウォル号沈没事故は、船員と乗務員の無責任、海洋警察を含めた救助システムの不備、資本の利潤のみを優先視する船舶会社の不条理、国家の災難コントロールタワーの不在という問題を露呈させて、韓国人に大きな衝撃を与えた災難であった。

この二つの災難事態に遭って韓国と日本ではその災難と関わる多様な文学作品が創作された。日本では「震災文学」と「原発文学」という批評用語が定着するほど活発な文学的議論と活動がなされており、地震と原発事故をめぐる文学作品が続々と創作されただけではなく、災難文学に関する研究も活発化された。韓国の場合もこの災難に憤った詩人と小説家たちはこの事故をテーマとする多くの作品を創作し犠牲者を

哀悼するとともに国家権力と資本に抵抗しようとしており、「災難文学」を対象とする批評と活発になされた。

だとすれば、東日本大地震とセウォル号沈没事故をめぐって、この文学作品はいかなる意図から創作され、またその刊行の目的はどこにあったのか。まず、この災難を形像化した災難詩集を中心として、その刊行の背景を考察し災難文学の論理を見てみる。

・核災はわたしたちの暮らしから日常性を根こそぎ奪いとってしまった。このことを同時代の人びとに伝えたいという思いが、わたしにはある。（中略）もし存続しているのであれば十万年後を生きる末裔たちに、わたしたちが犯した罪――核を悪用し誤用し、さらには処理できずにいることの罪――について伝え、謝罪しなければならない。(6)

・ここでの詩は、作品以前の原爆被曝者老人の思いの丈、そしてです、それがもし、被災者の皆様方への胸に届くのであれば、この上ない。併せて、それが日本という国の進むべき方途へのなんらかの足しになっているのであれば、なお。(7)

この引用文には東日本大震災が福島原発事故を伴っているという意味から「核災難」という側面でその刊行意図を明らかにされている。最初の引用文は詩人若松丈太郎が東日本大震災とともに発生した放射能の漏洩事故を批判的に捉えて書いた詩集『詩集　わが大地よ、ああ』の「あとがき」の中の一部分である。この詩集は放射能の漏洩事故が残した現実の惨状を文明批判的に捉えているが、核の誤用から惹き起こされた災いを同時代の人びとには勿論、相当な時間が経ってからもその悪い影響を受けるはずの「末裔たち」に核の誤用という問題を謝罪するという背景からこの詩集を刊行していることを明らかにしている。

二番目の引用文は一九四五年八月長崎に原爆が投下された際に、直接被爆の体験をもつ詩人畑島喜久生が創作した『東日本大震災詩集　日本人の力を信じる』の「あとがき」の一部分である。畑島喜久生は被爆者の立場から東日本大震災の際、被害を受けた人びとに向けて応援のメッセージを伝え、「日本人の美徳」がこの大震災の中でも輝いていることを歌って、これから日本の復興を祈願するというこころからこの詩集を刊行したことを明している。同じく東日本大震災をテーマにしていても、最初の詩集は核の誤用に対する批判、次の詩集は災害からの復興の祈願という側面で異なる刊行意図を見せている。

・この『震災歌集』は二〇一一年三月十一日午後、東日本一帯を襲った巨大な地震と津波、つづいて起こった東京電力の福島第一原子力発電所の事故からはじまった混乱と不安の十二日間の記録である。（中略）もしこの問題（政治と経済システム―引用者注）を棚に上げたまま、もとのように「復旧」されるのであれば、私たちは今回の地震や津波や原発事故から何も学ばなかったことになる。[8]

・この作品集は、優れた記録となっただけでなく、被災された方々の心のなぐさめ、励ましにいささかでも役立っていただければ幸いである。（中略）今後その収益があった場合には、それも被災者のために役立てたいと考えている。[9]

この引用文の中で、最初の文章は日本伝統詩歌である短歌と俳句を綴った『震災歌集 震災句集』の「はじめに」の部分である。この詩歌集ではまず災難の「混乱と不安」を「記録」すべきであるという問題意識と、また今回の災難を教訓にして政治と経済システムに根本的な転換がなければならないという刊行の動機が述べられている。二番目の引用文は「NPO法人日本詩歌句協会」で東日本大震災の「復興支援」を目的にして「詩歌・俳句・随筆公募」を実施し選定された作品を載せた詩歌集の「あとがき」である。この団体は応募料と義援金、また収益金を被災地に寄付するとともに、この詩歌集が被害を受けた人々に心の慰めと励ましを与えたいという希望を抱いてこの詩歌集を刊行したと説明している。この詩歌集で指摘している災難の記録と教訓の提示、また慰めと励ましはどの時代でも災難文学が創作される重要な創作の動機であり役割といえる。

一方、セウォル沈没事故の後、韓国でも多くの災難詩集が刊行されるが、その中で次の詩集はセウォル号と関連がある災難文学の刊行背景をよく見せている。

・振り返ってみれば、その年四月の珍島の沖合、残酷に散ってしまった花びらが我々をここに導かせた。嘆息と泣きで、悔恨と反省で、憤怒と念押しが続く日々がまだ終わっていない。セウォル号は上がってきたが未だ引き揚げできなかった真実が海の深いあそこに沈んでいる。だから我々が描く詩は相変わらず現在進行形である。日ごとに勝つ戦いのため息を大きくついて、目を張って遠いところを見て、ペンをぎゅっと押しながら書くべきである。真実を刻む心でここからもう一歩踏んでいくべきである。[10]

・我々は希望を広めながら絶望と戦い、愛を守りながら抑圧を破るつもりである。正義を言いながら騙しを解体し、共同体を抱き締めながら権力の暴力を告発するつもりである。人間に対する礼儀のためなら血を流すことを怖がらないつもりである。これが文学の倫理であり文学が物を言う自由であることを信じるからである。[11]

この引用文は教育文芸創作会が刊行した『セウォル号は未だに航海中だ』という詩集の「はじめに」の一部分と『セウォル号追慕詩集　我らすべてがセウォル号であった』の「はじめに」に当たるところである。最初の詩集は一九八九年に創立された教師たちの文学団体である教育文芸創作会が「チョークを持つ手で蝋燭の火を持ち上げ、蝋燭の火を持ち上げる心で詩を書いた」と言っているように、檀園高校の学生を含めて三〇四人の犠牲者を出したセウォル号沈没事故の真実糾明を祈願しながら書いた詩を集めた詩集である。その上、この詩集では残酷に犠牲された被害者を記憶しながら嘆息と悔恨、また憤りの心情を明らかにしているが、何よりも真実糾明に向けた念おしと抵抗の心持がこの詩集刊行の大きな背景であることを明らかにされている。

一方、二番目の引用文には二〇一四年六月にあった文学人時局宣言を再び想起しながら、文学人たちはセウォル号沈没事故を「国家の安全システム」の崩壊、「冷酷な利潤と冷たい権力」の前で人間の尊厳そのものが崩れたことと規定し文学の力を通してこの不正と暴力の惨状を証言し文学の倫理を通して抵抗しようとする趣旨が呈されている。勿論、セウォル号事故関連の災難詩集はただ憤りと抵抗、真実の糾明に止まらず、そのような努力を通して現在の絶望を乗り越えて「痛い希望を歌」って「復活」[12]を希求しようとした。

今まで考察したように、東日本大震災とセウォル号沈没惨事をテーマとした災難詩集の刊行背景にはその強調点が異なることがわかる。日韓両国の災難詩集にはともに災難文学の固有な特徴である被害者に対する慰めと励み、また災難状況の記録、教訓提示というメッセージが含まれていたが、三・一一をテーマとした文学作品は地震と津波だけではなく、原発事故という未曾有の出来事があったので「核」の問題に対する文明論的批評により重きを置いていた。しかし、セウォル号沈没惨事をテーマとした災難詩集は利潤のみを重視する船舶会社の論理、国家の救助システムの不備と真実を隠蔽する権力者に対する怒りと抵抗という動因が刊行の主な背景となっていた。取り分け、東日本大震災とセウォル号事故を取り扱った災難詩集に収録されている詩も、このように慰めと励み、復興への意志、文明批判、災難の記録と教訓提示、抵抗と憤りという内容を含めて様々な詩的メッセージを発信していた。

二、三・一一東日本大震災と福島原発事故
――原爆の経験と記憶

二〇一一年東日本大震災は地震と津波による数多い犠牲者の発生だけではなく、福島原発に放射能漏洩事故が起きたというところから、東日本大震災当時の災難文学は広島や長崎に投下された原子爆弾の被爆体験とその記憶を通してこの災難を凝視しようとする傾向が強かった。次の詩がこの傾向をよく示している。

原爆被爆後の自分の体から蛆虫が湧きでる
という六十六年前の遠い記憶を通して
いま福島原発事故の情報に接していると
白血病への畏怖はそのまま蘇って生々しくさえある（中略）
その後の六十六年間の命を連ね
この度の東日本の大震災に出合って思う――
あのときの被爆とはいったいなんだったのか
そしていま
一度放射能に曝されたことのある
「肉体」と　その「精神」とは
放射能による周囲の汚染に果たして
鈍感なのかそれとも
敏感なのか――[13]

この作品は畑島喜久生が書いた詩集『東日本大震災詩集　日本人の力を信じる』における「今わの際近くに来て願っていること」という詩の一部である。この詩では東日本大震災と福島原発事故を目の当たりにした詩人が、自ら経験した被爆の経験と記憶を思い浮かべ、当時東日本大震災や福島原発事故を認識しようとしている。詩人はこの詩の中で被爆当時自分の体から「蛆虫が湧きで」た記憶を通して過去の放射能被爆の経験と東日本大震災当時の放射能漏洩の事故を同一線上に繋げている。

だから、「六十六年前の八月九日　ナガサキで被曝」されて「多量の放射線を浴びてい」たが、「感情も被曝して」「泣くということさえも忘れ」ていた過去の自分を思い浮かべている。ところが六十六年が過ぎて「東日本巨大地震の被災の惨状に触れては毎日のように泣きに泣いて」[14]いる自分を改めて発見する。このような意味でこの詩作品は東日本大震災と原発事故に遭い、過去の災難であった被爆の経験を通して現在の災難を見つめ、また認識しているといえる。この現象は東日本大震災の際に原発事故の衝撃があまりにも大きかったので、当時災難文学を議論する文学界の一般的な特徴の一つ

であったと言える。

目のまるで原爆でも落っことされたように
なんにもなくなってしまったけれど、
あなたが最期の最期まで生きようと
むき出しで立ち向かったから、
こんな世でも胸をはっていえる
人を苦しみから救いたいと。[15]

この引用文の詩は東日本大震災の代表的な被災地である宮城県出身の須藤洋平の作品である。ここで詩人は大地震と津波で日常的なすべてが消えてしまった災難の光景を「原爆」が投下された様子に譬えて、現実の惨状を克服し人びとの苦痛を救済しようとする希望を歌っている。このように東日本大震災は地震と津波という自然災害だけではなく、福島原発の放射能物質の漏洩という人災を伴ったため、広島と長崎の原爆[16]や一九八〇年代のチェルノブイリ原子力発電所事故という記憶をとおして現在を類推し認識しているといえる。一方、東日本大震災に際して、地震と津波という災難と関連し、桐野夏生は「島尾敏雄の戦争体験と三・一一後の私たち」というエッセイで島尾敏雄が戦争以後に書いた日記を論じながら三・一一は戦争体験にも匹敵すると指摘している。[17]このような発言は東日本大震災の状況を戦争経験と結び付けようとする発想であるが、現在の災難を戦争やアメリカの空襲という記憶を通して認識しようとする文学的現象は阪神・淡路大震災を描いた作品に圧倒的に多い。

一九四五年七月七夕未明　地平までの猛炎が雲を　焼きこがし　空襲は一切を焼き払って　着のみ着のままの本物の飢餓だけを残した（中略）蹴りあげれば　るいるいたる焼けた屍　炭化した腕をのばし　瓦礫に横たわる　木彫り人形に似た　まだ　眠れない死体の咆哮　風速二〇〇メートルの炎熱の爆風が吹き　生きたまま　目をあけたまま　いっぱいの思いも　何ひとつ告げず　血も流さず　別れの言葉も残さず　じりじりと　八月の陽の中で焼けただれた者たちの　ボロ布のようにたれた膚の積み重なり[18]

この詩は神戸に住む車木蓉子が一九九五年阪神大震災の経験を詩と証言の形で綴った『五十年目の戦場・神戸』の中の一部分である。この詩は阪神・淡路大震災を「五〇年めの戦場」という本のタイトルが示すように、五十年前の戦争とアメリカの空襲という記憶を通して当時災難の惨状を説明している。上の詩で表現されているアメリカの空襲と廃虚の姿は、災難当時建物が崩れ瓦礫だらけの神戸の様子と重なっており、それで五十年前戦争という集団記憶を通して現在の災難を見つめているのである。

一方、阪神・淡路大震災の際にはこの詩作品だけではなく、戦争と空襲の記憶から巨大な地震の廃虚である大阪と神戸を凝視する場合が多かった。例えば、当時代表的な災難文学である『詩集・阪神淡路大震災』という作品集に対して、「関西地域の被災文学者たちは五十年前の戦争と現在の巨大災難を一連の時間的系譜の中で同一な衝撃、恐怖と悲しみ、また多くの人命・財産の被害を与えた出来事として記憶しようとし」[19]たという指摘を見てもこのような事実がうかがえる。

以上考察したように、日本の巨大地震と津波に遭い、その上福島原発事故を目睹しながら、文学者たちは過去の集団的記憶である戦争を通して現在を類推しようとする傾向が強かった。特に阪神・淡路大震災の際には空襲と戦争の記憶を呼び出す場合が多かったが、東日本大震災当時には戦争の状況を言及していても、具体的には広島と長崎の原爆体験を呼び出し、現在の災難状況を類推する場合が非常に多かった。

三、セウォル号沈没事故と国家的災難の記憶
——抑圧と抵抗

前で指摘したように、韓国では大きな自然災害がなかったわけではないが、日本のように「震災文学」や「原発文学」を意味する批評用語が以前から存在していなかった。この分野でより意識的な側面で「災難文学」という用語を使うようになったのは、やはりセウォル号沈没事故とこれを国家的災難と認識する過程ででであった。だとすれば、韓国の代表的な災難文学といえるセウォル号関連の文学作品ではこのような惨状と現実を認識し説明する際に、過去のいかなる記憶を通して類推していたのであろうか。

セウォル号を取り扱った災難文学では、これと関連して「セウォル号三周忌追慕詩集」として企画された『花で帰って来い』の中で「詩人の言葉」に載せられている詩人金リンの次の文章がその方向性をよく示している。

エリオット何故四月をあれほど残忍な名の中に封じ込めたのであろうか。

悲しみは悲しみを呼び、涙は涙を抱え込むと。

残酷な時間をかき分けて来た春の前に四月は一際冷淡であった。

四・三済州抗争、四・一九革命、四・一六セウォル号、このような悲しい認識番号を付けながら、毒舌に近い舌面で春を鍛えさせた。

待たなくても春は来るという話は嘘であった。[20]

この引用文で見るように、「悲しみが染み付いた四月」に

起きたセウォル号沈没事故はただ惨事そのものだけではなく、様々な形で以前の災難を連想させている。このセウォル号沈没事故は韓国 社会において四月という時間の枠組みの中で共有される地点が存在するが、それはまさしく韓国現代史の桎梏と抵抗、そして傷みを象徴する済州四・三事件であり、四・一九革命のような出来事である。このように金リンはセウォル号の沈没という災難を韓国現代史の中で同じく四月に起きた政治的な災難という記憶の延長線上に位置づけている。一方、セウォル号事故をテーマとした詩作品にも、セウォル号惨事はいつもこのような政治的災難の記憶を呼び出す場合が極めて多かった。

もしかすると君たちは
失踪二七日目、頭と目に撃ち込まれたまま水葬されて
凄惨な屍になって馬山の中央埠頭に浮かび上がった
十七歳の金朱烈であるかもしれない
李承晩政権が犯した出来事であった
もしかすると君たちは
治安本部対共捜査団の南営洞分室で
髪の束ねが掴まれてどんな抵抗もできなく
浴槽の水責めで死んだ朴鍾哲であるかもしれない
全斗煥政権が犯した出来事であった(21)

この引用文の詩は權ヒョクソの「抜け殻の国を立ち去る君たちに――セウォル号惨事の犠牲者に捧げる」という作品である。ここで詩人權ヒョクソはセウォル号事故で犠牲された檀園高校の学生の姿を、過去暴圧的であった韓国政府による様々な政治的犠牲者を呼び出し、かれらをめぐる記憶を通して説明しようとした。セウォル号の犠牲者は李承晩政権の際、三・一五不正選挙に抗議するデモに参加し失踪されて馬山の沖合で目に催涙弾がさし込まれたまま浮かび上がった金朱烈の記憶を通して国家の無責任を問い直している。また、この犠牲者たちは全斗煥政権の際、南営洞の対共捜査団分室で拷問によって死んだ朴鍾哲の記憶と等置される。

このような意味からセウォル号と関連のある災難詩では、政府の救助システムの不在、海洋警察の無責任、船舶会社に対する安全点検の不在と会社に有利な運行システムなど、様々な不条理によって犠牲を余儀なくされた人々を韓国現代史の多様な政治的な災難とその犠牲者の記憶を通して説明しようとした。ところで、セウォル号文学で韓国の不幸な政治的災難とそれに抵抗する民衆の姿を呼び出し今のセウォル号沈没事故を類推するのは、単に詩ジャンルだけではなく、多くの小説でも同じような構造を取っている。

例えば、林哲佑の小説「年代記、怪物」はセウォル号沈没

事故をきっかけにして依然として残存している韓国社会の冷戦の傷を描いた作品である。この小説には韓国戦争の際、左右対立とそれによる良民虐殺と復讐、その当時強姦事件で不意に生まれた主人公がベトナム戦争への派兵で戦争を経験してから精神病の発作、知人が光州民主化運動に参加し被害を受ける場面など、韓国現代史における冷戦イデオロギーと政治的災難の惨めな状況が盛り込まれている。この作品には「権力を握った人々の口からは時間が経てば経つほど恐ろしい言葉が出てきた。セウォル号は事故だ。単純な事故を政治的に利用しようとする勢力がある。死体商売って、一、二度か。従北勢力に引っ張り回されてはいけない…」[22]のような文章のように、セウォル号惨事以後にも犠牲者の真相を究明しようとする努力を冷戦的考え方から非難している。したがって、この小説も韓国現代史が残した一連の政治的災難の記憶を通してこのセウォル号事件を振り返っているという点は前の災難詩と一致するところである。

ところで、セウォル号沈没事故を描いている災難文学では、このように韓国現代史の様々な政治的災難と犠牲という記憶を呼び出しセウォル号事件を認識しようとする背景はどこにあるのか。その背景はセウォル号沈没の惨事に孕まれている事故の特殊性のためといいえる。

セウォル号惨事以後、我々は常識では理解できない出来事を毎日経験している。崩れたのは国家の安全システムだけではない。共に生きていくことの熱さと生命のあるものの尊厳自体が冷酷な利潤と冷たい権力の前で沈没してしまった。言葉の秩序と言葉の倫理を信じる作家たちが更に茫然としているのもこのためである。[23]

この引用文から見られるように、セウォル号惨事は基本的には企業の「冷酷な利潤」のみを追い求める資本の論理、国民を守るべき「国家の安全システム」の崩壊を象徴している。その上で、セウォル号沈没の原因を糾明せずにその事件の真実糾明を主張する人々を「不純な勢力」と追い詰めたり、冷戦的思考から彼らを非難したりする勢力の存在は相変わらず「不幸な全体主義の独裁国家」に他ならないからである。だから、韓国の文学者はこの当時セウォル号沈没事故という惨事を国家的災難として規定し、この事故をテーマとした災難文学は韓国現代史が残した不幸な政治的災難の記憶を通してセウォル号の惨事を類推しようとしたのである。

むすび

二〇一〇年代に発生した日本の三・一一東日本大震災と韓国のセウォル号沈没惨事は基本的には同類の災難ではない。

前者は大地震と大津波という自然災害の性格が強く、後者は企業倫理と国家安全システムの不在による惨事という面で、その災難の性格を異にしている。しかし、東日本大震災が福島原発の事故を伴ったという点から、二つの災難は資本と企業の責任や倫理の問題、ひいては国家の安全システムと密接な関連をもつ災難と言わざるを得ない。

東日本大震災とセウォル号事故をモチーフとする災難文学においては、この凄惨な災難を認識し説明するために、それぞれ類推する過去の記憶は異なる道を歩んできた両国の現代史ほど相違なことであった。まず、日本の災難詩集には、三・一一を説明しこの災害が比喩できる過去の記憶は主に太平洋戦争期の戦争状況と空襲の凄惨な光景や以前に経験した自然災害であったが、特に注目を引くのは原子爆弾の被爆という記憶の召喚であった。阪神・淡路大震災の際には終戦五十周年という時期と相まって主に戦争とアメリカの空襲という記憶を通してこの災難を類推しているが、東日本大震災の場合福島原発事故が核の問題であるという面から広島や長崎の被爆体験の集団記憶をとおして当時の未曾有の災難を見つめようとした。

しかし、韓国のセウォル号事故をテーマとした災難文学に呼び出される過去の記憶は韓国現代史に刻まれている多様な政治的な事件、例えば、済州島の四・三抗争、不正選挙とそれに抗議する市民たちを暴力的に鎮圧する四・一九革命の過程、光州民主化運動と一九八〇年代の民主化運動、冷戦によるイデオロギーの対立という記憶であった。韓国現代史の中でもっとも不幸であったこのような政治的災難の記憶を通してセウォル号惨事を認識しようとしたのである。

災難文学に描かれた様々な過去の記憶、また文学作品に呼び出される記憶はその衝撃や規模において当時の災難と災害に匹敵する事件であった。過去のこのような災難は個人には言うまでもなく社会集団にも耐えられない衝撃と恐怖の傷痕を残し、韓国と日本ではこれが大きな社会的記憶を形成させた。したがって、韓国と日本の災難文学で、現在の災難を類推するために呼び出された過去の記憶は両国の現代史に刻まれたもっとも不幸で凄惨な出来事といえよう。

注

（1）鄭炳浩「3・11東日本大地震をめぐった〈震災／原發文学〉の議論と展開」（『3・11東日本大地震と日本 ジャパンレビュー二〇一二』図書出版ムン、二〇一二年）三二六頁。

（2）本研究が対象としている詩分野に対して、クォンソンフンは「災難詩を主題としたテクストの欠如」によって「韓国現代文学史で災難詩に対する本格的な議論がなか」った（一一五頁）という事実を指摘し、「セウォル号事件が災難を越え国家と社会に対する希望と信頼、責任と義務、生命尊重、安全不感症など総体的な問題を表わし、セウォル号の犠牲者に対する追慕とともに詩人たちの憤りと絶望が災難詩で呈された」（一一八頁）と説明した。（「韓国災難詩に現れた死の意識変化研究」『韓国文学理論と批評』第20巻4号、二〇一六年）

（3）例えば、徐亨範「「洪水」の叙事化から見た災難叙事の意味」（『韓国現代文学研究』三六輯、二〇一二年）、崔康民「一九二〇～三〇年代災難小説に現れた急進的イデオロギーとトラウマ」（『語文論集』五六輯、二〇一三年）などがある。

（4）これに関連してチョンヨウル「救援のない世界における生き残り――二〇〇〇年代韓国文学に現れた「災難」と「破局」の想像力」（『文学と社会』文学と知性社、二〇一〇年、三三三―三四六頁）参照。

（5）二〇〇〇年代以後、災難文学は東アジアで韓国と日本のみならず、中国も二〇〇八年五月、九万人以上の犠牲者が出た四川省大地震をきっかけに活発に議論された。例えば、災難詩集である聂珍钊・罗良功主编『让我们共同面对灾难：世界诗人同祭四川大地震』（上海外語教育出版社、二〇〇八年）が刊行されており、「災難文学」「地震文学」をテーマとした研究も増加した。

（6）若松丈太郎『詩集 わが大地よ、ああ』（土曜美術社出版販売、二〇一四年）一一〇頁。

（7）畑島喜久生『東日本大震災詩集　日本人の力を信じる』（リトル・ガリヴァー社、二〇一二年）一〇三頁。

（8）長谷川櫂『震災歌集 震災句集』（青磁社、二〇一七年）九―一〇頁。

（9）松田ひろむ編『詩歌・俳句・随筆作品集――渚のこゑ』（第三書館、二〇一一年）八三頁。

（10）教育文芸創作会『セウォル号は未だに航海中だ』（図書出版b、二〇一七年）五―六頁。

（11）『セウォル号追慕詩集　我らすべてがセウォル号であった』（実践文学社、二〇一四年）九―一〇頁。

（12）韓国作家会議自由実践委員会『セウォル号三周忌追慕詩集花で帰って来い』（プルン思想社、二〇一七年）四―五頁。

（13）畑島喜久生「今わの際近くに来て願っていること」（『東日本大震災詩集　日本人の力を信じる』リトル・ガリヴァー社、二〇一二年）四一―四三頁。

（14）畑島喜久生「復興に成功したら一緒に泣こう」（『東日本大震災詩集　日本人の力を信じる』リトル・ガリヴァー社、二〇一二年）七三頁。

（15）須藤洋平「ざんざんと降りしきる雨の空に」（『東日本大震災詩歌集 悲しみの海』富山房、二〇一二年）三二頁。

（16）「ナガサキヒロシマフクシマ夏滾る」（小池都）という俳句でも東日本大震災を被爆の経験を通して類推している事実が確かめられる。（松田ひろむ編『詩歌・俳句・随筆作品集――渚のこゑ』四九頁）

（17）桐野夏生「島尾敏雄の戦争体験と3・11後の私たち」（『新潮』第109第1号、二〇一一年）一九七頁。

（18）車木蓉子「海峡を見つめる女」（『五十年目の戦場・神戸』かもがわ出版、一九九六年）一〇四―一〇五頁。

（19）趙美京「阪神・淡路大震災と日本文学の役割」（『日本近代学研究』第57輯、二〇一七年）一七一頁。

（20）金リン「よりによって四月」（『セウォル三周忌追慕詩集 花で帰って来い』プルン思想社、二〇一七年）一三四頁。

（21）権ヒョクソ「抜け殻の国を立ち去る君たちに――セウォル号惨事の犠牲者に捧げる」（江原大教授ネットワーク『セウォル

号が残した絶望と希望——その日、そしてその以後』ハンウルアカデミー、二〇一六年)。

(22) 林哲佑「年代記、怪物」(『実践文学』実践文学史、二〇一五年)二七一頁。

(23)「長く記憶し、止まずに憤ること」(『セウォル号追慕詩集 我らすべてがセウォル号であった』、実践文学社、二〇一四年)八頁。

附記 本稿は『比較日本学』(漢陽大学日本学国際比較研究所、二〇一九年)に載せた論文を修正・加筆したものである。

近代福島県富岡町小良ヶ浜の文書管理

――複合災害・縁故地・区有文書

西村慎太郎

東日本大震災・東京電力福島第一原子力発電所事故によっていまだに帰還困難区域に指定されていて立ち入りが制限されている福島県富岡町小良ヶ浜。この地域の歴史資料の保全活動を検証するとともに、近代以降、国有地に編入された小良ヶ浜の土地を国家から取り戻す際に培われた文書管理の展開を述べる。

はじめに

本稿では福島県双葉郡富岡町小良ヶ浜区における歴史資料保全活動を踏まえた上で、そこで発見された小良ヶ浜区有文書に基づいて、当該地域の近代文書管理の展開を述べるものである（図）。

福島県双葉郡富岡町は、福島県の浜通りに位置し、一九五五年（昭和三十）三月に双葉町（現在の双葉郡双葉町と異なり、昭和二十五年に上岡村が町制施行に伴って成立した町）と合併して、成立した。町の基幹産業は農業であったが、池田勇人内閣の所得倍増政策と機を一にして、一九六三年頃からは兼業農家が主流となって農業人口が減少していった。一九六七年には四期目入った山田次郎町長が南双葉郡開発期成同盟を設立し、原発誘致運動が始まり、東京電力福島第二原子力発電所の設置に至った（双葉郡楢葉町と富岡町に跨って立地）。原発誘致の結果、電源立地地域対策交付金（電源交付金）によって、町の諸事業が賄われ、例えば、一九八五年に開設した富岡町総合福祉センター建設費約二億四八六八万円は全額電源

にしむら・しんたろう――国文学研究資料館准教授・総合研究大学院大学准教授（併任）。専門は歴史学・アーカイブズ学。主な著書『宮中のシェフ、鶴をさばく』（吉川弘文館、二〇一二年）、『生実藩』（現代書館、二〇一七年）、『大字誌両竹』（編著、蕃山房、二〇一九年・二〇二〇年）などがある。

交付金が充てられた。東日本大震災・東京電力福島第一原子力発電所（以下、東電福島第一原発と略す）事故の複合災害が起こる直前の二〇〇九年の電源交付金は約九七一五万円であった。[1]

そこで、本稿では、最初に富岡町における東日本大震災・東電福島第一原発事故の被災状況と、そこから始まる富岡町・福島大学による歴史資料の保全活動、現在進行している小良ヶ浜区での大字誌編纂について述べる。次に小良ヶ浜区が明治年間に地域の文書管理を行う契機となった縁故地請け戻し運動についての概略とその展開を明らかにする。そして、小良ヶ浜区有文書の特質を文書の引継目録を検証して、近代小良ヶ浜区の文書管理の特質を検討する。

なお、本稿では、近代の大字小良ヶ浜についても、現在の小良ヶ浜区についても、小良ヶ浜の呼称で論じるが、後述するように、近代の大字小良ヶ浜の場合、現在の夜の森・深谷区なども含まれる。

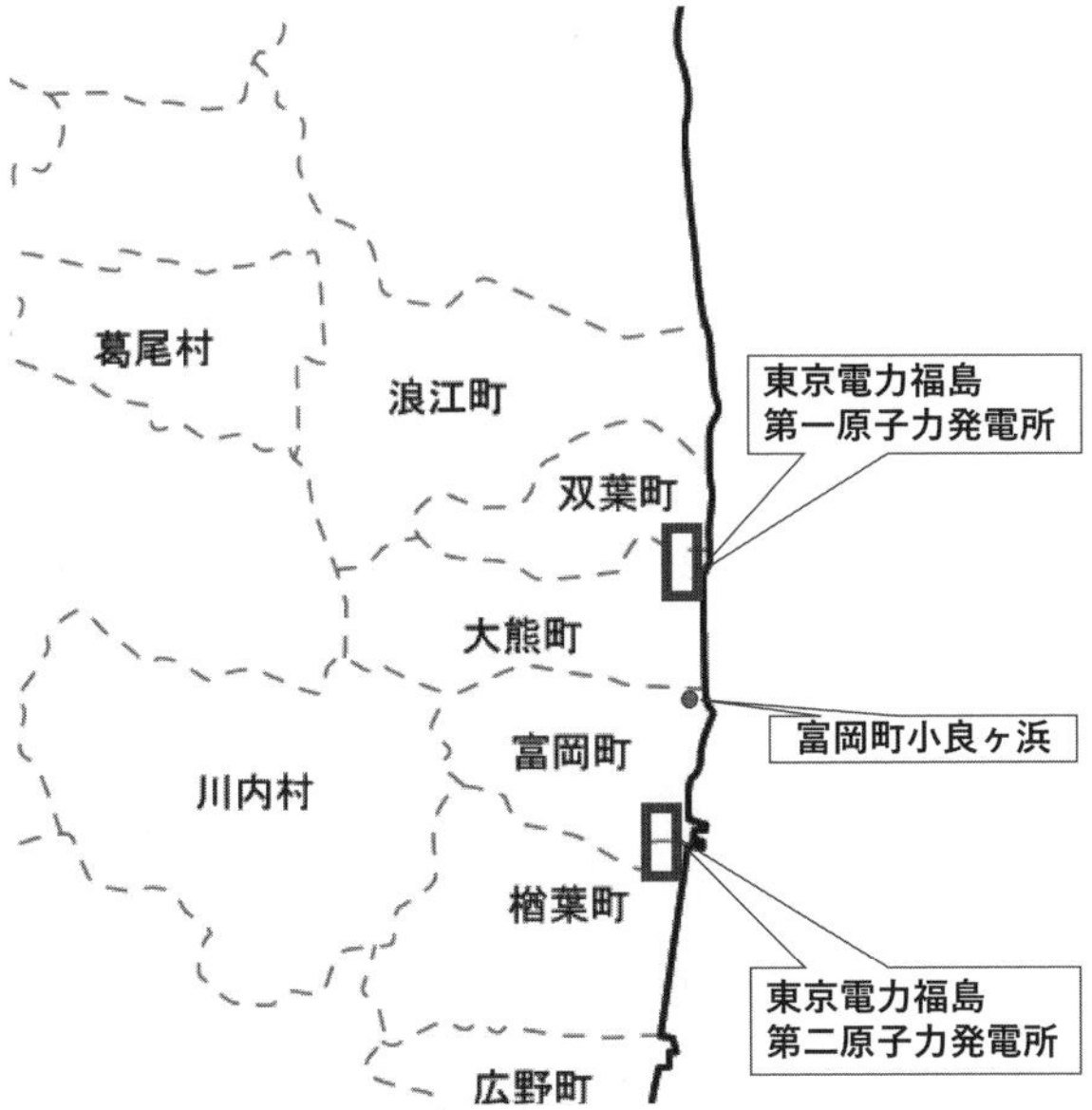

図　福島県浜通りにおける小良ヶ浜

一、東日本大震災・東電福島第一原発事故と小良ヶ浜

(1) 震災と原発事故

最初に東日本大震災・東電福島第一原発事故という複合災害に遭った富岡町と富岡町小良ヶ浜について述べたい。[2]

二〇一一年三月十一日午後二時四十六分、宮城県牡鹿半島沖約一三〇キロを震源とするマグニチュード九・〇の地震が発生し、富岡町でも震度六強の揺れとなった。JR富岡駅をはじめとして沿岸部の住宅・商店などの様々な施設が、最大二一・一メートルに及ぶ津波の被害を受け、多くの人命が失われた。

そして、すでに震災以前より危険性が指摘されていた東電福島第一原発が津浪によって非常用ディーゼル発電機の機能喪失に陥り、午後七時三分に日本政府は原子力緊急事態宣言を発令した。翌十二日午後五時三十九分には東電福島第二原発半径一〇キロメートル圏内の住民へ避難指示、午後六時二十五分に東電福島第一原発半径二〇キロメートル圏内の避難指示が出されたが、事態を重くみた富岡町は日本政府の決定以前に全町避難（町民全員の富岡町からの避難）を実施した。その間、十二日午後三時三十六分には東電福島第一原発一号機建屋の水素爆発をはじめとして、次々と重大な事故が発生した。

(2) 全町避難

全町避難の後、二〇一一年四月二十二日、日本政府によって東電福島第一原発半径二〇キロメートル圏内が警戒区域に指定された。これは富岡町をはじめとして大熊町・双葉町の全域、田村市・南相馬市・楢葉町・川内村・浪江町・葛尾村が該当し、人びとの立ち入りができなくなった。二〇一三年三月二十五日に警戒区域が解除されて、避難指示区域の見直しが図られた。これによって富岡町内は避難指示解除準備区域・居住制限区域・帰還困難区域に区分された。そして、二〇一七年四月一日に町内の避難指示解除準備区域・居住制限区域の避難指示が解除されたものの、町の東北部である大菅・夜の森（夜ノ森駅前北・夜ノ森駅前南）・新夜ノ森・深谷・小良ヶ浜における帰還困難区域が解除されることはなかった。その規模は町の総面積の一五パーセント（一〇平方キロメートル）、総人口の三〇パーセント（四八〇〇名）に及んでいる。

(3) 富岡町小良ヶ浜

次に本稿の主題である小良ヶ浜について述べてみたい（**写真1**）。小良ヶ浜は富岡町の太平洋に面した地域で、明治の町村制施行に伴い、小良ヶ浜村と小浜・毛萱・上郡山・下郡山・仏浜村とが合併して富岡村が成立した（明治三十三年町制施行）。富岡町小良ヶ浜の人びとは半農半漁として生活し、大正年間に開港した小良ヶ浜漁港は「日本一小さな漁港」と評されたが、貴重な水産資源の水揚げ地として、一九八八年まで活用された。東日本大震災によって港へ続く湾洞が倒壊したため、その姿を見ることはできないが、富岡町役場や富岡町文化交流センター「学びの森」に向かう道路とJR常磐線が交錯する関ノ前跨道橋には富岡第一中学校の卒業生による壁画が描かれており、町の望郷イメージを惹起させる地であることがうかがえよう（**写真2**）。既述の通り、東電福島第一原発事故により、現在でも帰還困難区域に設定されている。

この小良ヶ浜の歴史と文化を後世へ継承するため、富岡町教育委員会と小良ヶ浜の人びと、そして、筆者や天野真志氏（国立歴史民俗博物館准教授）・井上拓巳氏（さいたま市立博物館学芸員）が立ち上がって、大字誌の編纂をはじめた。大字誌とは、近世の村に由来する自治体の集落の歴史などを明らかにした書物のことであり、沖縄県の事例が著名だが、(3) 近年では、福島県浜通りの複合災害被災地域でも編纂が進んでいる。(4)

（4）富岡町の郷土史・自治体史

では、この地域の歴史と文化の継承はどのように進められてきたか。ここでは富岡町の郷土史・自治体史の編纂という視角から検証してみたい。近代の福島県双葉郡富岡町の郷土史・自治体史の編纂としては、明治初年に新政府が計画した「皇国地誌」以降、福島県双葉郡では明治四十二年（一九〇九）十月に福島県教育会双葉部会が『双葉郡誌』を刊行、(5) その後、同四十四年六月三十日に福島県訓令第三四号「郷土誌編纂要項」により、全県レベルで郡役所・郡教育会による郡誌編纂事業が進められた。双葉郡の場合、刊行はされなかったものの、大正二年（一九一三）に『双葉郡郷土誌』が編纂された。(6)

戦後、一九六二年から『福島県史』編纂事業が始まり、その際の収集資料や県庁文書を収蔵する施設として一九七〇年に福島県歴史資料館が設立された。富岡町では、(7) 双葉町（既述のとおり、現在の双葉郡双葉町と異なり、一九五〇年に上岡村が町制施行に伴って成立した町）と合併して成立した「新」富岡町発足三十周年記念事業として、一九七九年初頭に猪狩哲郎公民館長

写真1　小良ヶ浜灯台付近から見る東電福島第一原発（2019年11月26日筆者撮影）

写真2　富岡第一中学校の卒業生による壁画（2020年11月30日筆者撮影）

の発議によってスタートした。一九八三年に町史編纂準備室が開設、一九八五年に富岡町史編纂専門委員会が結成されて、調査・執筆・編纂が進められて、一九八六年第一回配本として『富岡町史　二　資料編』が刊行された。その後、一九八七年に『富岡町史　三　考古・民俗編』、一九八八年に『富岡町史　一　通史編』、一九八九年に『富岡町史　別巻　続編・追録編』が刊行され、重厚な富岡町の歴史と文化に関する出版物が地域の人びとと研究者に提示された。小良ヶ浜についても基礎的な資料が掲載されるとともに、漁港の成立と漁業に一節割かれている。

（5）歴史資料の救出活動

では、二〇一一年三月、複合災害に見舞われた後の富岡町における歴史資料の保全、歴史と文化の継承について概観してみたい。(8) 既述のとおり、二〇一一年四月、富岡町は警戒区域に指定され、町内への立ち入りが制限された。町内の歴史資料もそのまま警戒区域内に遺されたが、福島県被災文化財等救援本部が立ち上がると、富岡町が管理・所有していた歴史資料を警戒区域外へ搬出することが始まり、旧相馬女子高校と福島県文化財センター「まほろん」へ収蔵されることとなった。二〇一四年六月には役場部局内横断型の富岡町歴史・文化等保存プロジェクトチーム（歴文PT）が設立され、被災資料や震災資料の保全がスタートすることとなった。さらには、福島大学の教員・学生が、歴文PTの活動に協力して、保全した多くの歴史資料を後世につなげる活動を展開することとなった。その成果は二〇一六年にいわき明星大学を会場として開催された企画展「富岡町の成り立ちと富岡・夜の森」／「富岡町震災遺産展　～複合災害とこれから～」（三月九～十四日）、十月二十二日に福島大学附属図書館で開催されたシンポジウム「なぜ地域資料を保全するのか」や企画展「ふるさとを想う　まもる　つなぐ　～地域の大学と町役場の試み～」（十月二十二～三十日）として実を結んでいる。

このような活動によって、被災資料や震災資料を後世に伝える意識が町内で加速化し、アーカイブ施設整備へと進んでいった（二〇二一年開館予定）。筆者は富岡町アーカイブ施設整備有識者検討部会に加わることとなり、合わせて、いまだ帰還困難区域である小良ヶ浜の大字誌編纂・執筆を依頼されることとなった。その際、未整理の区有文書が遺されていたため、後述するように教育委員会とともに文書目録を作成した。そして、区有文書をはじめとして、旧家に遺されていて歴文PTが保全した古文書、これまでの郷土史の成果、歴文PTによる聞き取り調査などを踏まえた大字誌の計画が進行している。

複合災害後の歴文PTや福島大学教員・学生たちによる活動は富岡町における歴史資料の保全と継承の特徴といえよう。小良ヶ浜における大字誌編纂事業も、歴文PTの熱心な活動の賜物と思われるが、小良ヶ浜では古くから歴史と文化の継承に対する意識が高かった。その契機はどこにあるのか。次に、その契機であると思われる明治期の縁故地引き戻し運動を概略した上で、近世から近代の小良ヶ浜の様相について述べてみたい。

二、縁故地引き戻し運動と小良ヶ浜

(1) 縁故地引き戻し

ここでは小良ヶ浜の文書意識が惹起される契機となったと思われる縁故地引き戻し運動について、そもそも縁故地引き戻し運動とは何か、福島県における縁故地と引き戻し運動がどのように展開したかについて、先行研究から概観してみる(9)。

近世段階の日本では、領主権力による建築用材や薪炭のために「御林」「御留山」などと称された領主林野、または村持の林野や複数の村が入会で用いる林野などがあった。近代に入って、領主の林は「官林」として政府の所有となった。明治五年(一八七二)壬申地券の中で村持や入会地の林野は「公有地」として定められたが、地租改正公布の過程で山林原野は官有と民有という区分になった。このため村持や入会地は官有地として定められた。このように近世には入会地などとして人びとが利用していたものの、近代に入って官有地となったために、利用が制限された土地を縁故地という。戦後歴史学では、これらの官有地化を「収奪」として表現されてきた。福島県の場合、明治十三年に四万八〇〇〇町歩であった官有地が、同十五年には十九万四〇〇〇町歩、同二十五年には四十五万八〇〇〇町歩、同三十二年には七十七万九〇〇〇町歩に増大している。

但し、政府としては必ずしも官有地の拡大を目指したわけではないことも近年では松沢裕作によって明らかにされている(10)。実際、福島県に統合される以前の若松県(現在の福島県会津地方と新潟県東蒲原郡の一部。明治九年八月二十一日に福島県・磐前県と合併)では官有地の管理ができないために、官有地の払い下げを伺っており、このような地域の状況を受けて、明治五年に政府は払い下げ政策へ転換した。しかし、山林原野の払い下げを推進した大蔵大輔井上馨が辞職するとそれらの政策は中止されることとなった。その後、既述の通り、福島県の官有地は増加するが、そこには士族授産のための山林原野確保と村落間の係争地解決のために官有地化を望む動向があったことは見逃せない。「収奪」は否定できないものの、その内実の多様性を改めて指摘しておきたい。一方で、縁故地を村の所有に戻そうとする運動も盛んに行われた。これが縁故地引き戻し運動である。

(2) 富岡町域の縁故地

次に富岡町内における縁故地引き戻し運動について、『富岡町史』を参考にして検証してみたい。その通史編には縁故地引き戻し運動に一項分を当てており、富岡町において縁故地引き戻し運動がいかに大きな問題であったかが伺える。[11]

現在の富岡町域で最初に縁故地の引き戻しを求めたのは、既述の会津地方よりも遅く、管見の限り明治二十六年の上手岡である(当時は上岡村大字上手岡)。そして、後述の小良ヶ浜と同様に明治三十六年三月二十五日に還付が許可されている。その規模は一二九町九畝十七歩もの広大な土地であった。上手岡の縁故地には多くの樹木が植えられており、それらについては明治十六年「官林下調帳」に詳しいが、例えば字大木戸川原には樯一三〇〇本・椚一二二〇本、字西ノ上には樯五一二〇本・椚四四〇〇本などが植えられていた。いずれも明治期に至って国家権力に収奪されて官有地に編入されたが、「保護培養セバ、薪炭材ヲ得、(中略)往昔ヨリ此山ニ入テ、自由伐採自用ノ薪ヲ採収シ来ル慣行ニシテ、将来伐採差許サザルトキハ、自用ニ差支フルモノトス」と記されているように、前近代から木材伐採と薪炭利用が行われていた。[12] 福島県会津地方よりも富岡町域の縁故地引き戻し運動が遅かった理由は、官有地に編入された後も木材伐採の慣行が残っていたためと目される。明治二十六年に至って上手岡の人びとが政府に対して縁故地引き戻しの請願を行った。その理由は判然としないものの、明治二十三年四月勅令第六九号「官有森林原野及産物特別処分規則」に基づいた同二十五年七月に福島県は郡役所に引き戻しに関わる調査を行う「担当員」を設置したことと関係するものかもしれない。

(3) 近世の小良ヶ浜

小良ヶ浜の縁故地引き戻し運動を検証するに当たって、近世の小良ヶ浜を見てみたい。

近世の小良ヶ浜村は磐城平藩内藤家の領地であったが、延享四年(一七四七)に内藤家が日向国延岡へ転封すると幕府領になった。その後、仙台藩預地→棚倉藩領となり明治に至っている。

延享年間に作成されたと目される村明細帳によれば、当時の小良ヶ浜村は本田畑が四三八石余、新田畑三五七石であり、合わせて反別七八町余あるが、これとは別に御林二十八町余・村や百姓が抱えている山林原野は二六二町余もあった。[13] 漁業については確認できないが、塩釜年貢金四両二分と銭六

表1　小良ヶ浜区濱部落協議員一覧

明治43年10月3日改選	明治44年2月23日改選	備考
関根留七	関根留七（下組）	町会議員予選会2票／稲桑園審査（桑）
三瓶一見	三瓶一見（下組）	町会議員（明治44年3月21日選挙）／塩製造人／網元
杉澤倉蔵	杉澤倉蔵（上組）	
関根源助	関根源助（上組）	大正2年7月11日区長／駒糶／塩製造人
関根神酒蔵	関根神酒蔵（上組）	
関根市治郎	-	近世に名主を務めた家。市次郎とも
関根長次	関根長治（下組）	町会議員予選会3票
岡田初太郎	岡田初太郎（上組）	塩製造人
大岩浅之助	-	農事実行員（明治44年8月8日条）
関根熊吉	関根熊吉（上組）	塩製造人
-	関根林之助（上組）	
-	猪狩長之助（下組）	

一八文を負担しており、塩業が行われていたことがうかがえる。

近代に至って小良ヶ浜村は明治二十二年に富岡村（現富岡町）と合併して富岡村大字小良ヶ浜となる。

（4）近代小良ヶ浜の運営

その行政組織について、明治四十三年「事務摘要」から確認してみたい。[14] 当該期の小良ヶ浜は濱部落・夜ノ森部落・深谷部落に分かれていた。現在では、濱部落が小良ヶ浜区に該当し、夜ノ森部落・深谷部落はそれぞれ夜ノ森区・深谷区となっている。濱部落は上組・下組に分かれており、明治四十三年段階での濱部落区長は六月に就任した関根穰であり、二年後の同四十五年三月十七日に再選を果たしていることから、区長の任期は二年だったのであろう。大正二年七月十一日には関根穰が区長を辞任し、関根源助が当選をしている。なお、近世段階の夜ノ森・深谷部落は山林原野で、夜ノ森は明治三十三年に半谷清壽（後に衆議院議員を三期務める）が開発をスタートさせたばかりであり、住民は濱部落に比して少なく、夜ノ森部落は佐藤藤松が区長を務めていた。深谷部落に区長はいなかった。

小良ヶ浜濱部落の運営を担ったのは協議員である（**表1**）。協議員の中から部落の区長や村会議員、県農会・郡農会の意向を受けて農業指導を行う農事実行員が選出された。小良ヶ浜の生業のひとつである製塩業や網元であった三瓶一見（小良ヶ浜漁港開発者）、近世の名主家である関根市治郎が名を連ねていることから、部落の有力者が協議員に任命されて、区の運営を行ったものと推測される。

三、小良ヶ浜区有文書の形成

(1) 小良ヶ浜の縁故地引き戻し

明治三十年十一月二十三日に宇佐美祐忠富岡村長から政府に対して小良ヶ浜の縁故地引き戻し申請が成された。どのような契機で縁故地引き戻しが進められたかは不明だが、同年、四月六日に公布された森林法（法律第四六号。明治三十一年一月一日施行）によって、山林の保全と管理政府が厳格化したことを受けてであろう。なお、県内で広がっていた官有山林引き戻し運動や山林原野引戻期成同盟会との関係についても想起し得るが、管見の限り、関係する資料はなく、そもそも双葉郡内における運動自体は低調であったようで、県内の動向とは連動していないものと思われる。

　小良ヶ浜区の縁故地は同三十六年十二月十五日付「評価格逓減ニ付請願」によると、「吾々共儀、富岡町大字小良ヶ浜ニ於テ縁故引戻地内ニ、兼テ成規ノ手続ニ依ラス田畑宅地等ヲ拓キ、使用罷在候」と記されていることから、従来官有地とされていた土地を利用してきたのであろう。[15] その規模は小良ヶ浜の字深谷・雁目木・松葉原・横根・蛇谷地平・宇津野山（宇都野）、合わせて一四一町四反二歩であった。[16]

(2) 縁故地引き戻しと証拠書類

　ところで、明治三十年十一月に縁故地引き戻しを申請した際、政府に対して縁故地引き戻しをめぐる証拠書類が提出されている。これは縁故地引き戻しの根拠が明治八年六月二十二日付地租改正事務局布達に由来しているためである。同布達は以下のような内容だ。

> 各地方山林原野池溝等（有税無税ニ拘ハラス）官民有区別ノ儀ハ、証據トスヘキ書類有之者ハ勿論、区別判然不致候へ共、従来数村入会、又ハ一村某々数人持等、積年ノ慣行存在致シ、比隣（ママ）郡村ニ於テモ、其所ニ限リ進退致来候ニ無相違旨保証致シ候地所ハ、仮令簿冊ニ明記無之共、其慣行ヲ以民有之確証ト視認シ、是ヲ民有地ニ編入候儀ト可相心得、（後略）[17]

　実際、明治三十二年に公布された国有土地森林原野下戻法でも、証拠書類を提出することによって、民有地への編入申請が可能とされており、小良ヶ浜でも証拠書類として「寛永三年改山帳」「明治四年末割付」「明治七年皆済目録」を提出した。[18]

（3）関根家の「頌徳碑」

この小良ヶ浜の縁故地引き戻しにおいて提出された三種類の証拠書類であるが、小良ヶ浜が地区の財産として所有していたものではなかった。このあたりの経緯について、小良ヶ浜の三叉路に河野広中（旧三春藩士。第一回衆議院議員選挙福島三区選出。農商務大臣）が揮毫した高さ二四九センチメートルの「頌徳碑」が建立されているので、それに基づいて検証してみたい。

額

称縁故地由来　前農商務大臣正四位勲三等　河野広中篆額

関根家者門閥而世々為荘官、有治績、本村之旧記公文者概所蔵於同家、就中詳悉公私有之地目畝歩等者謂水帳而、村行政之主軸也矣、宝永三年（ママ）時地頭移封日州延岡、該帳亦失其所在、当職者大憂之令派人延岡、請而謄写於官簿之、且得検印之而帰、夫本村字名中深谷外五字之散野約弐佰町歩者古来称公入会場、為村民之共有地矣、而毎歳納官料金者独於同家而已相償来矣、明治初年散野改正之際、村民偏見該地咸所編入国有、（中略）明治三十年於法令曰、国有地而旧来為民用地有縁故者、以憑據於出願可得引戻、於茲雖決衆議、請願、苦其証左、乃漸而索之同家筥底、以至申請矣、而同三十五年所與官許得為村民八十四名共有也矣、如此者即同家累代忠其職、而且不得不言愛郷心深賜、以是使引戻地単呼縁故地有故也焉、於関根家当主市郎治、嗣子徳治郎・高次郎之三翁者戊辰革命之前後頗善所盡瘁村政、依之這般村民一同相議而、雖不値於全豹一斑、建立一碑、以対于三翁為報恩之記念焉、

大正六年三月

理軒穣撰并書[19]

この「頌徳碑」内容を六点に分けて要約してみよう。①代々関根家は小良ヶ浜の水帳（検地帳）をはじめとした「公文書」を所蔵しており、村政の中心であった。②領主が日向国延岡へ転封となった際、水帳が失われたので、延岡に人を派遣して写させた。③小良ヶ浜には二〇〇町の入会地があったが、その地の年貢は関根家で納めていた。④明治に至ってこれらの入会地は官有地に編入された。⑤明治三十年に官有地で「縁故」がある土地は民有地に引き戻せることとなり、その証拠書類を関根家の箱の中から見い出して申請した。⑥縁故地は無事に小良ヶ浜の人びとの手に戻り、関根家の当主市郎治（市治郎の誤り）と嗣子徳治郎・高次郎は村政に従事してきたことを讃えるために石碑を建立する、というのが石碑の内容だ。

写真3　頌徳碑（2018年12月5日筆者撮影）

撰文は既述の小良ヶ浜濱部落区長を務めた関根穣である。関根穣家と関根市治郎家はそれぞれ別の家であるが、この碑文からも分かる通り、代々関根市治郎家で管理してきた文書が縁故地引き戻しに重要な役割を果たしたことがうかがえ、関根市治郎家の頌徳のため、地域の往来の中心である三叉路に石碑を建立したのであった（**写真3**）。

（4）区有文書の形成

明治三十六年三月二十五日に農商務省によって縁故地引き戻しが認められた。この一件が契機なって小良ヶ浜では文書管理の重要性を認識し、区有文書の構築を始めたものと思われる。小良ヶ浜区有文書からこの地域の近代文書管理の様相を見てみたい。

近代区有文書の保存や引継については、白井哲哉氏による茨城県の事例などが知られており[20]、各地域の事例の検証をはじめとして、区有文書の管理に至る契機など課題が遺されている。現在遺されている小良ヶ浜区有文書は二三三点（一括・綴などは今後細目録作成予定）。明治から平成に及ぶ文書群で、最も古いのは明治十九年であるが、明治十年代・二十年代の文書はわずか二点であり、次に古いのは明治三十年から四十五年までの文書を綴った「縁故引戻地関係緊要書類綴」だ。ほぼ同時期の文書としては富岡町会議員や富岡浜漁業組合長を歴任し、小良ヶ浜漁港を建築した三瓶一見の個人的な文書がわずかに遺されている程度である（何らかの事情で後年区有文書に混合したものと思われる）。既述の通り、縁故地引き戻し一件では関根市治郎家の文書を利用していたことから、区有文書の構築の契機が縁故地引き戻しにあったことは間違いなく、それ以前に廃棄された可能性は考えにくい。なお、関根市治郎家が継承してきた近世の文書は区有文書の中に含まれておらず、現在の所在は不明である。

ところで、小良ヶ浜区有文書の中には、明治四十三年に作成された地域の基本的な帳簿が非常に多い。「事務摘要」（小良ヶ浜区有文書一―一。以下、括弧内の数字は文書番号）は大正二年まで書かれているが、御用留のような内容であり、当該期の小良ヶ浜の現状や抱えていた課題如実に記されている。その他、「役場事務関係書類綴」（一—七四）・「雑件書類綴」（一—一五）・「会議録」（一—七六）など、地域運営に不可欠な文書であり、加えて、明治四十三年に「引継目録」（一—一四）が作成されている。次に小良ヶ浜区有文書に遺された「引継目録」を分析してみたい。

（5）引継目録

表2は明治四十三年・大正二年（一九一三）・同五年の「引継目録」をまとめたものである。例えば、明治四十三年「引継目録」には「戸籍」一冊をはじめとして十種類の文書とこれら文書を収納したと思われる帳箱が列挙され、最後に明治四三年七月三日の年記とともに「右及引渡候也」と記されている。差出人は元区長三瓶一見、宛所は区長関根穣だ。つまり、小良ヶ浜の区長が区の財産として管理している文書を含む物品の台帳であると同時に、新区長へ引き継ぐ際の目録であることがうかがえる。大正二年・同五年の「引継目録」は明治四十三年のものと比較して、明治四十三年や同四十四年に作成された前記の「事務摘要」などが加わっている。

おそらく、明治四十三年に初めて区長による区有文書の管理台帳＝「引継目録」が作成され、同時期に区の運営を円滑に進めるための文書が作成されて、大正期以降はそれらも区有文書として引き継がれることとなったと評価し得よう。そして、この明治四十三年という時期は三瓶一見から関根穣へ区長が移行したタイミングである。既述の縁故地引き戻し一件で、証拠書類として用いた関根市治郎家を称賛する「頌徳碑」の撰文をした人物だ。区有文書の管理と体系化に関根穣が果たした役割は大きい。

おわりに

本稿最後にまとめてみたい。

まずは小良ヶ浜区有文書の形成についてだが、明治三十年に縁故地引き戻しの申請をし、その認可には関根市治郎家の古文書が証拠書類として用いられた。明治三十六年に認可を得たことで小良ヶ浜の住民に文書管理の意識が惹起されたものと思われる。文書管理に対する彼らの意識は明治四十三年に関根穣が新区長に就任したことで次の段階に達する。関根穣は区の運営を円滑にするため「事務摘要」をまとめ、町役場から発給された文書を「役場事務関係書類綴」として綴ったり、「会議録」を作成した。これらの区有文書を区長から区長へと引き継いで管理するために「引継目録」も作成された。小良ヶ浜区有文書を体系的に管理していったと評価できよう。そして、関根穣は縁故地引き戻しにおける文書の重要

大正５年文書番号	大正５年	大正５年数量	小良ヶ浜区有文書
10	戸籍	1冊	なし
17	墓籍	1冊	なし
16	字図	16葉	2-2一括などが該当か。
12	縁故地引戻地譲渡台帳	1冊	1-20。明治36年調製。縁故引戻土地譲渡台帳
14	縁故引戻土地関係緊要書類綴	1綴	1-7。明治30～45年。縁故引戻地関係緊要書類綴
15	證書綴	1冊	1-21。明治36年
13	縁故引戻土地譲与契約證書留	1冊	1-44。表紙のみ
11	縁故引戻地異動届綴　関根勝衛外七名分	1綴	1-27・1-33～1-35・1-48・1-68-13か。綴痕あり。明治37年～41年
			1-15。明治43年
20	縁故引戻土地評価年賦金納入告知書	82葉	1-16か。縁故地年賦金収入簿
1	本箱　蓋付	1個	
2	役場事務関係書類綴	2冊	1-6。明治44年
3	事務摘要	1冊	1-1。明治43年4月起
4	会議録	1冊	1-78。明治43年起
5	出納簿	1冊	1-52。明治43年起
7	各所往復綴	1冊	1-26。明治44年
8	引継目録	1冊	1-14。明治43年7月3日
			なし。引継目録引受側（1-37）にあり。引継目録引渡側（1-31）抹消
9	区戸調	1冊	なし
18	埋葬認許証　関根安信外袋入	1個	なし
19	作物栽培学新書	1冊	なし。稲垣乙丙『通俗作物栽培学新書』（1910年、大日本勧農会）
21	組長印	1顆	

表2　小良ヶ浜「引継目録」

明治43年文書番号	明治43年	明治43年数量	大正2年文書番号	大正2年	大正2年数量
1	戸籍	1冊	11	戸籍	1冊
2	墓籍	1冊	17	墓籍	1冊
3	字切図	19葉	17	字図　袋ヘ記載ノ字名ヘ証印ノ分	20葉
4	縁故地引戻土地譲渡台帳	1冊	13	縁故地引戻地譲渡台帳	1冊
5	同上緊要書類綴	1冊	15	縁故引戻土地関係緊要書類綴	1綴
6	證書綴	1冊	16	證書綴	1冊
7	縁故引戻土地譲与契約證、附諸契約書綴	1冊	14	縁故引戻土地譲与契約證書留	1冊
8	縁故土地異動届	8葉	12	縁故引戻地異動届綴　関根勝衛外七名分	1綴
9	雑書綴	1冊	6	雑件書類綴	1冊
10	縁故土地評価年賦金納入告知書	180葉	20	縁故引戻土地評価年賦金納入告知書	133葉
11	帳箱	1個	1	本箱　蓋付	1個
			2	役場事務関係書類綴	2冊
			3	事務摘要	1冊
			4	会議録	1冊
			5	出納簿	1冊
			7	各所往復綴	1冊
			8	引継目録	1冊
			9	区有金品貸借簿	1冊
			10	区戸調	1冊
			18	埋葬認許証（関根安信・佐藤キヨ分）袋入	2葉
			19	作物栽培学新書	1冊
			21	組長印	1顆

※大正2年「引継目録」は17重複
小良ヶ浜区有文書の数字は文書番号

性を住民と共有するため、大正六年に地域の中心である三叉路に石碑として遺すこととした。
　時を経て、東日本大震災と東電福島第一原発事故が起こり、十年を経た現在も帰還困難区域として立ち入りが制限されている小良ヶ浜。小良ヶ浜区長と小良ヶ浜の先人たちが守り続けた区有文書は富岡町教育委員会に保管されることとなった。関根穣が撰文した石碑は除染や工事などの作業車両以外は通ることが稀な三叉路の傍らに、雑草に覆われながらも凛と立っている。最後に「引継目録」が作成された大正五年（一九一六）から百余年、東日本大震災と東電福島第一原発事故が契機となって現状の区有文書の目録作りが筆者と富岡町教育委員会とで行われた。まさに最新の「引継目録」だ。関根穣が伝えたかった文書管理の重要性が、このような形で立ち現れてくるのは何とも皮肉である。最新の「引継目録」に基づき、現在では小良ヶ浜の歴史と文化を継承するため、自治体や地域住民、筆者をはじめとした研究者によって、大字誌の編纂が進められている。

注

（1）福島県原子力等立地地域振興事務所「平成二十一年度電源立地地域対策交付金充当事業一覧」（https://www.pref.fukushima.lg.jp/download/1/gen-shin_21fydengen.pdf　二〇二〇年十一月二十日閲覧）

（2）富岡町企画課編『富岡町「東日本大震災・原子力災害」の記憶と記録』（福島県富岡町、二〇一五年）、「富岡町災害復興ビジョン」（富岡町災害復興ビジョン策定委員会、二〇一一年）、「富岡町災害復興計画（第一次）」（富岡町役場企画課、二〇一二年）、「富岡町災害復興計画（第二次）」（富岡町役場企画課、二〇一五年）、「東日本大震災・原発事故からの復興状況と町の現状」（福島県富岡町、二〇一八年）。

（3）沖縄県の大字誌については、中村誠司「沖縄の字誌づくりと地域史研究」（『東アジア社会教育研究』四、一九九九年）他。また、大字誌全般については、高田知和「地域で地域の歴史を書く——大字誌論の試み」（野上元・小林多寿子『歴史と向きあう社会学』ミネルヴァ書房、二〇一五年）に詳しい。

（4）東日本大震災・東電福島第一原発事故以降の福島県浜通り（沿岸部）における大字誌として、浪江町赤宇木地区の赤宇木地区記録誌実行委員会編『赤宇木地区記録誌　百年後の子孫たちへ』（赤宇木地区記録誌実行委員会、二〇一七年）や飯舘村大久保・外内地区の飯舘村12行政区暮らしの記録誌編纂委員会編『飯舘村12行政区暮らしの記録誌　おらほの風景』（飯舘村12行政区暮らしの記録誌編纂委員会、二〇一七年）、浪江町請戸地区の大字請戸区編『大字誌ふるさと請戸』（蕃山房、二〇一八年）、双葉町・浪江町両竹地区の泉田邦彦・西村慎太郎編『大字誌両竹』一・二（蕃山房、二〇一九・二〇二〇年。続刊）がある。

（5）福島県教育会双葉部会編『双葉郡誌』（児童新聞社、一九〇九年）。

（6）福島県史料叢書刊行会編『福島県郡誌集成　一六　双葉郡郷土誌』（福島県史料叢書刊行会、一九六九年）。

(7) 以下、『富岡町史』編纂事業については、富岡町史編纂委員会編『富岡町史　一　通史編』(福島県富岡町、一九八八年) 参照。

(8) 以上、複合災害以降の動向については、『ふるさとを想う　まもる　つなぐ』(富岡町・福島大学・福島大学うつくしまふくしま未来支援センター、二〇一七年) 参照。

(9) 庄司吉之助『福島県山林原野解放運動史』(福島県国有林野解放期成同盟会、一九六六年)、不破和彦「明治期の山林政策と官有林野引戻運動」(『東北大学教育学部研究年報』二四、一九七六年) ほか。

(10) 松澤裕作「近世・近代日本の林野制度」(同編『森林と権力の比較史』勉誠出版、二〇一九年)、同「明治前期の県庁と森林・原野——福島県の場合を中心に」(同書)。

(11) 前掲注7『富岡町史　一　通史編』五一三—五二二頁。

(12) 富岡町史編纂委員会編『富岡町史　二　資料編』(福島県富岡町、一九八六年) 六一〇—六一一頁。

(13) 「村差出帳」(前掲注12『富岡町史　二　資料編』二九五—三〇〇頁)。

(14) 「事務摘要」(小良ヶ浜区有文書一—一。富岡町教育委員会保管)。

(15) 「縁故引戻地関係緊要書類綴」(小良ヶ浜区有文書一—七。富岡町教育委員会保管) のうち「評価格逓減ニ付請願」。

(16) 前掲注15「縁故引戻地関係緊要書類綴」のうち「御請書」「規約書」。なお、字蛇谷地平については「規約書」に記載がない。

(17) 「太政類典」第二編第百十七巻 (国立公文書館蔵太三三九一〇〇)。

(18) 前掲注15「縁故引戻地関係緊要書類綴」のうち「証據目録」。

(19) 富岡町史編纂委員会編『富岡町史　続編・追録編』(福島県富岡町、一九八九年) 一三八—一三九頁。

(20) 白井哲哉「茨城県下の近代区有文書と保存・引継」(『茨城県史研究』九六、二〇一二年)。

附記　本稿の執筆に当たっては、小良ヶ浜区長佐藤光清氏、富岡町教育委員会門馬健氏にお世話になりました。心より御礼申し上げます。

◎コラム◎

『三国遺事』を巡るいくつかの知見について

宋浣範

ソン・ワンボム——高麗大学校グローバル日本研究院教授兼副院長、東アジア古代学会会長。専門は東アジアのなかの日本歴史と文化（日本古代史）。主な著書・論文に学習院女子大学国際学研究所叢書『調和的秩序形成の課題』（共著、お茶の水書房、二〇一六年）、『説話研究を拓く——説話文学と歴史史料の間に』（倉本一宏編、共著、思文閣出版、二〇一九年）、『東アジア世界のなかの日本律令国家研究——百濟王氏を中心に』（景仁文化社、二〇二〇年）などがある。

一、「コロナ事態」と「安全共同体」

「新型コロナウイルス（COVID-19）事態（以降、コロナ事態、日本では「コロナ禍」とも）」は全世界を災難（あるいは災害）の渦巻きに乱暴に駆り立てている。最近の韓国ニュースによると療養院に入院中の認知症の高齢者がコロナ事態以前にはたびたび訪問していた自分の子供たちが来ないことに対し不満を吐き出しながら、今の状態はまるで一九五〇年六月に勃発し、約三年間も続けられた「韓国戦争（あるいは「六・二五動乱」とも）」のようであるとの話をするという。（「お子さんたちの足跡が断絶されて〝俺を捨てた〟恋しさが恨みに」、『韓国日報』一二月七日字インターネット版）この事例は外部からの接触が完全に閉ざされた孤立状態が続いていることにより、七十年前に戦争を経験した高齢者たちが、今のコロナ事態を家族がバラバラに別れた当時と同じように感じている、という話である。周りの環境と自然な相互作用が成されていないことにより、個人的な病気が悪くなるというのは避けられないとしても、単純にコロナ事態により来ない家族たちを恋しく待っている老人の愚痴話程度の扱いにすることはできるのか。これをほかの意味に解釈するならば、パンデミックの疫病である新型コロナウイルス（COVID-19）が人間に与える精神的衝撃は人偽的な、また違う次元の災難である戦争と通じることになるということになる。

もっとも二〇一一年三月十一日に発生した「三・一一東日本大震災」を目撃し、「災難と安全で考える東アジア研究」が可能なのではないかと考え、一つの研究チームを作り運営してみた当事者として、今回のコロナ事態は多くのことを思い出させる。当時の災難研究と関連して、天災と人災という差はあるが、安全を追求していこうという人間の心は同一なものであるという思考のもとで〝東アジアの安全共同体〟を主張する(1)に至ったが、現在の状況を見る限りその志向点は正しかったと思うわけである。

二、説話と歴史

以前、筆者は京都にある国際日本文化研究センター（日文研とも）の外国人研究員として在職（二〇一六年七月～二〇一七年二月）しながら共同研究「説話文学と歴史史料の間に」（研究代表：倉本一宏教授）に参加し、その成果物として「『三国遺事』と『日本霊異記』の観音説話について」を発表したことがある（倉本一宏編『説話研究を拓く――説話文学と歴史史料の間に』（思文閣出版、二〇一九年）。その後二〇一七年十月に東京の立川市所在の国文学研究資料館では「『三国遺事』をめぐる二、三の問題」を発表したことがあった。これらの研究から得られたいくつかの知見を整理して韓日の両国、特に日本の読者たちに紹介することとする。

最近に入って韓国での『三国遺事』に対する研究は新しい版本の発見及び新しい訳注書の登場によりとても活発になった。これを反映してまず三と四では新しい版本及び新しい訳注書について紹介する（崔光植・朴大宰訳注『三国遺事』一～三（高麗大学出版部、二〇一四年））。そして五では今後の研究の方向について、すなわち『三国遺事』と『日本霊異記』との比較研究が今後の韓日文化の原型を考究する上で必要な作業であろうと指摘する。終わりに六ではモンゴルの侵略と檀君説話の登場について言及する。

三、『三国遺事』の版本

周知のように『三国遺事』（韓国史データベース、http://db.history.go.kr/introduction/intro_sy.html）は、高麗時代の忠烈王の時である一二八〇年代に、僧侶である一然（普覚国師、一二〇六～一二八九年）禅師とその弟子無極（混丘あるいは清玢、一二五一～一三二二年）をはじめ弟子グループにより編纂されたという。本の内容は古朝鮮時代から後三国時代までの約三〇〇〇年間の韓半島の歴史と文化について整理したもので、紀異の二篇は古朝鮮以下韓半島を中心に存在した国家などの一般的な歴史記録であり、興法以下の七篇（興法・塔像・義解・神呪・感通・避隠・孝善）は仏教徒に関連する内容で、その中で孝善篇は儒教的とも見ることができるが、寺や僧侶たちが登場する説話も散見することから、広い意味の仏教的内容ともいえるだろう（倉本一宏編『説話研究を拓く――説話文学と歴史史料の間に』一九八―二〇一頁）。

韓半島の歴史と文化の宝庫であるから広く利用されるテキストとしての版本の存在が重要であるといえるだろう。今までの『三国遺事』の版本には高麗時代に作られた版本の存在はいまだに確認されにくいし、普通朝鮮の中宗七年（一五一二）の壬申の年に作られた「壬申本」と呼ばれる版本が善本と思われ広く使用されている。いわゆる「壬申本」は当時の慶州府で李繼福《イケボク》らにより完全体に刊行されたのである。しかしながら朝鮮初期の版本の存在がもっぱら存在しなかったのではない。朝鮮初期の版本には鶴山本（松隠本）、石南本、泥山本、超種業本、梵魚寺本などがあった。しかし現在、石南本は所在が明らかではないし、存在する版本すべては『三国遺事』の一部分だけが残っているにとどまる（延世大学博物館編『パルン本三国遺事校勘』一七―一九頁）。その中で最近「パルン本」が追加された。さらに「パルン本」は朝鮮初期の版本には珍しく王暦や巻一、巻二が完全な姿で存在する。ここでは朝鮮初期の版本に対する理解（南權熙《ナムコンヒ》「『三国遺事』諸版本の書誌的分析」『韓国古代史研究』七九、二〇一五年、二〇三―二四六頁）は以前の研究成果にあずかることとして、「パルン本三国遺事」に注目することとする。

四、「パルン本」と新しい注釈書

「パルン本三国遺事」の存在は一九八〇年代から知られていたが、研究の対象として公になったのは比較的最近のことである。パルンは延世大学の名誉教授であった孫寶基《ソンボギ》先生（一九二二～二〇一〇年）の雅号で、死後遺族たちにより二〇一三年に延世大学博物館に寄贈されたのである。[2] 二〇一四年には宝物一八六六号に指定（二〇一八年二月二十二日に国宝に昇格）され、二〇一六年には延世大学博物館から校勘本が作られ一般に公開している（延世大学博物館編『パルン本三国遺事校勘』慧眼、二〇一六年）。「パルン本」は『三国遺事』の前部分に位置し全体分量の中からみると約半分くらいである。その間所蔵先を知らないことや未公開ということで「壬申本」との対照が難しかった王暦の部分を温存しているというところに意義があるだろう。より詳細な論議の展開は従来の研究成果を参照するのを望む（注2参照）。

一方で新しい版本の登場とほとんど同じ時期に新しい訳注本も登場する。この訳注本は今までの『三国遺事』に関する研究成果を網羅したものと評価される。従来の『三国遺事』の内容的区分が王暦、紀異、本篇であったとすれば、構造を果敢に変更させて第一巻に紀異、第二巻に本篇、第三巻に王暦という式に並べて全三巻の訳注書にまとめた（崔光植・朴大宰訳注『三国遺事』一～三）。特に王暦を独立させて『三国遺事』に関する既存の評価が歴史書ではない説話集という理解に変革を図った構造上の特徴がうかがえる。分量は一・二・三巻各々七三〇、八二九、四五二頁である。総じて二〇〇〇頁以上で訳注の数は一八〇〇箇所に余る。ただ、「パルン本三国遺事」が学界に登場する時期とほとんど重なっていることで「パルン本」に関する研究成果が含まれていない憾みは残るが、現在に至る『三国遺事』研究には欠かせない結果物である。より詳細な内容は次の著作（図2）を参照することを望む。

五、『三国遺事』研究の方向性

では、今後の『三国遺事』の研究はいかなる方向に進んだ方がよろしいであろうか？『三国遺事』は中央よりは地方の資料、すなわち地方の文化や文学、また説話や民俗などを仏教的観点から、歴史的には韓半島中心の高句麗・百済・新羅に限らず韓半島のバウンダリーを超え古朝鮮から三韓や三国だけではない扶余と渤海までを合わせる観点から出発したストーリーテリングの宝庫である。これに加えて国家的災難であるモンゴルの侵略と、これに随う民衆の苦難を仏教という宗教的な方法で救援し、救済しようとする意図を持っていた。このような災難状況から人間を救済する仏教説話集の性格は、日本では『日本霊異記』が担っている。(3)

韓半島と日本列島の間の仏教伝達のルートを視野に入れるならば『三国遺

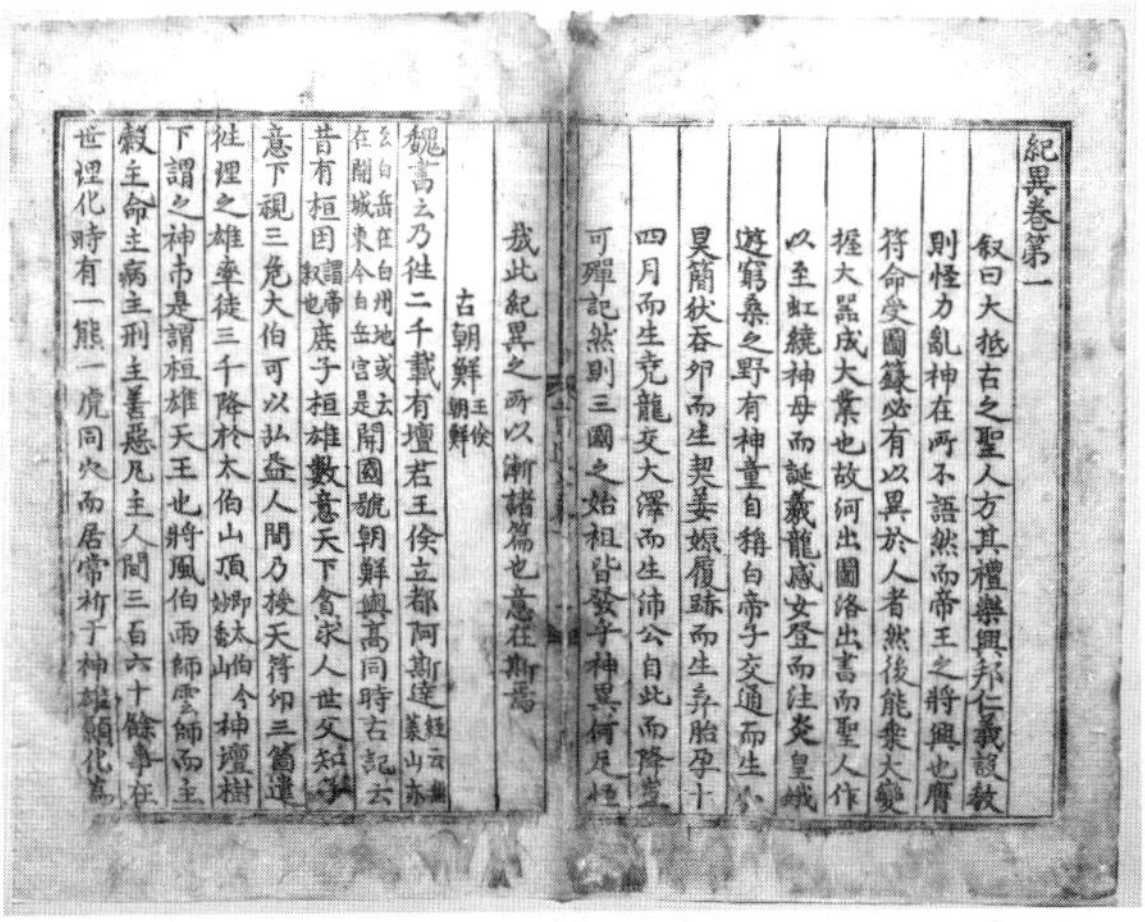
紀異卷第一
叙曰大抵古之聖人方其禮樂興邦仁義設敎
則怪力亂神在所不語然而帝王之將興也膺
符命受圖籙必有以異於人者然後能乘大變
握大器成大業也故河出圖洛出書而聖人作
以至虹繞神母而誕羲龍感女登而注炎皇娥
遊窮桑之野有神童自稱白帝子交通而生小
昊簡狄呑卵而生契姜嫄履跡而生弃胎孕十
四月而生堯龍交大澤而生沛公自此而降豈
可殫記然則三國之始祖皆發乎神異何足怪
哉此紀異之所以漸諸篇也意在斯焉
古朝鮮 王倹朝鮮
魏書云乃往二千載有壇君王倹立都阿斯達 經云無葉山亦
云白岳在白州地或云在開城東今白岳宮是 開國號朝鮮與高同時古記云
昔有桓因 謂帝釋也 庶子桓雄數意天下貪求人世父知子
意下視三危太伯可以弘益人間乃授天符印三箇遣
往理之雄率徒三千降於太伯山頂 即太伯今妙香山 神壇樹
下謂之神市是謂桓雄天王也將風伯雨師雲師而主
穀主命主病主刑主善惡凡主人間三百六十餘事在
世理化時有一熊一虎同穴而居常祈于神雄願化爲

図1　パルン本紀異篇（『三国遺事』巻1～2、国宝第306-3号、延世大学博物館所蔵）

図2　崔光植・朴大宰訳注『三国遺事』一～三（高麗大学出版文化院ホームページから）

事』と『日本霊異記』の比較研究（倉本一宏編『説話研究を拓く――説話文学と歴史史料の間に』）は韓日間の文化的原型を探すのにとても有益な素材になるだろう。さらにこのような両国間の文化的原型を探る努力は東アジアの共同資産にもなるだろう。

六、モンゴルの侵略と檀君神話

『三国遺事』が作られた時期はモンゴルの侵略期でこれは高麗だけの問題ではなかった。玄界灘の向こうの日本もモンゴルの襲来で手を焼いた(4)。しかし日本史で扱われる二回の「モンゴル襲来」は、高麗が強いられた被害と比較すれば比較的軽いものであった。高麗がモンゴルから被られた戦争の被害は想像を絶するものであった。モンゴルの高麗侵略は一二三一年に始まって一二六〇年に退くまでおよそ三十年間も続けられ、大規模の侵攻だけでも六回もあった。モンゴルの侵略で夥しい文化財が破棄され、数多くの人が殺傷されたり、捕虜になったりした。その結果、約一世紀の間、モンゴルの高麗への直接的干渉が行われた。

当時の高麗の民衆たちの平和と安全はどこにも期待できなかった。その際登場した僧侶一然禅師による『三国遺事』のいたるところにみえる観音信仰の話は、一個人においては現生の救援であり、一国家においても高麗以前の遠い時代からの歴史の存在が物語る国難を克服する期待へのメッセージであっただろう。これを証明してくれるのがほかならない『三国史記』にはなく、『三国遺事』にある「檀君神話」であったのではないか。本来は平壌と黄海道の九月山ほとりの地方神話（注2の都賢喆《トヒョンチョル》「朝鮮初期においての檀君に関する認識と『三国遺事』刊行」三四頁の註13）であった檀君の話が当代のモンゴル侵略という国家災難の状況から再認識され国家の神話に生まれ変わったのである。もしモンゴルの高麗侵略がなかったら、檀君神話が『三国遺事』に採録されることはなかったかも知れない。

注

（1）拙稿「『東アジア安全共同体論』序説――戦争・災害・災難」（学習院女子大学国際学研究所叢書『調和的秩序形成の課題』お茶の水書房、二〇一六年）。もともとこの文章は二〇一六年五月に「戦争」と「災難」でみる「東アジア安全共同体」」（『史叢』八八号）で発表したものである。

（2）〝パルン本三国遺事の寄贈を記念する学術会議〟（延世大学国学研究院と博物館の共同主催、二〇一三年四月二十六日）で発表された文章が後で成稿されたのが、金相鉉「三国遺事の古版本とパルン本の位置づけ」、都賢喆「朝鮮初期においての檀君に関する認識と『三国遺事』刊行」、南權熙「パルン本『三国遺事』の書誌研究」、河日植「『三国遺事』パルン本と壬申本との比較検討」（『東方学志』一六二、二〇一三年）などである。そのほかにも趙慶徹《ジョキョンチョル》「檀君神話の桓因・桓国をめぐる論争に関する版本の検討」（『韓国古代史探求』二三、二〇一六年）も参照。

（3）小泉道『日本霊異記諸本の研究』

（清文堂出版、一九八九年）、平凡社東洋文庫九七『日本霊異記』（原田敏明・高橋貢訳、一九六七年）、新訂版平凡社ライブラリー三一九『日本霊異記』（二〇〇〇年）、新潮社日本古典集成『日本霊異記』（小泉道校注、一九八四年）、小学館新編日本古典文学全集一〇『日本霊異記』（中田祝夫校注・訳、一九九五年）、講談社学術文庫全三巻『日本霊異記』（中田祝夫訳、一九七八・一九七九・一九八〇年）、ちくま学芸文庫全三巻『日本霊異記』（多田一臣校注・訳、一九九七・一九九七・一九九八年）、新日本古典文学大系三〇『日本霊異記』（出雲路修校注、一九九六年）、小峯和明・篠川賢編『日本霊異記を読む』（吉川弘文館、二〇〇四年）参照。

（4） 拙稿、「モンゴルの日本襲來と東アジア」（金秀美・宋浣範『日本歴史を絵で読む——蒙古襲来絵詞』韓国学術情報（株）、二〇一七年）、拙稿「古・中世日本の国際戦争と東アジア——「白村江の戦い」と「モンゴル襲來」を中心素材として」（『史叢』九二号、二〇一七年）。

言語と減刑――森鷗外『高瀬舟』において

野網摩利子

のあみ・まりこ――国文学研究資料館准教授・総合研究大学院大学准教授（併任）。専門は日本近代文学。主な著書に『夏目漱石の時間の創出』（東京大学出版会、二〇一二年）、『漱石の読みかた『明暗』と漢籍』（平凡社、二〇一六年）、『世界文学と日本近代文学』（編著、東京大学出版会、二〇一九年）などがある。

『高瀬舟』には典拠の『翁草』「流人の話」にない多くの情報が組み込まれている。その理由について、「人殺」の罪で死刑に処されるはずだった喜助が「遠島」を勝ちとるに至るさまを示すために付加されたと考える。犯罪捜査、事実審理、そして、「御定書」に明記された罪と罰の種類など、江戸時代、刑罰決定までに検討された事項と照らしあわせ、それらとわたりあった喜助の言語行為をあぶり出す。

はじめに

森林太郎の署名で発表された鷗外の『高瀬舟』はよく知られるように、主人公喜助が流罪となる。本稿は、その判決の導き出された経緯を検証する。この小説には典拠としてわざわざ「附高瀬舟縁起」が添えられ、「此話は翁草に出てゐる」(1)と示されている。神沢貞幹『翁草』に収められた「流人の話」は『高瀬舟』の筋と合致するが、『高瀬舟』には「流人の話」とは異なる多くの情報が付け加えられている。(2)その真意を探りたい。(3)

『高瀬舟』で設定される時代は、神沢貞幹の生きた享保末年から宝暦年間よりさらに下った「白河楽翁侯が政柄を執つてゐた寛政の頃」とされている。この時代の刑罰として、死刑はまれではなく、ごくふつうに行われることだった。次節で詳細に見るが、十両盗んだだけで死刑であった。(4)

『高瀬舟』に盛り込まれている『翁草』「流人の話」にない内容として、まず、弟の喉を切る仕草をしている喜助を見て叫んだという、婆あさんの存在がある。婆あさんに見られていたのだから喜助が白州で黙っていたら間違いなく死刑判決が下った。喜助は、弟に頼まれて彼の喉を切ったと陳述する。婆あさんに見られてもいないのに、喜助が弟の喉を切ったとみずから言う場合であれば、自白だが、そうではないことに注意したい。

婆あさんに見られた現場以前の状況をよどみなく再構成しなければ、喜助は死刑に追い込まれるのは明らかだった。この小説は国語教育の教材にされることが多く、不利な状況を覆したい犯罪容疑者という問題を設定し、考えてみること自体、忌避されてきたのではないだろうか。

本稿は、喜助の刑罰が決せられるまで、彼が役人側の犯罪捜査や事実審理といかにわたりあったのかについて検討する。

一、従者格の被害者側

喜助の対峙した捜査と事実審理とを知るために、まず、江戸時代、それぞれの犯罪にどのような刑罰が科されていたかを確認しよう。幕府の刑事裁判では『公事方御定書』(5)と先例とを基準にして犯罪に対応する刑罰を決めた。江戸時代の刑罰では、死刑は六種類に及ぶ。(6)「下手人」と呼ばれる、喧嘩口論などによる殺人は、斬首後の死骸「取捨」とされ、財産を没収されない。これが最も軽い死刑である。たとえ殺人を犯していない者でも、いっそう重い刑を科される場合はあまたあった。十両以上の盗み、あるいは、他人の妻や夫との密通に対して科されたのは、さらに重い「死罪」であり、打首で済まされるものの、死体は刀の「ためしもの」などに供された。また、殺人を犯していない罪でもう一段重い死刑もあった。それは、追剥、主人の妻と密通した男、毒薬売、関所をよけて山越えした者、贋秤・枡の製造者に対する刑であり、「獄門」という、切った首がさらされる死刑である。そして最も重い死刑に処せられたのが「品替り候人殺」である。古主殺、親殺、師匠殺の場合、槍で身体を突く「磔」を科され、主殺の場合、時間をかけて鋸で首をひく「鋸挽」が科された。喜助の受刑することになった「遠島」は、おもに、女犯の寺持僧、正当防衛によって人を殺した者に科された刑に過ぎない。

「人殺」の犯罪に対する刑罰では、加害者と被害者との関係が重視され、「通例の人殺」としての「下手人」と「品替り候人殺」とが区別された。『御定書』は「主殺」「親殺」は極刑をもって処すことを定めていたのである。(7)また、主従、親族、師弟、兄弟など、支配関係において上の者が下の者を殺した場合は、「下手人」よりもさらに軽く罰せられることも定められていた。すなわち、主人・親に切りかかり、打ちかかっただけで死刑に処せられたのに対し、主人格の者が弟子筋の者を、また、親が子を、兄が弟を傷つけた場合、そうはならなかった。『御定書』第七十一条に「一　弟妹甥姪を殺候もの　遠島」(8)とある。

すると、典拠の『翁草』「流人の話」において、兄弟のうちどちらがどちらの自害を手伝ったのかが述べられていないのに対し、『高瀬舟』において、「兄」が「弟」の死の手伝いをしたとされていることには、少なからぬ意味のあることだと分かる。しかも、喜助は、弟が兄に済まないと言っていたと語るのである。ここには、兄弟の長幼という主従関係が積極的に示されていよう。(9)

しかし、『御定書』第七十一条のこの一項には、但し書き(10)が付いていて、親による子殺しと同様、弟妹甥姪殺しにおいても、「利得を以殺候ハヽ　死罪」に処せられると明記されている。つまり、「短慮」(11)でなく「利得」づくで殺したとみなされれば、主人格の者が従者格の者を殺した場合でも、「死罪」に処せられた。よって、喜助が死罪を避ける気であるならば、自分に有利な条件をさらに揃える必要があった。

二、被害者側の不法

つぎに、加害者の刑が、相手方被害者の不法の度に応じて、刑を軽減されるという条件のあることを指摘したい。『御定書』第七十一条には、「一　相手より不法之儀を仕掛無是非及刃傷人を殺候もの　遠島」(12)とあり、第七十二条には、「一　相手理不盡之仕方にて不得止事於切殺候ハ　相手方親類名主等被殺候もの平日不法もの申分無之下手人御免申出無紛候ハヽ　追《マ》中放《マ》」(13)とある。

第七十二条によれば、被害者が不法者で、かつ、親族など相手側の宥恕があれば、「中追放」で済むというのである。(14)「不法もの」とは、いったい、いかなる者を指すのか。平松義郎によれば、「無宿はいわばそのあり方自体が違法視された者であり、場合により刑罰的処置を科されても止むをえないと当人、一般人に考えられていた」(15)という。「無宿」とは、庶民で人別帳の記載を削除された者である。この無宿問題が享保期から深刻になっていった。慢性化した飢饉のせいで離村した農民が都市に流れ、無宿のまま、乞食、放浪者、日雇労務者となったり、博徒集団に加わったりするので、幕府から「不法もの」と見なされていた。(16)

周知のとおり、寛政の改革は松平越中守定信によって着手されたが、改革の第一として処置を迫られていたのが無宿問題である。[17] 彼は、その抜本的対策として、一七九〇年（寛政二）二月十九日に人足寄場設立の公命を下すところまで漕ぎつけた。[18] つまり、「白河楽翁侯が政柄を執つてゐた寛政の頃」とはまさに、「無宿」が人足寄場に収容され、更正施設が整備されるほど、「無宿」が「不法もの」として政治的、社会的、経済的に認知されていた時代であった。

さきに見たように、被害者が「不法もの」であれば、刑罰は軽くなる。「一等軽く」するにつき、刑罰は「二段下る」。磔、獄門、死罪の者も、遠島になるというわけである。すると、喜助が「死罪」を免れるには、被害者とみなされる弟が「無宿」だったと陳述できたならば、喜助も無宿であれ、有利に働く。喜助の語りでは確かに、「どこと云つて自分のゐて好い所と云ふものがございませんでした」と哀感込めて言われている。[19] これは「流人の話」にない情報だ。喜助のこの訴えも彼の減刑に効を奏したといえよう。

三、被害者側の宥恕

『御定書』第七十二條によれば、被害者が「不法もの」であるのにくわえて、被害者側の「親類」の宥恕があると、いっそう刑の軽減につながるとある。「流人の話」では罪人同士が「愁涙悲嘆」しあうとあるのに対し、『高瀬舟』においては高瀬舟にしばしば罪人の親類が同船すると紹介されたうえで、喜助の場合「親類はないので、舟にも只一人で乗つた」と語られる。喜助自身の「話」でも、二親が時疫で亡くなったのち、他に身寄りのいないことが詳しく述べられる。また、喜助の言い分では、弟による宥恕のみならず、自殺をし損なった弟が「剃刀」を「早く抜いてくれ、頼む」と頼んだという。

しかしながら、その場には兄と弟としかおらず、喉笛の切れていた弟がそのような頼みを口にすることができたのか、当然疑問視されよう。

江戸町奉行與力（同心）だった佐久間長敬《おさひろ》の執筆した『吟味の口伝』[20] という文章が残されている。江戸時代、刑事裁判のことを吟味筋といい、[21] その文章は、吟味における役人の心得を記したものである。その七章「罪人の情」には、「罪人の恐怖心」や「思慮もなく」「思わず」殺すに至る情が記されたうえ、「殺したる刃もの、切口等は第一の証拠にて深く考えて工夫すべし」[22] とあり、検屍で確認される切口は、真相究明の重要な手懸かりになっていたことが分かる。

こういった取り調べへの対策は容疑者なら当然行うだろう。喜助は弟の目の色を、現場における動かぬ鍵として提出する。

喜助の主張は「こんな時は、不思議なもので、目が物を言ひます」であり、喜助の読んだ弟の目について述べられる。弟の目の言葉は、端的にいえば、喜助の読み取りによる解釈に過ぎない。しかし、そうは思わせない真に迫った表現でつぎにように語られる。

弟の目は『早くしろ、早くしろ』と云つて、さも怨めしさうにわたくしを見てゐます。わたくしの頭の中では、なんだかかう車の輪のやうな物がぐる〳〵廻つてゐるやうでございましたが、弟の目は恐ろしい催促を罷めません。それに其目の怨めしさうなのが段々険しくなつて来て、とう〳〵敵の顔をでも睨むやうな、憎々しい目になつてしまひます。それを見てゐて、わたくしはとう〳〵、これは弟の言った通にして遣らなくてはならないと思ひました。わたくしは『しかたがない、抜いて遣るぞ』と申しました。すると弟の目の色がからりと変つて、晴やかに、さも嬉しさうになりました。(23)

喜助は弟の目の様子を繰り返し述べる。弟の目から弟の心を読んだに過ぎないのに、弟の目が「云」う、「言った」と表現する。じつは、『高瀬舟』において最も検証不可能なのが、この弟の目の言葉なのだ。目から読みとれる弟の意向が早く死にたいという一つであるとどうして言いきれるだろうか。また、目が意向のすべてを訴えるとも限るまい。

しかし、喜助はともかくもこのような表現を駆使して、弟の宥恕、頼みがあったと訴えた。それはそのまま、被害者側の宥恕となろう。減刑のために欠くことのできなかったのが、弟の「目」と「心」の言語化だったのである。

四、過失

このように小説『高瀬舟』は、当時の罪と刑罰との対応関係に照らしてみて測ることのできる強度を備えている。さらに、より重要な減刑条件を検討したい。『御定書』研究では、故意と過失との区別が注目されている。高柳真三は、「故意の存する場合を『巧』をもって犯した罪と、『不斗』(与風)犯した罪に分けていた。前者は予謀した罪であり、後者は偶然の動機により犯した罪であって、また当座の罪とも称した」と説明する。(24)

前述の第七十一條には、「寛保二年極　一　非分も無之実子養子を殺候親　短慮にて風と殺候ハヽ　遠島　但親方之もの、利得を以殺候ハヽ　死罪」、つづいて、「一　弟妹甥姪を殺候もの　右同断(短慮にて風と殺候ハヽ)　遠島　但右同断(利得を以殺候ハヽ、死罪)(25)」とあり、過失と故意との明確な線引きが行われている。

喜助が「遠島」の判決を得られたのだとしたら、彼の行いは過失にすぎないと認定されたことになろう。ならば、現場を説明する彼の言葉にそう思わせる何かがあったことになるが、彼はどのようにしてそれを述べたてたのであろうか。現場を窃視した婆あさんが入ってきて駆けだして行った状況を喜助は克明に語る。

　わたくしは剃刀の柄をしつかり握つて、ずつと引きました。此時わたくしの内から締めて置いた表口の戸をあけて、近所の婆あさんが這入つて来ました。留守の間、弟に薬を飲ませたり何かしてくれるやうに、わたくしの頼んで置いた婆あさんなのでございます。もう大ぶ内のなかが暗くなつてゐましたから、わたくしには婆あさんがどれだけの事を見たのだかわかりませんでしたが、婆あさんはあつと云つた切、表口をあけ放しにして置いて駆け出してしまひました。わたくしは剃刀を抜く時、手早く抜かう、真直に抜かうと云ふだけの用心はいたしましたが、どうも抜いた時の手応は、今までに切れてゐなかつた所を切つたやうに思はれました。刃が外の方へ向いてゐましたから、外の方が切れたのでございませう。わたくしは剃刀を握つた儘、婆あさんの這入つて来て又駆け出して行つたのを、ぼんやりして見てをりました。婆あさんが行つてしまつてから、気が附いて弟を見ますと、弟はもう息が切れてをりました。[26]

喜助が弟の喉から剃刀を抜こうとするまさに「此時」、婆あさんが入ってきた。戸の開けられる音のした時、そして、婆あさんの姿が現れた時の喜助の驚きは想像に難くない。まさにその時、用心しながら剃刀を抜いていたのに、今まで切れていなかった所を切ってしまったと言うのである。表口の戸の音、婆あさんから眼差される感覚、そして、「あつ」という声に驚かされ、暗いなか手がそれてしまったと言わんばかりの陳述ではないだろうか。実際、この陳述は、婆あさんの立てた音、眼差し、叫び声のあとに、切れていなかったところを切ってしまったと述べることで、〝過失〟の時と場を見事に言語で構成している。

江戸時代、犯罪の事実審理のさい、自白を追求することに主眼が置かれ、犯罪事実の認定のために自白が重視された。[27]喜助による現場の再構成はそのまま、状況証拠の提出になる。

しかしながら、婆あさんがもし、喜助が憎しみに満ちた顔で弟の首を切っていたとでも証言したら、これはかなり手強い証言になる。婆あさんの眼差しの背後には「年寄衆」の眼差しが控えており、「役場」の吟味に及ぼす影響は甚大であろう。

鷗外自身による改稿が、喜助の懸念を表現する目的で施されていると思われる点も指摘しておきたい。一九一六年（大正五）一月一日の『中央公論』初出では、婆あさんが「戸をあけ放しにして置いて駆け出してしまひました」となっていた箇所が、一九一八年（大正七）『高瀬舟』（春陽堂）収録のさい、「表口をあけ放しにして置いて」と改められている。これによって、婆あさんが「表口の戸をあけて」入り、「表口をあけ放しにして置いて」出ていった点が際立たせられた。そのことにより、密室での行いが表沙汰になることへの懸念が示された。

　こうすることで、婆あさんへの対抗策として喜助が反証を提出しなければならない面白みが出てくる。「もう大ぶ内のなかが暗くなつてゐましたから、わたくしには婆あさんがどれだけの事を見たのだかわかりません」と言う喜助の言葉は、裏を返せば、暗かったのだから婆あさんも自分たちのことをどれほども見ることができなかったはずだという主張になる。この言葉は、喜助のきわめて周到な用意を表す。

　再度、佐久間長敬の『吟味の口伝』から、こんどは八章「鞠問順序」を引けば、「鞠問に順序を追て問ふべからず。呼び出さるゝ前より工夫思案致し来ること、罪人の常なれば、仕方より、突然意外に問かけ、かれの心算を齟齬せしめ、彼れ問はれんと思ふ所を問はず、横道より責立候へば、真実ならざるものは、自然と苦心し、聊の事までも狐疑して、一々さはやかに答弁ならぬ者に候[28]」とある。喜助が相対したのはこのような手抜かりなく準備された鞠問である。

　だが、喜助を護送しながら話を聴いた庄兵衛の指摘にほのめかされているように、「役場で問はれ、町奉行所で調べられる其度毎に、注意に注意を加へて浚つて」構成しぬかれたのが喜助の話だった。それは、役人の吟味の揺さぶりにも立ち向かえる、すきのない「條理」に成長していたということであろう。

　あらためて確認しておこう。喜助がもし罪および罰を粛々と受け入れる気なら簡単で、婆あさんの言うに任せ、それを年寄衆が信じるに任せ、役場で法に則って「死罪」に処せられるまでだった。彼が判決のために口を開いたということは、減刑が目指されていると考えるのが自然なはずだ。減刑条件をいま一度振りかえってみる。第一に、被害者側が加害者側に対して主従のうち従者格であること、第二に、被害者側が「不法もの」、すなわち、多くの場合「無宿」であること、第三に、被害者側の親類が申し立てず、宥恕があること、第四に、故意でなく過失であることである。

　喜助は第一から第四までの条件すべてを自分が満たすこと

を明らかにした。その弁論が「工夫思案」したものではなく、「真実」であるかのように思わせなければならない。そのために動員されたのが、たとえば剃刀を抜くとき「刃が外の方へ向いてゐました」といった一見具体性を形づくる言葉群である。庄兵衛が「其場を目のあたりに見るやうな思ひをして聞いてゐた」とあるとおり、喜助は現場を忠実に再現するかのような語り口に成功する。ゆえに、圧倒的に彼に不利だった事態が覆された。

喜助は役場で、白州で、どこまでも自然に見える語り口を展開して論破し、「遠島」を勝ち取った。さらに言えば、刑法内規集『御定書』第七十一條、第七十二條をむしろ盾にして、「オオトリテエ」[29]に対抗しうるだけの「條理」を組み立てた。「殆ど條理が立ち過ぎている」と庄兵衛に感じさせているのは、読者に、この、言語で勝ち取られた命に注意を促すためと見える。

五、権威に対峙する言葉

『高瀬舟』の時空は、時々刻々と迫り来る死刑判決に対して、喜助が言語でいどんだ応戦を軸に、打ち立てられている。喜助の言葉の整合性は高い精度で保たれていた。むろん、生命の懸かった、文字どおり必死な言語である。拘引された先々で、すべて疑いの余地なく、事実であるかのように思わせてしまうほどの、巧妙な喜助の騙りについて、町奉行所と同様、読者も事実であるかのように信じてきたきらいがある。抜き差しならない状況に置かれた言語の情熱は、教育現場になじむ善悪とは別に考えられなければならないことについて顧みられてこなかった。

喜助は、地位も財産も居場所もなく、ただ一つ一つの言葉によりみずからの生命を摑みとった。淡々と見えようとも、言語のドラマが水面下で大きく繰り広げられていたのである。[30]本稿の行程は、闘い抜いた言葉群を載せて曳航される『高瀬舟』に追いつき、潜んでいた真実を解き放つことであった。鷗外の文学言語は、命の危機に、受けて立つ言葉の営為として読みなおすことができる。

注

（1）「附高瀬舟縁起」二三七頁。

（2）このことを指摘したのが前田愛「『高瀬舟』の原拠」（『国文学　解釈と鑑賞』一九六七年二月、一九頁）である。本稿は、「流人の話」と『高瀬舟』との相違に、積極的意味を見る。「流人の話」と『高瀬舟』との相違を列挙すれば、「流人の話」では流人が親戚と別れを長く惜しんだのち、船中にて流人同士で「愁涙悲嘆」しあうのに対し、『高瀬舟』では罪人の「親類の者」が舟に付き添うとある。『高瀬舟』のみに見られる情報として、喜助は弟の他に親類がなく、ふたりは住所不定で同居しているという点がある。また、「流人の話」では、兄弟のどちらが自害を試みたのかが記されていない。「附高瀬舟縁起」においても「其内同胞」が自殺したとあるに過ぎない。にもかかわらず、『高瀬舟』では弟の所行となっている。『高瀬舟』におけるこの点の改変は意識的だろう。さらに「流人の話」には現場を見たとする「婆あさん」は登場しない。

(3)『高瀬舟』先行研究の多くは、この「作品」の「歴史離れ」を前提にしたうえで、その是非を述べる。論調は二種に別れる。歴史小説とは言えないと難じるのは、長谷川泉「高瀬舟」(『国文学　解釈と鑑賞』一九五三年四、五月、『第五版　近代名作鑑賞三契機鑑賞法70則の実例』至文堂、一九七七年、一一一頁)、山崎一穎「『高瀬舟』試論」(『国文学』一九八二年七月所収、一一六頁)などである。歴史を離れた詩として評価するのは、高橋義孝(「『高瀬舟』と『寒山拾得』」『森鷗外』雄山閣、一九四六年、一八四頁)、田中実「『高瀬舟』私考」(『日本文学』一九七九年四月所収)である。また、視点人物の機能に着目した三好行雄「『高瀬舟』論――知足の構造」『別冊国文学』一九八九年十月)、小泉浩一郎(「『高瀬舟』論――〈語り〉の構造をめぐって」『安川定男先生古稀記念　近代日本文学の諸相』明治書院、一九九〇年所収)もある。

(4)「十両の金を盗めば死刑になるというのは本当なのである。一度に十両盗まなくても、何度か盗みをして、その盗み高が合計して十両以上になれば、やはり死刑になったのである。(／)一両といえば、大体米一石の値段であるから、十両といえば、いまの金で十数万円にもなろうか」(石井良助『江戸の刑罰』中央公論社、一九六四年、四頁)。

(5)一七四二年(寛保二)に制定された。下巻が刑法内規集で百三條からなる。『御定書』の引用は、内藤恥叟校訂によって一八八九年(明治二十二)に近藤活版所から発行された『御定書百ヶ條』に拠る。この書は一八九五年(明治二十八)に版を重ねている。旧字体の漢字は常用漢字に改めて引用した。

(6)江戸時代の罪と刑罰との対照を前掲『江戸の刑罰』、および、氏家幹人『江戸時代の罪と罰』(草思社、二〇一五年)を参照して掲げる。1〜6は通例の罰の等数で、○は別個に定められている罰である。○主殺は鋸挽。1古主殺、親殺、師匠殺は磔(槍で身体を突く)。2追剥、主人の妻と密通した男、毒薬売、関所を避けて山越えした者、贋秤・枡の製造者などは獄門(切った首をさらす)。○付火は火罪(火で身体を焼く)。3十両以上の盗み、他人の妻や夫との密通は死罪(打首に止めるが、死体を将軍などの刀のためしものに供する)。以上「欠所」(財産没収)。○喧嘩口論による殺人は下手人(斬首後死骸は「取捨」)。4女犯の寺持僧、正当防衛によって人を殺した者は遠島。5関所を忍び通った者、強姦は重追放。6主人の娘との密通は中追放。

(7)「主殺」は「二日晒一日引廻鋸挽之上磔」で、「親殺」は「引廻之上磔」を科された(平松義郎「史実・江戸の罪と罰」『復刻版　NHK歴史への招待1』一九九四年、日本放送協会、一二一頁)。

(8)前掲『御定書百ヶ條』一一五頁。

(9)山崎一穎は、弟が自殺を計るように鷗外がしたことを「どちらでも良いはずなのに、何故に弟が自殺を企てる構造にしたのか」(前掲「『高瀬舟』試論」一一二頁)と述べるも解決していない。どちらでもよくはなかったのである。

(10)「但右同断」とある。右とは、親による子殺しに関する、「利得を以殺候ハヽ死罪」である。

(11) 弟妹甥姪殺しに関して、子殺しをした親が「短慮にて風と殺候ハヽ」「遠島」で済むのと「同断」とある。
(12) 前掲『御定書百ヶ條』一一七頁。
(13) 前掲『御定書百ヶ條』一二〇頁。傍点は引用者による。
(14) 平松義郎「近世刑法史雑感——下手人について」(『別冊ジュリスト・法学教室』一九六二年十一月『江戸の罪と罰』平凡社、一九八八年、所収、一〇三頁)。
(15) 「人足寄場の成立と変遷」(『人足寄場史——我が国自由刑・保安処分の源流』創文社、一九七八年、前掲『江戸の罪と罰』所収、一九三頁)。
(16) 「封建農村の変質・崩壊による困窮百姓の離村は、次第に慢性化する飢饉に促されて、ときとともに確実に進行を早めていった。無宿化した人口は都市に流れ、街道に彷徨し、あるいは乞食、放浪者となり、あるいは日雇労務者として生き、あるいは博徒集団に加わるのであった」(前掲「人足寄場の成立と変遷」『江戸の罪と罰』一七七頁)とある。
(17) 松平定信は、一七八七年(天明七)、老中首座に就任する。翌一八七七年(天明八)には、軽犯罪の刑に処せられた身寄りのない者を佐渡へ送ることにする。しかし佐渡奉行の抗議にあって頓挫する。
(18) 長谷川平蔵によって設立され、二月二十八日には人足二十人の収容に至った。寛政から文化・文政期にかけて収容者は、一四〇〜一五〇人程度だったという(前掲「人足寄場の成立と変遷」『江戸の罪と罰』二〇七頁)。
(19) また、喜助は、親に死なれた自分と弟が、「初は丁度軒下に生れた狗の子」のようで、「なるたけ二人が離れないやうにいたして、一しよにゐて」という具合に、二人が「無宿」であったことを強調している。
(20) 一八五八年(安政五)に記されたもので、『江戸時代犯罪・刑罰事例集』柏書房、一九八二年に収められている。『江戸時代犯罪・刑罰事例集』は、『近代犯罪科学全集』の『刑罪珍書集Ⅰ、Ⅱ』(武侠社、一九三〇年)を合冊し、改題したものである。
(21) 吟味筋の手続きは、犯罪の捜査、事実の審理、刑罰の決定、判決申渡し、刑の執行の順であった。
(22) 前掲『江戸時代犯罪・刑罰事例集』二〇六頁。
(23) 『高瀬舟』二三二、二三三頁。傍点は引用者による。
(24) 高柳真三『江戸時代の罪と罰抄説』有斐閣、一九八八年、三七七、三七八頁。たしかに、『御定書』第六十四條には、「享保八年、延享二年極　一　かたり事之品、対公儀江候事歟、又ハ兼て巧候事歟或ハ人を誘引申合候もの　贓物金子一両以上ハ、死罪」、「享保二十年極　一　巧成儀を申掛度々金子等かたり取候もの　金高雑物之多少不依　獄門」(前掲『御定書百ヶ條』一〇四、一〇五頁)とあり、故意の罪にはより重い罰が適用されることが明記される。
(25) 前掲『御定書百ヶ條』一一四頁。傍点は引用者による。
(26) 『高瀬舟』二三三頁。傍点は引用者による。
(27) 前掲『江戸時代の罪と罰』七八頁。
(28) 前掲『江戸時代・犯罪・刑罰事例集』二六六、二六七頁。傍点は引用者による。
(29) 『高瀬舟』二三四、二三五頁。
(30) 従来の『高瀬舟』論を代表する論点を再検討しよう。山田晃は、喜助は「時代を超えたのである。すなわち歴史を超えたのである」(「鷗外における『歴史を超えるもの』について——『安井夫人』から『高瀬舟』まで」『吉田精一博士古稀記念　日本の近代文学——作家と作品』角川書店、一九七八年所収、八七頁）と評価する。猪野謙二は、『翁草』の原話のもつ状況そのもののなまなましさは、彼のいう『二つの大きな問題』を中心にして、いわばきわめて近代的な人間の心理と観念の問題におきかえられ、全体がまったく静的な人間観照の文学に転化されているのだ」（「『高瀬舟』における鷗外の人間認識」『明治の作家』岩波書店、一九六六年、五一二頁）と評価しない。しかし、このどちらもが、『高瀬舟』内の、オオトリテエに対峙する言語行為を観念的にしか読んでいないように思われる。

附記　『高瀬舟』、「附高瀬舟縁起」の初出は、一九一六年（大正五）一月、『中央公論』第三一年第一号に森林太郎の署名で掲載される。引用は『鷗外全集』第十六巻（岩波書店、一九七三年）に拠る。引用に際し、ルビを省略し、旧字体の漢字は常用漢字に改めた。

◎コラム◎

在日朝鮮人「帰国事業」の記録と記憶の文学

金季杍

キム・ケジャ――韓信大学校大学革新推進団助教授。専門は日本文学。主な著書・論文に『日本に根付いた韓国人の文学』（亦楽、二〇二〇年）、「『焼肉ドラゴン』に描かれている冷戦時代の在日朝鮮人」（『日本近代学研究』二〇二〇年十一月）、「在日社会派推理小説作家の誕生――呉勝浩の『道徳の時間』を中心に」（『日本研究』二〇二〇年九月）などがある。

一、植民と分断の境界にいる人たち

韓半島（朝鮮半島）と日本列島を一回りしながら、植民と分断のディアスポラになった人たちがいる。植民地時期に日本に渡り、解放後に日本に住み、一九五九年末から本格化した、いわゆる「帰国事業」によって北朝鮮に渡ったが、定着できず死線を超えて韓国に脱北し、さらに日本か第三国に渡る人たちがそれである。こうした生は一世代が過ぎてきた時間としては長いので、二世代以上にわたった話である可能性が大きい。

植民と分断の時代を生きてきた人たちの生について語るのは簡単ではない。朱《ジュ》勝泫《スンヒョン》は彼らを「遭難者たち」とし、在日朝鮮人出身の人たちが北朝鮮から脱北して、韓国や第三国を経由してさらに日本に渡っていく人たちが二〇一七年現在、五〇〇人に近いと述べる。[1] まさしく、どこにも属しない「境界の人たち」である。在日朝鮮人社会を植民から分断に続く近現代史の通時的な時点から、また、韓半島と日本、そして、韓国と北朝鮮を包括する観点から見なければならない所以である。

在日朝鮮人「帰国事業」は、一九五九年から一九八四年にかけて、総九万三三三九人の在日朝鮮人が北朝鮮に「帰国」したことをいう。もともと在日朝鮮人は南のほうに故郷をもつ人が多く、帰国ではない「帰国」をさせられたわけである。そして、なかには日本人妻たちも約二〇〇〇人含まれている。これは在日朝鮮人の約一五パーセントが北朝鮮に移住したことであり、在日社会における分断と離散も複雑になる。

在日朝鮮人は植民地時期に日本の徴兵や徴用によって中国やロシアへ移住して解放後に帰還できずにいる人たちを除くと、基本的には日本に居住してきている。

ところが、冷戦時代を経て、韓日間に、また、朝日間における二回の契機によって分断し離散した。一つは、韓国戦争中の一九五一年から始まって七回にわたる会談の末に一九六五年に締結された「韓日基本条約」（韓日協定）であり、いま一つは、前述した「帰国事業」である。冷戦時代における東北アジアの国際情勢のなかで、韓日間・南北間・朝日間の関係に連動しながら、在日社会は引き裂かれたのである。徐京植は、在日朝鮮人が抱えている分断の苦痛に、韓半島における民族分断と民族からの分断があると指摘したが、(2)ここに在日朝鮮人たち当事者の分断をも入れると、朝鮮民族の分断は複雑で深い影を落としている。

二、在日朝鮮人「帰国事業」の記録

　在日朝鮮人「帰国事業」に関する先行研究は、テッサ・モリス＝スズキの『北朝鮮へのエクソダス――「帰国事業」の影をたどる』（朝日新聞社、二〇〇七年）以降、帰国事業が始まった動因をめぐる議論が大半で、大勢の人が集団帰国した事業期間の前半期に集中している。つまり、一九五九年一二月十四日に新潟から北朝鮮の清津《チョンジン》に向かって出港してから一九六七年まで八万八四六七人が北朝鮮に入っていった時期である。その後、三年間の中止期間を経て、一九七一年から再開されるのだが、もう帰国者の数は顕著に減り、事業が終わる一九八四年まで、四七二八人が帰った程度である。このように帰国者が激減した原因には日本内の社会経済的な変化や、韓日関係の変化がかかわっている。また、先に帰った帰国者たちから「地上の楽園」と宣伝した北朝鮮の虚像が嘘だという話が流され、帰国の熱気はもう消えていたのである。帰国事業が始まったときから一九六四年まで新潟の帰国現場から消息を伝え経過を記録したニュースレター性格の『新潟協力会ニュース』（一九六〇年三月〜一九六四年十二月、総七三号発刊）に、初期の熱気から中断直前までの帰国者の推移、関連者の面々、活動、当時の雰囲気などが収められている（**図1**）。同時期に在日団体や北朝鮮からも帰国事業に合わせて、『문학예술（文学芸術）』（一九六〇年一月）、『조선문예（朝鮮文芸）』（一九五九年十二月）、『きょうの朝鮮』（一九五九年一月）、『新しい世代』（一九六〇年二月）などの雑誌が創刊され、帰国をめぐる話や在日社会の争点を掲載した。また、帰国者の手記を集めた『꽃피는 조국-귀국자들의 수기（花咲く祖国――帰国者たちの手記）』（在日本朝鮮人総連合会、一九六二年十一月）、『母なる祖国――帰国者の手記より』（青年新書、一九六七年）などの手記集も当時の高揚した雰囲気を伝えている（**図2**）。

　ところが、三年間の中断を経て一九七一年に事業が再開したときの状況を伝える記事や手記はあまり見当たらない。前述したとおり、帰国者も激減しており、もうイッシュ化される雰囲気ではなかったのである。再開以降の時期に焦点を当てている先行研究もあまりない。しかし、再開以降の帰国者は以前の人たちとは違う帰国動因を見せてくれている点に注意したい。再開以降の「帰国事業」を記録した記事や手記があまりないところで、文学作品は有効な手掛かりになる。以下、これについて述べる。

図1　『新潟協力会ニュウス』創刊号（1960年2月）（小島晴則編『幻の祖国に旅立った人々――北朝鮮帰国事業の記録』高木書房、11頁から転載）

三、「帰国事業」再開後に北朝鮮へ渡った若い人たち

映画監督の梁英姫《ヤンヨンヒ》は、北朝鮮に渡った実兄三人の暮らしと、息子たちを送ったあと日本で暮らしている父の姿を日本と北朝鮮を往復しながら撮ったドキュメンタリー映画〈ディア・ピョンヤン〉（二〇〇五）と〈愛しきソナ〉（二〇一一）を発表した。その後、梁監督の北朝鮮に対する批判的な視線が問題になり北へ入国できない事情もあって、父親の死後には、自分の家族物語に基づいた虚構の作品〈かぞくのくに〉（二〇一二年）を制作し、同名の小説『兄――かぞくのくに』（小学館、二〇一二年）を発表した。この小説のなかで、梁監督は三人の兄たちが北朝鮮に渡った事情を書き記している。それによると、一九七一年に帰国事業が再開するとすぐ、二番目と三番目の兄が帰国し、翌年の一九七二年に、一番目の兄も北に渡っていった。在日本朝鮮人総連合会の幹部を務めていた父親が北朝鮮から勲章をもらうほどの熱心な活動家だったので、兄たちの帰国は金日成主席に前途有望な若い人たちを献ずるようなことだったと梁監督は振り返っている。事業が再開した一九七〇年代以降は、自発的に帰国しようとする人があまりないなかで、朝鮮総連の組織に務めている在日一

世の親の勧誘で北へ渡る場合を示す。似ている場面が深沢潮の小説「金江のおばさん」にも出る。一九七二年に息子を北へ送った鉄男が次のように語る。

「私はずっと朝鮮総連の仕事をしていてね。そんなことから、息子が北に行くことをちっとも引き止めなかった。むしろ当時は誇りにすら思っていた。いや、そう思おうとしていただけなのかもしれない。本当は、すでに帰還運動のぼろが出始めていたからね。だけど、私は立場上、疑問を持つわけにはいかなかった」[3]

図2　在日本朝鮮人朝鮮人総連合会（『花咲く祖国――帰国者たちの手記』（1962年11月））

鉄男は総連の活動に熱心に取り組んでおり、息子の光一を北へ送った事情を語っている。ところが最近、光一からの返事が遅れたり筆跡が変わったりして、光一がもう死んだのではないか心配になり、北へ帰国させたことを後悔する。妻の福は総連の人脈を生かして縁談を取りきる「お見合いおばさん」の仕事をしながら、光一に四〇年以上つづけて送金している。小説の最後に結婚披露宴に招待された夫婦の姿が描かれているが、福は「ウリナラ、マンセイ！（われらが祖国、万歳！）」と叫ぶ周りの大合唱を聞きながら、「ウリナラ」という言葉に容易に同調できず、「民団も総連もなんだっていい。韓国だろうが北朝鮮だろうがどうだっていい。命があるうちは、同胞の縁を繋ぎ続けるしかない。そして、光一との縁をかろうじて繋ぐのだ」と思う。

梁英姫監督の映画のタイトルのように、「かぞくのくに」で関係が互いに絡んでいるので、福は「われらが祖国」という言葉に複雑な心境を抱かざるをえなかったのである。国家や民族に欺瞞された帰国同胞の肖像をよく表している場面である。

このように、事業再開後の帰国動因には、北朝鮮と総連との関連性を排除できない。これは、在日一世に多い祖国志向や幾ばくかの自発的な意志による帰国とは違う。しかし、この責任が北朝鮮と総連のみにあるのではないことは言うまでもない。いくら組織で活動しているところで、自分の息子を死地に追い込む親はいないはずだ。そもそも「帰国事業」自体が東北アジアにおける国際関係のなかで諸国の利害が作り出した結果であり、就中、北朝鮮と日本、そして韓国はこの責任から自由になれない。

再開直後の一九七一年に、総連組織絡みでもなく、また周りから引き止めるのも振り切って、北朝鮮へ渡ろうとする一人の男を描いた作品がある。彼は、何故に北へ渡ろうとするのか。「日本の影の戦後史を描いた」「記録する演劇」(4)と宣伝された鄭義信の戯曲「焼肉ドラゴン」(二〇〇八年)から、再開後に行われた帰国事業が浮き彫りにする問題を探ってみる。

四、冷戦時代に四散する在日朝鮮人

「焼肉ドラゴン」の作中時間は万国博覧会を前後する一九六九年から一九七一年までである。ちょうど「帰国事業」が中断していた時期にあたる。「帰国事業」の再開を待って北朝鮮へ渡ろうとする哲男の帰国動因は何だろうか。まず、日本社会の底辺を這いずり回って沈淪する貧困問題があげられる。哲男は朝鮮人集落から逃れようといろいろなところを転々としたが、九州の炭鉱が閉山で放り出されて、結局、朝鮮人集落に戻って飛行場の滑走路づくりの仕事をしている。哲男が訴える貧しい暮らしは、高度経済成長の陰で呻吟する在日朝鮮人の貧民層の苦難を見せている。隣で鉄男の話を聞いていた信吉(old comer)は、在日の歴史はみんな似たりよったりだとコメントする。別に北へ渡ったところで貧しい生活がよくなるという保証はどこにもないことぐらいは哲男もわかっているが、あえて北へ行く決心をする場面は、日本の高度成長の陰で感じる相対的な剥奪感と、日本にいる限りそこから抜け出られないという絶望感を代弁している。そして、在日朝鮮人に向けられている差別的な視線も絡んでくる。哲男は日本社会の差別に抵抗して一九六八年に人質劇を起こした金嬉老事件にふれながら、在日朝鮮人は安定した職業や生活保障もなくぎりぎり生きているとし、「金嬉老の叫びは、おれのさけびや」と言う。現在住んでいるところも不法占拠だということで立ち退きしなければならない状態である。哲男はもどかしい心境と鬱憤を吐露して、「おれは北へ行く」と宣言するのである。小説『焼肉ドラゴン』（KADOKAWA、二〇一八年）に、北朝鮮の宣伝が「大嘘でも飛びつかずにいられないほど、日本で生きてくことに追いつめられてたのかもしれない」（二二七頁）という説明があるが、哲男の切羽詰まった心境をよく表している。

　在日朝鮮人が直面している貧困と差別は植民地時期までさかのぼって考えなければならない繋がっている問題であるが、ここでは作中時間である一九七〇年代に合わせて考えてみる。哲男の北行きを引き止めようとして、北の宣伝は誇大広告であり、在日が北に利用されるだけだと周りで言うと、哲男は次のように語る。

> そら、韓国かておんなじこっちゃ。六年前の日韓会談で結ばれた在日韓国人の地位協定（日韓法的地位協定）がも少ししっかりしてたら……朴正熙《ぱくちょんひ》は日本から金引き出すことばっかりで、これっぽちも「在日」のこと、考えとらんかった……「在日」は外交交渉のための単なる手駒や……「地位協定」のおかげで「在日」にきっぱり、はっきり、三十八度線がひかれよったんや……。(5)

　右の引用は、一九六五年に締結された「韓日協定」のたりない部分、なかでも在日朝鮮人の法的地位に関する論議が行われなかった点を哲男が批判しているところである。「韓日協定」で日本の植民支配に対する追及が行われなかったせいで、徴兵や徴用によって渡日して惨い生活をしてきている在日朝鮮人に対する差別緩和などの懸案は解決できなかったのである。その上、在日朝鮮人に与えるべき協定永住権の対象が大韓民国の国民に限定されたので、永住権を手に入れるためには、祖国の一つの方の韓国籍を取得しなければならなくなったわけである。

　演劇や映画では冷戦時代の国際情勢のなかで植民支配に対する追及も行われず、日本の戦争に動員され左腕をなくして被差別部落の朝鮮人集落で貧しい生活をしている龍吉の姿に焦点が合わされているが、「帰国事業」と「韓日協定」によって特に在日朝鮮人の若い層が分断し離散して、一家が散り散りに四散する結末は劇的に構成された衝撃的な場面である。

　以上のように、一九五九年に始まった「帰国事業」は、一九六五年に締結された「韓日協定」を経て、在日朝鮮人の分断と離散をより固着化させる結果になる。息子は自殺し、三姉妹は日本、韓国、そして、北朝鮮へ渡っていく結末は、なんと悲しい物語だろう。しかも、こうした物語が在日朝鮮人には普通にありうるというから、さらに粛然となる。「帰国事業」を、とくに再開以降の時期は「韓日協定」にも目を配りながら、この時期に韓半島と日本との間で交差しておきたことを包括的に見なければならない。

五、記録と記憶の文学

在日朝鮮人「帰国事業」の記録は、事業が始まったときから前半に集中し、再開以降の後半はあまり知られていない。他方、「帰国事業」の記憶を語る文学テクストは、最近、再開以降の話が目立つ。公式的な記憶の論理が「記録」だとすれば、文学は個別的に感受し記憶する次元をも含む。そういう意味で、在日朝鮮人は「記憶の境界人」だともいえる。公式的な「記録」は、場合によっては、特定の記憶を消すこともできる。無論、文学テクストも同様な危険性を抱えている。だからこそ、同時代の文書の実証と、文学テクストに描かれている内容を合わせてみる観点が重要である。

注

（1）朱勝泫『遭難者たち――南と北、どこにも属せない人々に関して』考えの力（생각의힘、二〇一八年）一五七頁。

（2）徐京植『難民と国民の間』石枕（돌베개、二〇一四年）一八九頁。

（3）深沢潮「金江のおばさん」（『縁を結うひと』新潮社、二〇一六年）四五頁。

（4）新国立劇場の「焼肉ドラゴン」紹介文句（https://www.nntt.jac.go.jp/play/yakinikudragon/?_fsi=RNUw3mso: 検索2020.09.25）。

（5）鄭義信『鄭義信戯曲集たとえば野に咲く花のように／焼肉ドラゴン／パーマ屋スミレ』（リトルモア、二〇一三年）三一五頁。

江戸における巨大寺院の復興と講中
――築地本願寺の場合

渡辺浩一

築地本願寺は、一八五五年の安政大地震では破損にとどまったが、翌年の安政東日本台風では本堂が倒壊した。一八六一年の親鸞六〇〇回忌に間に合わせようとその再建が急がれた。そのため、江戸の本願寺の講中と末寺の檀家集団は大きな負担を強いられた。そのなかで、豪商が多額の負担を担ったのは、巨大寺院の社会的役割も理由であった。

はじめに

本稿は、安政期連続複合災害研究の一環である。(1) 連続複合災害とは、単に災害が短期間に連続しているだけでなく、そこに複合性があることを意味する。複合性には二つあり、一つには原因の複合がある。もう一つには被害の複合がある。

わたなべ・こういち――国文学研究資料館教授・総合研究大学院大学教授（併任）。専門はアーカイブズ学および日本近世史。主な著書に『日本近世都市の文書と記憶』（勉誠出版、二〇一四年）、『江戸水没　寛政改革の水害対策』（平凡社、二〇一九年）、『近世都市の常態と非常態――人為的自然環境と災害』（共編著、勉誠出版、二〇二〇年）などがある。

本稿で取り上げる江戸の安政期連続複合災害とは、安政二年（一八五五）十月十二日の安政大地震、同三年八月二十五日の安政東日本台風、同五年七月から九月の安政コレラのことである。大地震とコレラでは江戸では万単位の死者を出し、台風では死者こそ少なかったが建物被害は大地震に匹敵した。わずか三年の間に大災害が連続して起きているが、主たる原因はそれぞれ無関係である。しかし被害は複合し、特に地震と台風の被害については、当時の史料では「震災風損」あるいは「地震風損」と表現され、ひとまとまりの大災害として認識されていた。本稿ではこの連続複合災害で大きな被害を受けた築地本願寺（西本願寺築地別院、近世では「築地御坊」）を対象として取り上げ、その復興過程から見えてくる大寺院と講中、それに豪商との社会関係を探ってみたい。

関連する先行研究としては、吉田伸之の寺院社会論がある。(2) そこに補足したいのは寺院と個々の檀家との関係論である。本稿の関心は、浄土真宗の特殊性という制約はあるにせよ、まさにその点にある。さらに吉田は安政大地震と風水害からの復興過程のなかで利益を得ながら社会的プレゼンスを増大させていく人々を分析した。(3) 本稿は復興過程の社会関係を明らかにすることはできないが、復興のための資金調達から見えてくる位相に焦点がある。

先行研究としては宗教社会史の分野にも存在する。蒲池勢至は、文政六年(一八二三)に焼失した名古屋御坊(別院)の復興過程における講集団の役割を活写した。(4) 利用されている史料の質・量ともに本稿はこの研究に及ぶことはできないが、本稿に意味があるとすれば、講を集団としてのみ扱わず、その内部に豪商が含まれていることの意味を問うていることであろうか。

また、近年の「大店《おおだな》」(本稿では専門外の読者のために「豪商」と表記)をめぐる研究では、その宗教的活動の分析も行われている。(5) そうした動向とも本稿は関連する。

一、築地御坊の「震災風損」被害

(1) 安政大地震

安政二年(一八五五)十月二日の晩、東京湾北部から江東区付近を震源として大きな地震が起きた。地震規模はマグニチュード七、死者は約一万人と推定されている。倒壊家屋数は一万四三四六軒である(町人地のみ)。最も激しく揺れた本所・深川地域は震度六強であった。(6) 金屯道人(のちの仮名垣魯文)『安政見聞誌』には「築地一円大に動揺す△本願寺本堂破損、寺中僧房大破損崩所有、同所数馬橋南方武家町家共破損崩所多し」とある。(7) 築地御坊とその塔頭はひどく破損したという。しかし、被害のひどい場所では「潰れ」という表現がしばしば見られ、ここは「破損」と「崩れ」である。建物の完全な倒壊はなかったものと見られる。『1855年安政江戸地震』(注6)でもこのあたりは震度五強と推定されている。その理由は、隅田川東側の深川地域とは異なって、このあたりは地名の通りに埋立地ではあったが、その下に埋没波食台(後氷期に日本橋台地が海面下になり波によって浸食された平坦面)があるために地盤は相対的には安定していたからであろう。(8)

(2) 安政東日本台風

次に安政三年八月二十五日の東日本台風の被害はどうであったであろうか。この台風は静岡県東部に上陸し北北東方向に日本列島を縦断したと推定されている。(9) 樹木が根こそぎ倒れたとする史料が各地で残されていることから、現在の気象庁の基準をあてはめれば平均風速毎秒三五メートル以上、瞬間風速はおおよそ毎秒五〇メートルということになる。(10)

この台風は、被害地域が非常に広範囲に及び、判明しているだけでも東海・関東・信越・東北南部に広がる。二〇一九年台風一九号なみの広域被害であったと思われる。関東取締出役が管轄する範囲での関東地方八か国で六二万六八八六棟のうち四万八三六三棟が倒壊し、五万二三三九棟が「大破」、死者四五五人とされる。江戸の被害は町人地のみの数字であるが、「潰家」五九六三、「半潰」三四四九、死者六十二人である。建物被害は震災なみであるが、死者数ははるかに少ない。(11) この地震と水害の間での被害の対比は現在でも同じである。(12)

(3) 築地御坊の被害

さて、築地御坊の被害はどのようなものであったのだろうか。それは、地震の時と同じ著者、金屯道人が書いた『安政風聞集』(**図1**キャプション参照)に詳しい。それによれば、築地御坊の本堂は柱・土台に至るまで堅固であることはよく知られており、前年の地震でも瓦が少し落ちただけで格別の破損もなかったという。この点は同じ著者の先に紹介した記述とは矛盾している。それはともかく、地震では倒壊しなかったということの方がここではポイントとなる。築地の地域は武家屋敷、町家を問わず倒壊する建物が多かったので、この本堂に逃げ込む者が多かった。次第に風雨も強くなってきたのでこの本堂も危ないと僧侶たちは判断し、本尊を対面所に移した。(13) それに避難者も供奉して対面所に移った直後に本堂は倒壊したという。地震で建物が弱っていたために暴風で倒壊したのかもしれない(原因の複合)。巨大な屋根が形を残したまま倒壊したため　人々の目を惹いたらしく、摺り物(かわら版)にもよく取り上げられている。台風が去ったあと、「数十万」の老若男女が集まってきて、屋根から瓦を下ろす作業に従事した。それが**図1**である。本堂から一町ばかりの距離がある場所へ手渡しで順送りに瓦を運んだ。その列は十以上に及んだ。そればかりでなく、御冥加金と名付けて張札に姓名を記して献金する者が沢山おり、さらに匿名で寄付する者は記名の寄付者の十倍もいた、ということで「実に此宗の繁昌思ひ知るべし」と評されている。以上の記述だと、阿弥陀如来の加護によって避難者や僧侶の命が救われ、多くの

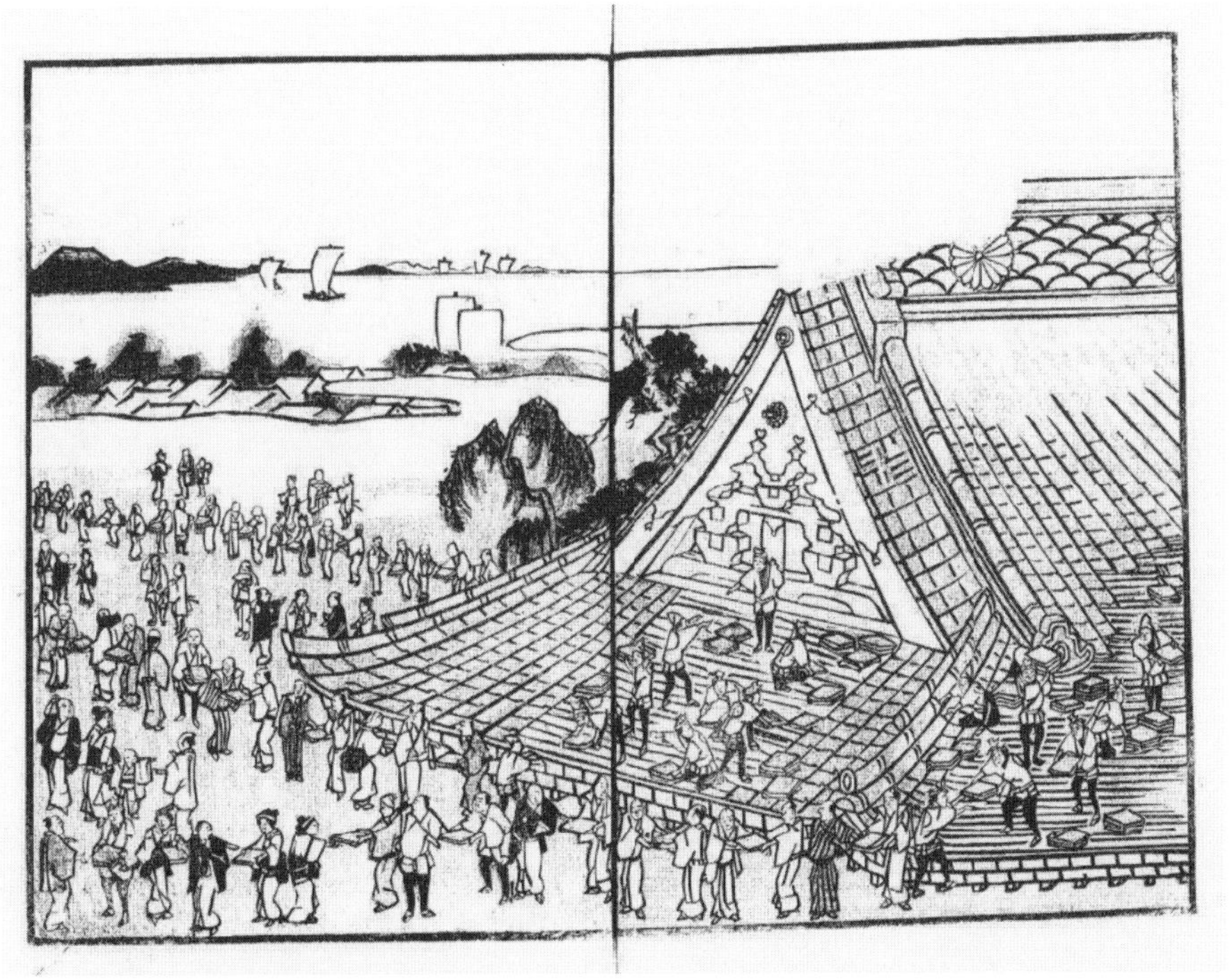

図1　国文学研究資料館蔵『安政風聞集』巻之中
（「新日本古典籍データベース」https://doi.org/10.20730/200005143（image no. 24））

人々のボランティア活動によって後片付けが行われ、復興に向けた資金集めも順調にスタートして、明るい未来が待っているかのような記述となっている。しかし、実際には築地御坊を取り巻く人々の間ではそうでもなかったことを、以下一次史料に基づきながら記述していく。

二、復興計画

（1）一通の書状

江戸の両替商である播磨屋中井家の安政四年（一八五七）「改五拾六番日記」[14]のなかには以下のような閏五月十日付の書状控がある。差出人は、鈴木重兵衛・中井新右衛門・倉又左衛門の三人である。中井新右衛門が播磨屋中井家のことである。この三人は築地御坊の勘定講のメンバーである。宛先は「富島帯刀様」。これは京都の本山から築地御坊復興のために派遣されてきた人物である。書状の要旨は以下の通りである。

築地御坊の御堂（本堂）再建につき、仮御堂を建ててその上御堂を再建するのは難しい、仮御堂は見合わせ御対面所で間に合わせて御堂を再建すべきではないかと申し上げた。しかし、そのあと他の講中とあなたが相談し仮御堂建設となった。しかし彼らの気持ち（「仁気」）はどうであろうかと心配している。（さらに）他の講中へも相談して御治定されるべきと考える。「近年打続之天変ニ而不都合之折柄」行届かないため申し上げた。しかし、（御堂再建という法主の）思召しについては特に申し上げることはない。

（2）付箋と日記本文

この書状には付箋があり、そこには上記の書状に対する以下のような返答書要旨が記されている。

御堂再建について御勘定講と相談するように仰せ含められて出府した、他の講と相談することは仰せ含められていないので、京都へ上申しその沙汰次第にする。

上記の書状と付箋に対応する日記本文の記事は閏五月十三日条にある。

一、築地御坊から勘定講へ相談の趣旨は以下の通り。昨年の台風の後、仮御堂を建設したところ、御遠忌が近いため、（法主が）来た時に仮御堂では不都合のこともあり、御堂再建の内談があった。その返答として三名の考えを伝えた。なおまたその返書の要旨も写し取ってこのなかに入れて置いた。

以上のように、播磨屋中井家は勘定講のメンバーとして、京都本山から派遣された富島と復興をめぐって協議している。そのなかで、地震と台風の連続という「天変」のなかで、仮本堂を建設せずに対面所で代替するというより費用のかからない方法を提案したが実現しなかったようである。さらにこの件については勘定講以外の講との協議を求めている。このときの本山および築地御坊側の事情としては、親鸞六百回忌（文久元年（一八六一）三月）が近づくなか、その行事のため法主が築地御坊を訪れた際に仮本堂というわけにはいかないということがあった。被災地の事情をあまり考慮しない本山と勘定講が復興手順をめぐって対立していることがわかる。

ただし、これだけでは何が起きているのかはわからない。なぜ勘定講は復興に関与できるのか、他の講中に配慮する必要がなぜあるのか。こうしたことは災害時ではない状態を理解しなければ見えてこない。[15]

三、築地御坊と講中

ここで、以後の考察の前提として、築地御坊とそれを中心とした社会関係について本稿の行論に必要な範囲で概観しておきたい。[16]

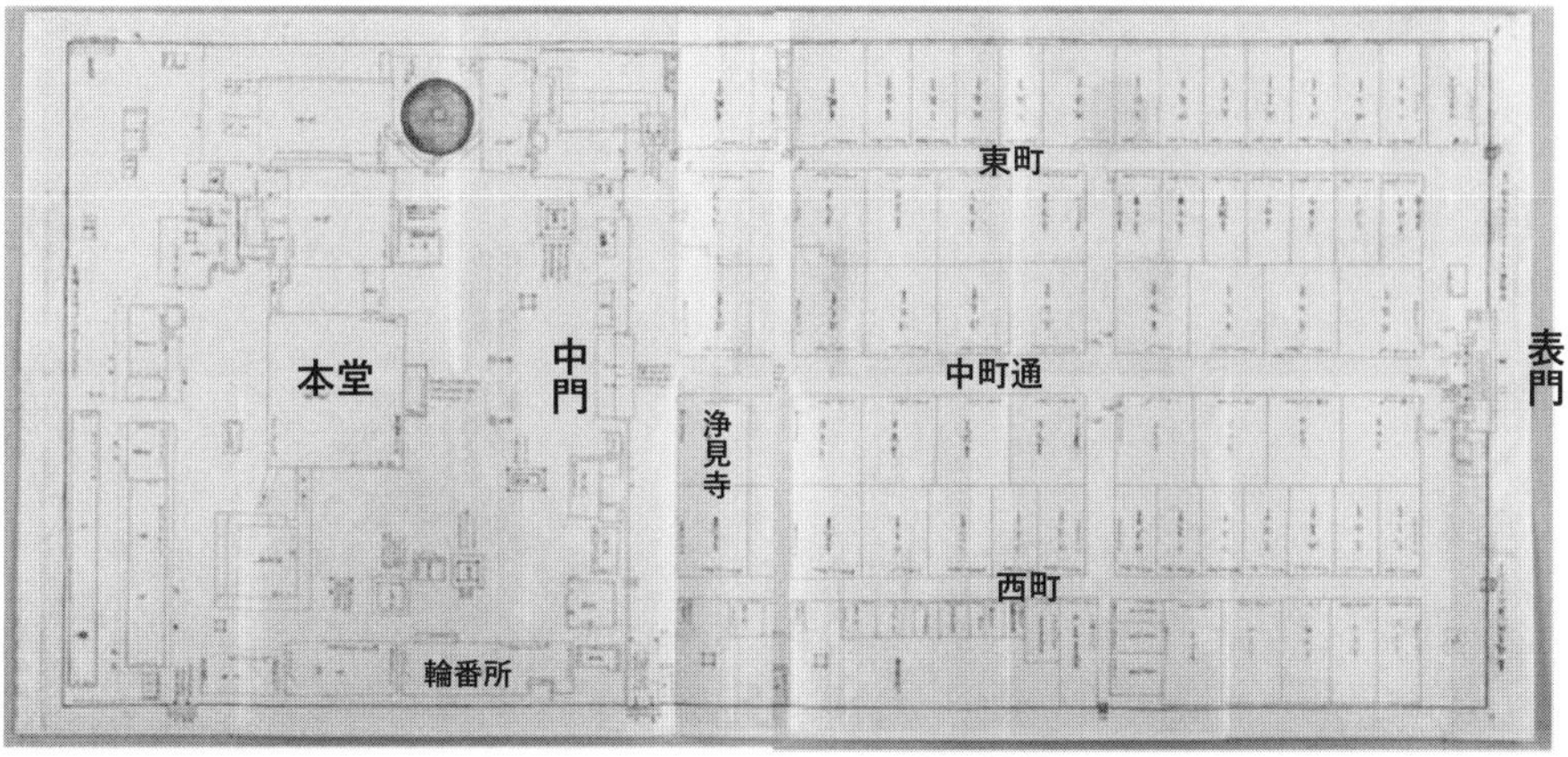

図2　国立国会図書館蔵「築地本願寺境内并地中絵図」（ゴシック文字は筆者による記入）
（「国立国会図書館デジタルコレクション」https://doi.org/10.11501/2542313）

（1）築地御坊の組織

築地御坊の運営にあたるため本山から派遣された僧侶のことを輪番という。通常三名おり、輪番所という組織を構成した。そのもとに地中の寺院がある。享保十七年（一七三二）時点では五十八ヶ寺あり、築地御坊の表門と中門の間に寺院街を形成していた（**図2**）。この寺院街には中央の通りを挟んで東西方向に一本ずつ、合計三本の道路が走っている。このなかで地中寺院は「中町通」「東町」「西町」という三つのグループ（「町内」）に分かれ、「町内」の月番が輪番所からの連絡を地中寺院に伝達するとともに、交代で門番や自身番・夜番を勤めていた（文化十一年九月三日条、弘化四年三月三日条）。さらに末寺が江戸に多数散在する。江戸の浄土真宗西本願寺派の門徒はおおむね地中の寺院か末寺の檀家であった。

（2）講

以上の組織とは別系統の組織として講がある。文政三年（一八二〇）の再編統合以降は十二存在し、御供物講・御掃除講という名称から推察されるように、築地御坊に直接奉仕する集団である。そのメンバーは町人ばかりでなく武士が含まれる場合もあった。「一橋様築地御屋敷」の武士二名が御掃除講に加入した例がある（文政三年四月二十日条）。そればかりでなく、「越州御中屋敷御掃除講」の人数が六十人増えて一五〇人となったという記事（文政四年十二月三日条）からわかるように、国元に門徒が多い大名の屋敷内部に大人数の講もあった。

講は奉仕集団である以前に、信仰の単位である。「御書」（御消息）という法語が書き加えられた法主の書状を掲げて、本山から派遣された伴僧から法話を聞くという集りは講を単位としても行われた。文政二年五月から八月はほぼ毎日「御書御法座」が講を引き受け手として行われている。そのほかの引き受け手としては、例えば「紙屋重助」（文政二年八月四日）といった単独の町人や、「越州御中屋敷廿八日講家内中」（文政二年七月五日）といった武家屋敷の講という場合もある。また「御書御法座」に伴うと思われる「御書請持」という役割はしばしば女人講が担っている。「御書請持」とは御消息を預り法座で開披する役割と推測している。[17]女人講は「下谷池之端組女人講」「麻布二番組女人講」といった具合に江戸全域にわたって小地域別に組織されているようなので、その数は非常に多数に及んでいると思われる。

こうしてみると、個々の門徒のなかには地中寺院や末寺の檀家であるとともに講のメンバーでもあるという者も多数いるということになる。例えば、播磨屋中井家の菩提寺は地中寺院の一つである浄見寺であるが、彼は築地御坊の勘定講の構成員の一人でもある。彼は浄見寺で先祖を弔うと同時に、[18]築地御坊の財政に直接関与していた。

（3）講の特徴

次に、築地御坊の講の特徴を摘記しておきたい。文化元年（一八〇四）に三業惑乱という教義の解釈をめぐる論争に端を発し一般門徒も巻き込んだ全国的な大争論が起きた。そのなかでは、結果的には異端とされた智洞が江戸の寺社奉行に召喚された際に、いくつかの築地御坊の講は彼の釈放歎願を行った。これは本山や御坊の意向に反する行為であり、ここからは寺院組織に対する講の相対的自律性を見て取ることができる。同様の例として、文化八年に築地御坊の財政をめぐり輪番と講中の間で意見の相違があり、文化十一年には撞鐘鋳造寄進のため女人講を拡大する御坊の施策に講中は反対した。文化十三年には、勘定講メンバー六人が退講願を提出した。これには中井新右衛門を含む。さらに文政二年（一八一九）に、講中は女人講惣元締の退任を要求した。以上の背景には御坊の四八〇〇両の借財処理を講中に依頼したことがあるという。御坊の財政問題が基底としてあり、その解決のための女人講をめぐる確執が御坊と講中との間で派生したという構図であろうか。これらの問題は、四十二存在した講が十二講へ再編統合されることに帰結する。

再編統合にあたっても、既存の講中より輪番は個々に承諾を取ることになるのだが、それは必ずしも順調な過程ではなかった。本所御畳講世話人は再編統合に伴う講名変更を断った（文政三年四月十一日条）。常花講の承諾は四月二十八日であり、禅門講世話人は講中で相談してしかと請ける意向を四月二十九日に示した。彼はその半月後にようやく輪番忍性寺に面会し講名を承諾した（五月十四日条）。十八人講・三十人講・御蝋燭講・掃除講の世話人へ輪番所から出坊要請したが、彼らは来なかった（六月二十五日条）。もっとも十八人講はその翌々日に講名を請けた（六月二十七日条）。個々の講の動向は断片的にしか判明しないが、講は団体としての意思を表明し、そのこと自体は御坊の輪番も受け入れている。さらに、講には世話人がいて講の意思決定がメンバーの相談によって決められていることも判明する。

以上のように、教団内部の争論や、講の統合再編のような自らの団体の存続にかかわる局面では、本山や御坊の意向とは別の意思決定が団体として行われ、それに基づいて世話人が行動していることがわかる。なお、その他の日常的な機能は十分にはわからないが、次の点が今のところ判明している。葺屋町・小網町といった日本橋南地域で起きた火災に際しては、被災した門徒が対象であろうが、火事見舞を御坊は出している。これに勘定講・常用講・賽銭講の人間が関わっている（文化十年十一月晦日条）。講それぞれの独自の使命を超えて御坊の活動に協力している例ということができるだろう。

四、勘定講

(1) 勘定講と京都本山の協定書

以上を前提に、二節でみた、復興をめぐって西本願寺の本山と御坊の講中とが微妙な関係にある背景を検討してみたい。

これを考える大きな手掛かりが「播磨屋中井家日記」嘉永七年二月八日条に綴じ込まれている半紙判竪帳である。表紙には「京都御本山規定書写　去冬規定取極、京都江差為登、此節調印御差下シニ付、扣取置」とある。タイトルとともにこの京都本山との間の規定書が実際に締結されたものであることもわかる。作成者は、森川亦右衛門・森川五郎右衛門・鈴木重兵衛・中井新右衛門・森川佳右衛門・倉又左衛門の六名である。このうち、鈴木と森川（伏見屋）五郎右衛門は中井と同じ勘定所御用達である。嘉永七年六月の幕府への上納金出金者合計一二八四名を見ると、中井が二五〇〇両、鈴木と森川五郎右衛門は二〇〇〇両をそれぞれ出金した。この三人は、合計四万四一〇〇両を上納した「御用達向」二十家のなかに入る。倉（越前屋）の出金額は一五〇〇両であり、各名主番組から選ばれた一四〇家（合計上納額十万一九〇〇両）のなかに入る。[19]江戸の豪商たちと把握しておく。それ以外の二名については、御用金上納者（最低金額五十両）に佳右衛門は名前がなく、亦右衛門は又右衛門なら二名（八十両と五十両）いるが確定できない。勘定講メンバーは豪商を中心としながらも多様な構成であると捉えておく。宛先は下間少進法卿・下間按察使法眼・島田佐兵衛権大尉・島田右兵衛少尉・富島頼母の五名であり、坊官や奉行といった京都本山の要職であろう。この規定書の日付は嘉永六年（一八五三）十二月である。内容の大略は以下の通りである（一か条省略）。

　（前文）勘定講が財政に関わることについて示談したことは尤もと考えるので、勘定講で銘々が相談し、以前の立替金の清算はなおざりになったけれども、それは水に流し、改めて財政の御世話をすることを引き受けた。このことが御門跡様（法主）の御耳に達しご安心なされたことが、今回勘定講に伝えられた。そこでますますしっかりと御坊財政のお世話をすることについて規定したいことは以下の通り。

　一、これまでの通り、私たち勘定講メンバーは、銘々に出勤して御坊の財政に関わることについては、借金しないようにご相談したい。ついては暫くの間本山の御使僧が収入と支出を改め、「法中」と「家中」（御坊配下の僧侶や俗人職員）のお金の使い方を取り調べて下さるようにしていただきたい。

　一、勘定講は、二三百両までは許容し立て替える。これにより毎年十一月中旬に一年分の立替金の未返済分を調べて報告するので、報恩講（親鸞の忌日行事）の上納金で十二月十日までに（未返済分と）差引をする。そのように規定した以上は、相違ないようにしていただきたく、もしもご都合がつかないのであればそれ限りとなり立て替えは難しくなる。

　一、御坊の財政については、築地御坊の御勘定役より書面で仕来りの通りに「長御殿」[20]へ申上げる際、捨て置くことなく指示を下さるようにしてほしい。

以上から、この規定書は、築地御坊の支出を勘定講が立て替える際のルールを定めたものであることがわかる。勘定講が御坊の支出を立て替えることは以前にもあり、その清算が行われなかったことがあったため、勘定講の側が本山による監査の仕組みを要求し、本山もそれを容認したということであろう。

（2）勘定講による立替

協定書が策定される前後の状況を見てみたい。嘉永六年十一月一日（中井家日記）に、築地御坊は借財が多いことを理由に三〇〇〇両の奉加を「御勘定講始メ門徒中」に求めた。三〇〇〇両のうち四〇〇両を勘定講四人が負担した。それとは別に一〇〇両を勘定講が立替えた。このようなことがあったため、先に紹介した「京都本山規定書」がこの翌月に取り結ばれたのであろう。なお、規定書に出てくる「水に流された」立替金とはこの一〇〇両を指していた、あるいは含まれていたと見られる。

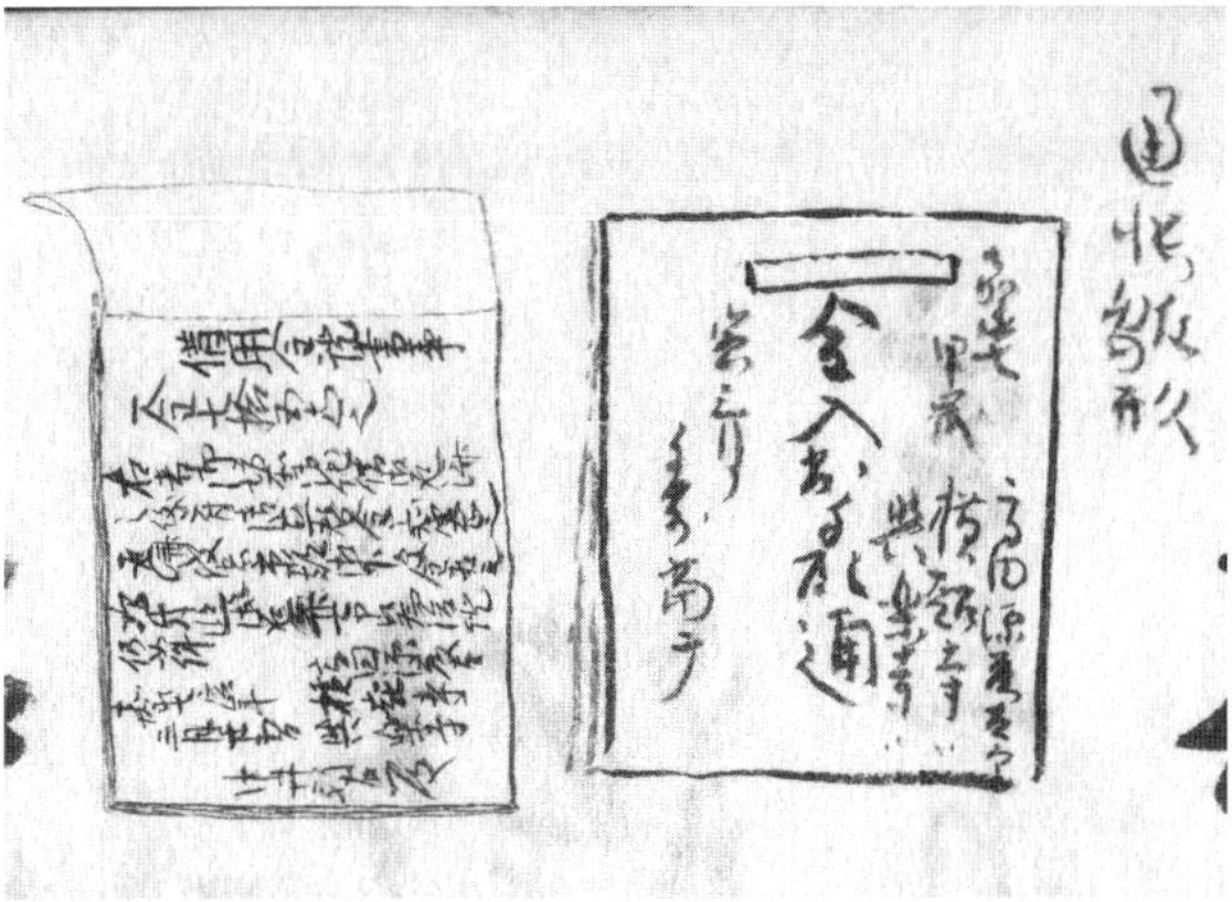

図3　国文学研究資料館蔵 播磨屋中井家文書26U-43「改正拾三番日記」嘉永7年3月25日条

次に、この規定書が実行されたのかどうかを検証してみる。播磨屋中井家日記に見られる関連記事は以下の通りである。

嘉永七年（一八五四）三月二十二日に築地御坊で寄合があり、三〇〇両の立替えを依頼され勘定講は引き受けた。規定の上限一杯の立替金額である。森川・鈴木・中井・倉の四人で立て替えたので一人あたりは七十五両という金額になる。この時に前年十一月に立替えた一〇〇両が返済された。それは三〇〇両を新たに立て替えてもらうために返済されたと中井家の手代は記す。いったん「水に流した」立替金が返済されたのである。また、立替金の通い帳が存在したことも判明する。そのタイトルは「金入出手形通《かよい》」である（**図3**）。築地御坊輪番の名前で作成され、宛先は播磨屋中井である。この帳面の一葉も筆写されており、証文の本文中には「御立替金」とあるが柱書は「借用金証書事」である。今回の百両返済には金一両一分が「添金」として中井に渡されており、中井の手代はそれを「利足」と理解しているので、立替金というのは建前であり実質的には超低利融資ということになる。寄合では金高が昨年より増えたため、以後立替金額が「うなぎのぼり」にならないようにと相談された。

同年四月二十四日には、京都本山から一〇〇両の下げ金があったため、全額を勘定講からの借金返済に充てている。三〇〇両のうちの三分の一が返済された。先述した通帳に、中井は調印して差出し、今後返金された際には通帳に記帳していくことが改めて確認された。

ところが、同年七月十三日に立替金五十両の依頼が新たにあった。禁裏炎上（四月六日）と近畿大地震（六月十五日）のため京都本山の支出がかさみ、本山からの下し金が少額になったためというのが理由である。勘定講は「先規御立替金に拘らず、別廉」に承知した。三〇〇両のうち一〇〇両は返済されたのだから、この時点での立替金額は二五〇両であり、規定の上限金額に収まっている。しかし、同年十二月十五日には、同年三月に立て替えた三〇〇両（二五〇両になっているはずだが）を、規定に明記された清算期限の十二月十日を過ぎても築地御坊は返済できなかったため、返済を一年延期した。これは無利息であるという。

なお、翌安政二年（一八五五）七月二十三日、築地御坊へ勘定講が例年の御中元を出そうとしてその費用（総額金三分余か）を勘定講のなかで割合おうとしたところ、仲間の内森川氏が「当家此度改革中」すなわち経営改革中であることを理由に断ってきた。勘定講内での負担者が四人から三人に減ったことを意味する。これに関連しては、同年十二月晦日条に「去寅十二月十五日築地御坊所江立替金、森川より七拾五両持参ニ付、証文返却いたし候事」とある。解釈は複数ありそうだが、御坊への御中元費用負担を森川が断ったことを考えると、安政元年十二月に立替金二〇〇両の築地御坊からの返済が延期になったにもかかわらず、中井は森川には七十五両を渡しており、それが森川から中井へ返済されたという意味ではないだろうか。森川にとっては、その時点で七十五両という現金が必要であったということになる。ここからも、中井家が勘定講を主導していることが窺われる。

勘定講の立替金はまだ続く。安政三年五月二十日、築地御坊横超寺殿（輪番の一人）より、御外方よりの借財の返済金三〇〇両不足のため、勘定講より用立てることを依頼された。直近の三〇〇両は四軒で用立てたが、現在森川は休講中であるため、鈴木・倉・中井で一軒前七十五両ずつ用立てることで合意し、実際に渡した。返金の記事が見あたらないため、昨年以来の立替金額は累計で四七五両に達していることになる。

このほか、規定書に記された立替金の清算を行っている記事を見出すことができない。規定書はすぐに空文化していた可能性が濃厚である。

以上のような前提状況があるため、安政四年（一八五七）閏五月に、本堂倒壊後の再建手順に関して、再建を急ぐ本山と、地震と台風で二重に被災した江戸の勘定講との間で意見の相違が出てきたものと思われる。

（3）勘定講の日常的機能

本節の最後に勘定講について判明する限りのことを記しておく。まず、メンバーは固定されていない。宝暦四年（一七五四）十一月には福田屋治兵衛・松浦平右衛門・松井庄三郎・佃屋作兵衛といった名前が見えるが（輪番日記）、これらの名前と前述の十九世紀に入ってからの名前は全く重ならない。次に、播磨屋中井家が勘定講に復帰した天保三年（一八三二）の支出から判明する点を述べる。主要な支出は、京都本山への献上金二十両、築地御坊本堂再建着工式祝儀献上二十両三分、京都本山からの拝領物に対する御礼金二十両二分の三つである。これで支出全体の約半分を占める。その次に多い支出は京都本山から派遣された家老や使僧への餞別である。細かな沢山の支出としては築地御坊での行事に差し出す供物代がある。以上の合計金額は一二九両三分三朱と銭二貫七七二文であり、中井家の負担分は二十八両一分二朱であった。[21] これからすると、本堂再建のような特別なことがなくても勘定講のメンバーは恒常的にかなりの出金を求められていたと言えるだろう。

その他の機能としては以下のことが指摘できる。①御坊の資金を預かる。阿弥陀堂の建設もしくは修復のために集めた資金を勘定講が預かっている（「輪番日記」宝暦四年十一月十八日条）。②人足の提供。安政四年（一八五七）五月六日には、本堂再建工事にあたり、崩れた練塀の土瓦の跡片付けに勘定講として人足を提供している（播磨屋中井家日記）。③水茶屋営業権の所有。文政三年（一八二〇）十月に中門内の水茶屋取り払いをめぐり佃島道場世話人と輪番所が対立した。このなかで、水茶屋三軒のうち一軒は佃島名主が御中門番へ譲ったもの、一軒は鳶七兵衛が勘定講より譲り受けたものと説明されている。さらに水茶屋の冥加金も勘定講が負担していた（「輪番日記」十月二十六日条）。すなわち、勘定講が御坊境内の水茶屋の経営権を所有し、その反対義務も負担していた。つまり、営業権所有者としての法人格を持っていることが判明する。これらの三例からは、勘定講は他の講とは異なって、前述のように財力を有していることを背景に、宗教的な活動からやや離れた独自の機能を持っていたことがわかる。

五、檀家集団

(1) 末寺を通じた資金集め

さて、安政三年（一八五六）五月以後、本堂再建に至るまでの経過を見届けたい。安政四年七月三日に築地浄見寺より寄合が招集された。今回築地御坊本堂を再建すべきについて、御普請金割り付けを築地御坊が仰せ出されたので、御檀家中へ御頼み申したいという趣旨である。凡そ四年間で一〇〇両集める、この件は後ほど奉加帳で取極めることになった。一〇〇両の使途は、①六十両余は御普請御奉加と浄見寺が上京する時の入用、②残り三十から四十両は御遠忌の節の入用とのことであり、以上二点を含めての依頼である。

これに関しては、安政七年（一八六〇）十二月十五日条に、安政四年からの再建奉加は金二分ずつ四十八ヶ月間納めることとなっているのを、この日に繰上げ皆納し浄見寺へ渡したとあるので、安政四年七月に取り決められたことが実行されていたことを確認できる。中井家の奉加金総額は二十四両であるから、総額一〇〇両のうち二四パーセントを中井家で負担したことも判明する。浄見寺の檀家数は不明だが、世話人は天保三年（一八三二）八月二十七日時点では六人いた。中井家は突出して多額の出金を行っていたものと思われる。このような出金の仕方は勘定講の場合と対比的である。勘定講は休講者はいても各メンバーの負担額は同額である（以上全て中井家日記）。

二節の勘定講と富山とのやりとりにもかかわらず、本山の意向通りに親鸞六百回忌に間に合わせるように本堂を再建することになったようで、資金集めが行われたことがわかる。ただし、講を通じてではなく、末寺を通じて行われた。築地御坊が地中の寺院や末寺に出金を命じたので、寺院は檀家集団に集金を依頼した。

(2) もう一つの資金調達

浄見寺を通じた資金調達の記事はもう一つある。安政六年八月二十三日に親鸞六百回御遠忌を来春行う「浄見寺世話人衆寄合」が行われた。相談の内容は、浄見寺自身の本尊そのほかの修復も含まれていた。しかし「現在御坊本堂の再建のための上納引請金、および浄見寺自身の本堂・庫裏の普請など存外出金が多く、檀家中へ毎月の集金を行っている最中にさらに御坊や浄見寺の修復費用を惣門徒中へ頼むことはできない」ということとなり出金の相談は決着しなかった。浄見寺も「震災風損」で本堂その他が大きな被害を受けていたからその修復費用を調達する必要があったうえ、御坊からの上納金要請にも応じなければならなかった。それは結局浄見寺の檀家集団の負担となり、この回路を通じて中井家は負担することとなる。この場合は結論が出ていないので、度重なる菩提寺への出金に檀家集団が困惑している様子が見て取れる。(22)

なお、こうした末寺を通じた資金集めは築地御坊管轄下の東日本全域で行われたものと思われる。出羽国天童小路町にある善行寺も末寺の一つであったため、その檀家惣代山口三右衛門（山家《やんべ》村名主）は、休講になっていた十二日講を再開して資金を作り、築地御坊に安政三・四年の二年分として五両一歩と銭十二貫文を上納している。(23)

(3) 本堂再建着工後

こうしたなかでも、安政四年（一八五七）十一月九日に新始、つまり着工式が行われた。「御地内大群集致候」（中井家日記）というように、地中（表門内の寺院街）と境内（中門内）は大群衆であふれかえったようだ。

その後も中井家はさらに本堂再建に出金する。日記の万延元年（一八六〇）年五月二十四日条には以下のようにある。築地御坊本堂の再建について「御坊所世話人」が来て、地中の寺院が托鉢に後から廻るので少しでも寄進してほしいと頼んできた。夕刻に住持たちが三十人ばかり揃って世話人同道で来た。そのため金二〇〇疋を奉加した。

築地御坊本堂は、万延元年十一月十八日に再建工事が完成した。『武江年表』には「西本願寺風破の後、今年本堂普請成就して遷仏あり。其の日の壮麗目を驚かしけるとぞ。諸人参詣多し。」とある。(24) 門徒だけでなく多くの人々が参詣したものと見られる。

完成後も資金集めは続く。文久元年（一八六一）五月十八日には、「兼て御噂の通り」に浄見寺その他の地中僧侶十人が托鉢に来た。菩提寺の依頼であったため読経を頼み、先例の通り金一〇〇疋を奉加した。本堂再建資金が不足したことが噂になっていたようである。

以上のように、中井家は勘定講を通じて、しばしば立替金を御坊に供給しているほか、菩提寺の浄見寺（御坊の地中寺院）の檀家集団の世話人の一人として本堂再建資金を負担していた。二つの回路で御坊に資金提供していたことになる。

これまでの記述で出てきた金額は中井家のみでは一件あたり一〇〇両を超えることはないから、中井家が大名貸しや為替業務や公金取扱いで日常的に動かしている取引金額より二桁から三桁少ない金額である。それでも、勘定講や檀家集団の一員として、立替金であれ奉加金であれ、出金に際限がなくなることに歯止めをかけようとしていた。しかし、その歯止めは十分には機能していなかった。

六、播磨屋中井家と築地御坊

(1)金銭的関係

ここでは、講や檀家集団を介さない播磨屋中井家と築地御坊の直接的な関係について述べる。両者は恒常的な相互貸借関係を持っていた可能性もある。時期は大きく遡って寛政十二年(一八〇〇)のこととなるが、この時点で、中井家は築地御坊に対し、一二件合計二二一七両一分と銀六匁の「かし」と、七件合計九八四両二分の「かり」を有していた。[25]差し引くと金一二三三両三分と銀六匁の債権を持っていたということになる。「かし」には五〇〇両の奉加金上納(日記七月一日条)も含まれる可能性が大きく、また「かり」の大部分は築地御坊からの返済金なのかもしれない。このような状態は、中井家が勘定講を通して築地御坊に影響力を発揮することができる条件となる。

さらに、天保五年(一八三四)の本堂焼失に伴う再建にあたっては、播磨屋中井家は築地御坊に奉加として四年間で二五〇両を直接上納している。[26]

(2)信仰

以上のように、たびたびの奉加や立替金の要求に中井家は渋々応じている。その理由として、御坊が中井家を含む門徒たちの精神的支柱になっている、つまり信仰を挙げることができる。それは、言うまでもないことではあるが、具体的には中井家の先祖たちの供養を行ってもらうことであった。播磨屋中井家の日記には、父祖の命日に菩提寺である浄見寺(御坊の地中寺院)に参詣にいったり、浄見寺の僧侶に自宅に来てもらってお経を上げてもらったりしている記事が度々出てくる。そのたびにお布施を支払っている。さらに中井家の場合は、築地御坊の輪番を通じて、京都の法主から直接戒名をもらい、それに対して冥加奉納金を支払うという関係もあった(安政二年十二月十三日)。

(3)中井家の社会的役割

しかし、そうした関係だけが出金の理由ではないだろう。築地御坊が江戸という地域の象徴的存在の一つでもあったことも理由ではないか。

築地御坊本堂の大屋根は、西に約一・二キロメートル離れた愛宕山からも甍の波の向こうに屹立している姿がよく見えた。[27]また、広重『名所江戸百景』のなかの「鉄砲洲築地門跡」(安政五年七月改印)は、本堂再建前にもかかわらず、海側からみた本堂の大屋根を大きく描いている(**図4**)。名所絵は場所のイメージを描いたものであり長期間にわたって販売されるものであることから『名所江戸百景』に時事性を読み取ることは不適切とする大久保純一氏の指摘がある。[28] それに学べば、鉄砲洲のイメージのなかには築地御坊本堂の大屋根はあるべきものという意識がまず前提にあり、また本堂の再建後もこの錦絵が販売され続けることも条件として、刊行時点では存在しない本堂を描いたと考えられる。こうしたことも考慮すると、築地御坊の本堂が再建されることは門徒のためだけではなく、社会的にも必要であったことが窺われる。

これは、倒壊した本堂の後片付けがボランティア活動によって行われる、あるいは本堂再建の行事に群衆が集まってくる、さらにそうしたことが『安政風聞集』のような災害ルポルタージュという出版物に記される、あるいは知識人の年代記に記されることからも推測できる。このことは、中井家に即して見れば、築地御坊を支える豪商として社会的な役割が求められていたからではないか、ということができる。

図4　国立国会図書館蔵『名所江戸百景』「鉄炮洲築地門跡」(https://doi.org/10.11501/1312314)

むすびにかえて

そもそも一般論として、本願寺の場合、堂舎の修復や建設にあたって講中が集金の機能を果たしていたことは『増補改訂本願寺史』二巻（二〇一五年）の記述や、日野や蒲池の大坂周辺や名古屋を事例とした研究から窺うことができる。それに対して、安政期の江戸の場合は、勘定講は立替えはするが、講として本堂再建に奉加していない。他の講は奉加していたのかもしれないが、現段階での史料の範囲では判明しない。そのほか、本稿では地中寺院からの集金が行われていることは確認できた。恐らく末寺からも奉加を集金したのであろう。こうした地域的あるいは時期的な差異があるとすれば、なぜそのようになるのかを今後追究していく必要がある。

ただ、広い意味で寺院の財政に寄与する機能を持つ講の内部構造については垣間見ることができた。勘定講のメンバーは多様であり、トップクラスの豪商が中心ではあるが、幕府への上納金が確認できない町人も混じっていた。

講と檀家集団の団体としての性格の対照性も見て取れた。講はメンバー間の対等性を重んじるために奉加金の負担額は同額であり、負担しきれないメンバーは休講という措置を取っていた。これに対して檀家集団は財力のある檀家が多くを負担することが当然と考えられていたようだ。

大地震と巨大台風という連続複合災害のあと、江戸の都市社会は全体として「震災風損」不況に陥っていた。江戸でも最大クラスの本堂の大屋根が海からも陸からも再び見えるようになったことは、復興と不況克服のシンボルになったのではないだろうか。しかし、その過程では、講集団や檀家集団は大きな負担を強いられており、このことは逆に個々の経営にとっては復興の妨げにもなり得たのかもしれない。そのように想像する理由は、他の一般的な寺社では復興はもっと遅いからである。浅草寺の塔頭や椙森神社の例を見ると、檀家や氏子の生活が落ち着いてきて始めて堂舎復旧工事の寄付を募ることが出来るようになるという印象を持つ。(29)

注

(1) 安政期連続複合災害については別稿「安政期連続複合災害と江戸の都市社会（仮）」（『日本近世史を見通す』四、吉川弘文館、二〇二一年刊行予定）を準備中である。

(2) 吉田伸之「都市民衆世界の歴史的位相——江戸・浅草寺地域を例として」（同著『巨大城下町江戸の分節構造』山川出版社、一九九九年、六章、初出は一九九七年）。

(3) 吉田伸之「安政江戸大震災と浅草寺寺院社会」（『年報都市史研究』二〇、二〇一三年）。

(4) 蒲池勢至『真宗と民俗信仰』（吉川弘文館、一九九三年）三章「近世尾張の真宗門徒と講」。宗教史の先行研究については小林准士氏のご教示を得た。

(5) 岩淵令治「江戸住大商人の信仰と『行動文化』論」（『国立歴史民俗博物館研究報告』二二二、二〇二〇年）。

(6) 災害教訓の継承に関する専門調査会報告書『1855年安政江戸地震』（内閣府、二〇〇四年）。http://www.bousai.go.jp/kyoiku/kyokun/kyoukunnokeishou/rep/1855_ansei_edo_jishin/index.html（最終閲覧日：二〇二〇年九月一日）、北原糸子『地震の社会史——安政大地震と民衆』（吉川弘文館、二〇一三年）。

(7) 国立公文書館デジタルアーカイブ。https://www.digital.archives.go.jp/das/meta/M2018040914340017303（最終閲覧日：二〇二一年一月三十一日）。

(8) 松田磐余「江戸の地盤と安政地震」（『京都歴史災害研究』五、二〇〇六年）からの推測。

(9) 平野淳平・財城真寿美「一八五六年東日本台風経路の復元」（渡辺浩一、マシュー・デービス編『近世都市の常態と非常態』勉誠出版、二〇二〇年）。

(10) 気象庁：風の強さと吹き方（二〇一七年）。http://www.jma.go.jp/jma/kishou/know/yougo_hp/kazehyo.html（最終閲覧日：二〇二〇年九月十一日）。

(11) 拙稿「一八五六年（安政三）東日本台風の被害状況と江戸の対応」（前掲『近世都市の常態と非常態』）。

(12) 沖大幹『水危機　ほんとうの話』（新潮選書、二〇一二年）。

(13) 対面所とは本願寺の別院に特有の建物で、京都西本願寺の法主が門徒に対面するための施設である。

(14) 武蔵国江戸播磨屋中井家文書（国文学研究資料館歴史資

料）26U-46。以下、この一連の日記を根拠としている場合は、煩雑さを避けるため史料番号を省略し、年月日のみを記す。

(15) この点は災害史研究の次の展開として指摘したことがある。拙稿「序章　近世都市の常態と非常態」（前掲『近世都市の常態と非常態』）。

(16) 以下の記述は『新修築地別院史』（一九八五年）の記述を元に、築地別院輪番日記（中央区立郷土天文館写真帳）により部分的に補って行われる。同日記が根拠である場合には日付のみ記すこととする。なお、築地本願寺の講に関する先行研究は存在しないようであるが、澤博勝『近世の宗教組織と地域社会』（吉川弘文館、一九九九年）、同『近世宗教社会論』（吉川弘文館、二〇〇八年）を方法として参照した。

(17) 日野照正『摂津国真宗展開史』（同朋舎出版、一九八八年）。

(18) 国立史料館編『史料館叢書4　播磨屋中井家永代帳』（東京大学出版会、一九八二年）。このことは安政期でも同様である（播磨屋中井家日記）。

(19) 『東京市史稿』市街篇四三、一〇四九頁。岩淵令治「大店」（吉田伸之編『シリーズ三都　江戸巻』東京大学出版会、二〇一九年）、田中康雄編『江戸商家・商人名データ総覧』（柊風舎、二〇一〇年）。

(20) 京都西本願寺における宗務担当責任者の所在機関。

(21) 以上は「播磨屋中井家日記」五月九日・十月十一日・十二月二十一日条にある三回の勘定の合計。

(22) このほか、浄見寺のみへの出金記事は三件あるがここでは省略する。

(23) 出羽国村山郡山家村山口家文書（国文学研究資料館歴史資料）28D-5843、『出羽国村山郡山家村山口家文書目録（その2）』（戸森麻衣子編成記述、二〇〇六年）。

(24) 『増訂武江年表』2（金子光晴校訂、平凡社、一九六八年）。

(25) 播磨屋中井家文書26U-88「万出入日記」のなかの「買出方」の項。なお、この会計帳簿の全体については、田中康雄「寛政期における江戸両替商の経営」（『三井文庫論叢』二、一九六八年）を参照。

(26) 播磨屋中井家日記、天保五年六月七日・同十四日・七月九日条。

(27) 金行信輔『写真のなかの江戸——絵図と古地図で読み解く20の都市風景』（ユウブックス、二〇一八年）。

(28) 大久保純一『浮世絵出版論——大量生産・消費される〈美術〉』（吉川弘文館、二〇一三年）。

(29) 『中央区文化財調査報告書4　椙森神社文書』（中央区教育委員会、一九九六年）、『浅草寺日記』二十八・二十九（吉川弘文館、二〇〇八・二〇〇九年）。

【III　都市という舞台】

日本の伝統詩歌に描かれた大都京城の風土

嚴仁卿

本稿では、朝鮮半島最大の歌集『朝鮮風土歌集』を対象とし、植民地朝鮮の大都京城が朝鮮色の象徴的な風土として位置し、空間の性格を内在する方法などを考察する。日本人と朝鮮人、前近代と近代、朝鮮の伝統と外来の文物が混合した巨大な坩堝としてのソウルが、過去の叙事、歴史記憶、さらには固有の朝鮮色をいかに表象し、トポス化するか確認したい。

はじめに

様々な意味合いにおいて韓国に内在している植民地期の記憶は現在進行形である。韓国の首都ソウルもなお「京城」の痕跡をすっかり振り払うことも、復元することもできずに、色々な記憶の断片がそこかしこに潜んでいる。ソウルが孕んでいる記憶とは二通りで、ひとつは近代都市「京城」が覆ってしまった朝鮮の都「漢陽・漢城」に関するもの、もうひとつは今のソウルの中に残影を落としている近代植民地大都「京城」に関するものであるといえる。歴史的な場所には過去の叙事が重層的に潜伏している。帝国の周辺でありながら植民地「朝鮮」の中心でもあるという「京城」の場所性には(1)、近代大衆文化の象徴的な文物が新たに含みこまれる一方、朝鮮時代から日本により韓国が「併合」されるまでの漢陽・漢城の歴史も含まれていた。

一八七六年の開港以来から朝鮮半島には日本人が居留し始め、一九一〇年以降からは日本人の人口も飛躍的に増えて

オム・インギョン――高麗大学校グローバル日本研究院教授。専門は日本語詩歌文学、日韓比較文化論。主な著書・論文に『文学雑誌『國民詩歌』と韓半島の日本語詩歌文学』（亦楽、二〇一五年）、『韓半島における日本語詩歌文学』（高麗大学校出版文化院、二〇一八年）、"Changes to Literary Ethics of Tanka Poets on the Korean Peninsula during the Japanese Colonial Era", *FORUM FOR WORLD LITERATURE STUDIES* 10, no.4, 2018。

いった。居留地を中心として在朝日本人は日刊紙、月刊誌のような日本語メディアを作り、その中には日本人コミュニティの情緒共有と結束力、場合によっては優越感を吹き込む意図で早くから文芸や文苑のような欄が設けられた。文学的な性格がもっとも著しい、このようなコーナーの主流は短歌、俳句、川柳のような日本の伝統的な短詩型ジャンルであった。(2)つまり二十世紀劈頭から一九四五年までの凡そ四十年間、朝鮮半島では夥しい日本の伝統詩歌が創作されたが、この辺はごく最近になって注目され始めたわけである。(3)地域限定で小規模な活動から開始された日本語詩歌の文学結社は、次第に会員を増やしていった。ここで扱おうとする日本の伝統詩歌は個人感想に基づいた吟詠の体をとっているが、その基底では場所にまつわる記憶が共有された意識として絡まってもいる。(4)場所というのは個人の次元で語られると同時に共同性をもって集団の次元で語られるものであるからだ。

俳句と川柳が一九一〇年代から専門雑誌の刊行していたことに対し、短歌ジャンルが体系的な専門雑誌の発刊システムを整え朝鮮半島の歌壇を形成しようという意識を強くしたのは、歌誌『ポトナム』(一九二二年)と『眞人』(一九二三年)の創刊を契機とする。この二誌は朝鮮半島の短歌を代表しようと競合し合い、一九二四年以降『ポトナム』の中心が「内地」に移動していくにつれ、『眞人』が朝鮮半島の歌壇の中心に立つことになる。(5)「諸家における地方歌壇に対する考察」(一九二六年)、「朝鮮民謡の研究」(一九二七年)、「朝鮮の自然」(一九二九年)など、画期的な特集を組み、朝鮮文化観を多様な観点から展開し、「朝鮮の古歌や古文学の研究」という責務を認識し実践していった『眞人』は、いち早く「朝鮮の歌」を力強く表明することに成功し、(6)朝鮮の短歌を担う代表的メディアとしての使命感をもって朝鮮の伝統文化や文芸に対する理解を積極的に表しながら、朝鮮通としての位置を確保していった。

この眞人社が『眞人』創刊十二周年を記念し、一九三五年に発刊した大部の歌集がすなわち『朝鮮風土歌集』(7)である。本稿は、朝鮮半島における最大の歌集『朝鮮風土歌集』という文学資料を通し、植民地大都「京城」の表象と風土、そしてそれに纏わる歴史記憶を辿る試みである。この歌集を対象にし、植民地期の朝鮮半島の中心地「京城」を詠んだ短歌を通じ、そこに内在した朝鮮の歴史的な記憶を探り、その歴史記憶の様相と特徴を分析しようとする。この作業を通して、日本特有の伝統詩歌が「京城」という空間と風土をいかに表象していったのか、そして日本人歌人たちが「京城」をめぐる短歌を以って如何なる集団の記憶を形作っていたのかをローカル・カラーとしての「朝鮮色」との相関性の上で究明し、「外地」日本語詩歌の特殊性を捉えてみたい。

一、『朝鮮風土歌集』の中の京城について

『朝鮮風土歌集』は刊行の当時から「内地」の名高い歌人たちから期待と好評を得ていた。この歌集は朝鮮の風土がもつ特有の「朝鮮的なるもの」を内面化し、それを短歌という特殊な形式を通して表象した、在朝日本人の「朝鮮色」規定を窺い知ることのできる最も代表的な文学作品集といえる。一九三四年に寄せられた川田順、若山喜志子、細井魚袋の三人の序文を簡単に見たい。

・朝鮮風土歌集が編纂せられることを知らされた。之は実に意義のある好い計画だと思ふ。朝鮮歌壇に於て之以上好い仕事は先づないと云ってもよからう。…（中略）…朝鮮の風土は京城を初め何れの地も好ましく、日本内地とは頗る趣を異にしてゐる。……此の種の歌集はローカル・カラーがしんみりと現れてゐないと無意義であると予は思ふ。……今度の歌集にも、朝鮮在住諸君の歌が多く入ることと思ふが、予の期待する異国情調がにじみ出てゐるものであることを切望する。そして之を一エポックとして、朝鮮在住の諸君が更に勉強し、第二朝鮮風土歌集が刊行されることを嘱望する。

（川田順、一九三四年二月）

・朝鮮風土歌集の編纂を承り、私はその意義ある事業に心から賛成申し上げ、深い慶びをおぼえる一人なのでございます。……その時は、第二朝鮮風土歌集に入れて頂かうと今から楽しみしてをります。

（若山喜志子、一九三四年四月）

・従来、随筆的風土記や経済風土記の類は一二試みられてゐるやうであるが、それらは単なる旅行記や統計や、現状報告にすぎない。だが、ここには朝鮮の風土の中に真剣な人間の生活が織込まれてゐる。打算的でない魂の住家として一つ一つに偽らない郷土と人間の表現がある。朝鮮の自然に融合してゐる一人一人の呼吸を聴き得ることが出来る。そして永劫につながる朝鮮の生命を伝えてゐる。朝鮮風土歌集の尊い所以は実にここにあるのである。

（細井魚袋、一九三四年十月）

このように『朝鮮風土歌集』の編纂事業は確かに「尊い」「意義ある」仕事で、第一歌集が出る前に既に「第二の朝鮮風土歌集」が期待されており、「ローカル・カラーがしんみりと現れてゐ」るところが強調されている。序文の寄稿者の中で、編者市山盛雄の企画にもっとも深く賛同していた眞人

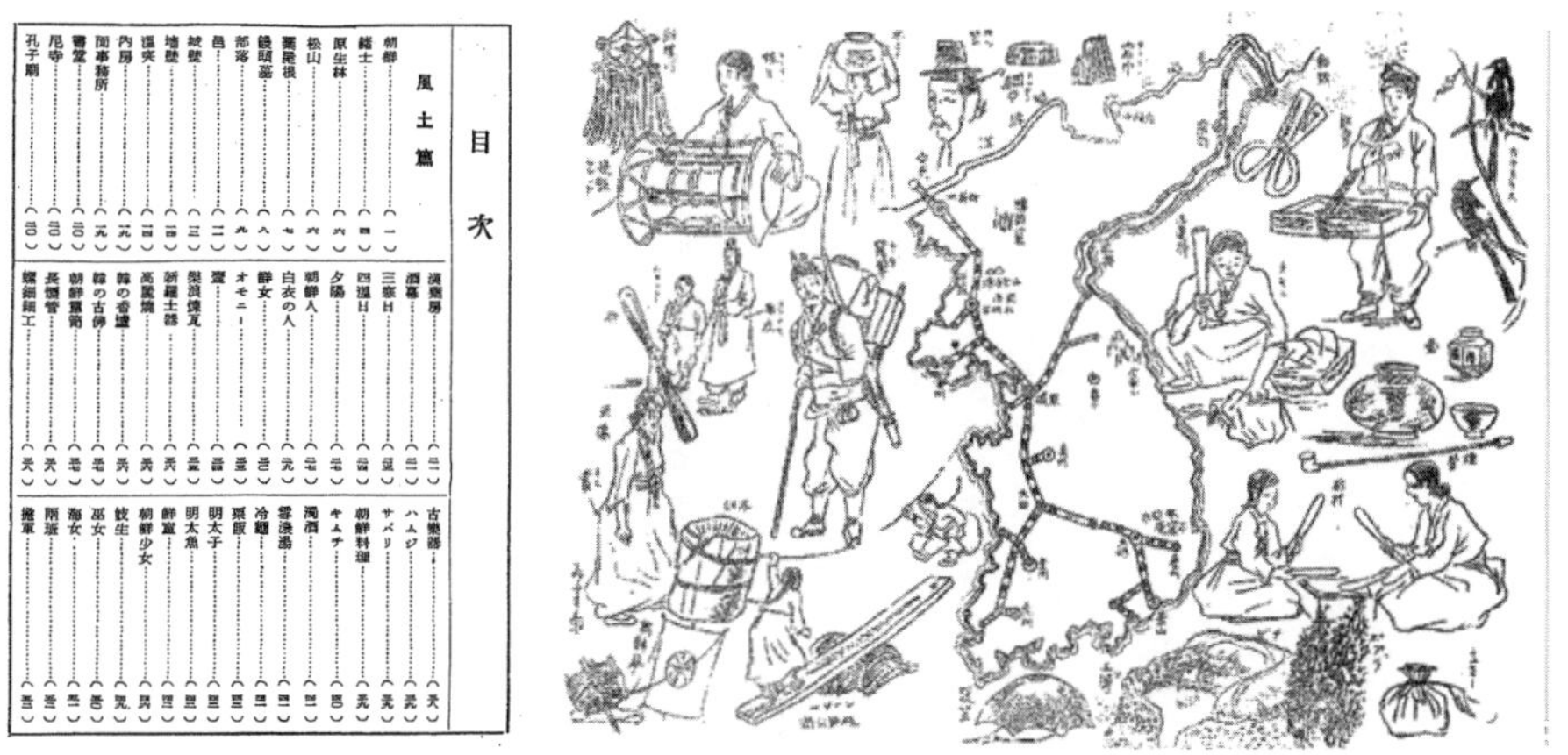

目次

図1　『朝鮮風土歌集』の口絵と目次の冒頭

社の首長細井魚袋は、既存の風土記類の旅行記や統計及び報告の性格とは違って「真剣な人間の生活」と「朝鮮の自然に融合してゐ」る「郷土と人間の表現」こそ、この歌集が生命力と意味を持つ所以と言明している。(8) ここで「風土」は「風物」「特異な土地」「国土」「郷土」「自然」と等しく置き換えられているが、これは眞人社に関わる人たちが一九二〇年代後半から朝鮮の歴史と伝統を担保した「郷土」言説にこだわっていた動向と一脈相通じている。(9)

一九三五年一月出版の『朝鮮風土歌集』の構成は、まず「風土編」「植物編」「動物編」「慶尙南道編」をはじめ朝鮮半島十三道の編、「雑編」の十七編と部立てており、各々の部立てに属した小さな見出し語が都合五百三十以上で、収録歌は約五千首を数える。朝鮮で刊行された最大規模のこの歌集が刊行された当時の「風土」を論ずる際には、次の点を考慮すべきであろう。

一番目は、日本で大きな反響を呼んだ哲学者和辻哲郎の著作『風土――人間学的考察』である。ただ、和辻の著作が一九三五年八月刊行で『朝鮮風土歌集』が先行しているから直接的な影響関係は論じ難いこと、一九二〇代に眞人社と深く関わっていた『朝鮮風土記』（一九二八年）の著者難波専太郎が郷土言説を発信していたことを指摘しておく。また一九三

ち

【チマ】　裳、即ちもすそである。朝鮮婦人の服裝の一部で下衣袴の上に纒ふものである。裳は單物であるゝ袷はない。紐下に襞をとり、乳のあたりで締め次第に裾廣がりとなる恰好であつて姿態まことに優雅である。

【チョコリ】　朝鮮婦人の上衣である。丈は僅に一尺程でズボンとの間に背が見え、乳房も現れる。

【チョンガア】　鮮童のことである。未婚男子のことで四十五十になつても要帶せなければチョンガアである。然し、大體に於てチョンガアと云へば子供を指してゐるのである。斷髮しないものは女子の如く髮を組みて背に垂れてゐる。

【チゲ】　擔軍のことである。內地の背負板に類するもので背負板の下部に鹿の角の刀懸の如く二本棒を出して荷物を乘せて運ぶのである。チゲを擔ぐものをチゲクンと稱するのであるが、略して單にチゲとも呼んでもゐる。

【朝鮮凧】　大きさは大概半紙又は美濃紙を通例とし中央に飯茶碗大の穴を穿ち內地の四角凧の如く尾

図2　付録の「朝鮮地方色語解註」のチ行の一部

〇年代半ばの同時代の「風土」概念には、自然と地域のみならず人間の生活や暮らしの様態までが考慮されていたという共通点があった。

二番目に、眞人社の人たちがこだわった朝鮮特有の「郷土」概念が「風土」に吸収されていった点である。彼らが一九二〇年代の後半に執拗にとり組んでいた朝鮮郷土と朝鮮民族の歌には、朝鮮固有の縦軸の歴史と伝統が内在していた。[10]『朝鮮風土歌集』の「凡例」からわかるように、「朝鮮色の出たる」のが重要な基準で、この歌集が「朝鮮風物を詠んだ」作品として国文学（つまり、日本文学）においてもエポックになれると期待された。もちろん帝国の欲望を反映した日本知識人の発言という側面や、朝鮮を帝国の一地方として捉える見方が現れている側面は排除できまい。[11]そういう面は一九四〇年代に朝鮮半島で唯一の詩歌専門雑誌として刊行された『國民詩歌』に至っては一層明らかになる。それに対して、一九二〇年代半ばから約十年間朝鮮風土を素材とした朝鮮色豊かな歌集の編纂という目的の下で刊行されつつあった、眞人社中心の一連の大規模な作業には、朝鮮文化に対する愛好と特殊性を民族概念に立脚して認めようとする共通の感受性[12]があったことは見過ごしできない。

三番目は、まさにこの歌集の最も特徴的と言える付録「朝鮮地方色語解註」の存在である。これは凡そ三百の「普通に通用する朝鮮語」を原音と漢字を用い日本語で解説した辞典風のもので、ここに選ばれた語が直ちに「朝鮮色」の言葉となるわけである。項目は、「アイゴウ」（哀号という字を当てた感嘆辞）・「ウリ」（私たち）・「オモニー」（朝鮮の子持の女性）・「ヨボ」（朝鮮人を卑下した呼称）・「ワイノム」（日本人を卑下し

表　『朝鮮風土歌集』「京畿道篇」の中での京城関連見出語と歌数の一覧

見出語　短歌数	見出語　短歌数	見出語　短歌数	見出語　短歌数	見出語　短歌数	見出語　短歌数
京城 17	三越 2	奬忠壇 22	造紙里 4	明治町小唄坂 1	慶國寺 3
京城驛 3	三中井 2	博文寺 13	西大門 1	清溪川 7	興天寺 5
南大門 20	丁子屋 2	昌慶苑秘苑 74	義州通 2	新堂里 5	藥師寺 4
京城第二高女 3	フランス教會 3	博物館 6	鐘路 22	漢江 71	忘憂里峠 3
朝鮮神宮 9	若草町大通 1	景福宮 56	パゴダ公園 4	月波亭 5	道峯山 13
南大門通 3	南山 25	慶會樓 24	JODK 8	牛耳洞 10	冠岳山 5
朝鮮銀行 2	南山神社 7	德壽宮 22	金融組合協會 2	李朝廟 1	梨泰院 3
長谷川町通 2	藥水臺 5	光化門 1	東小門 4	纛島 3	西氷庫 2
朝鮮ホテル 8	倭城臺 4	朝鮮總督府 4	經學院 11	三田渡 2	清涼里 18
靜觀閣 3	甘泉亭 5	蓬萊町 10	光熙門 1	奉恩寺 5	清涼寺 6
千代田グリル3	老人亭 8	北漢山 63	京城グラウンド 3	開運寺 7	新村 5
黃金町通 1	曹谿寺 12	洗劍亭 9	東大門 7	鳳閣寺 1	永登浦 2
本町通 6	東四軒町 1	白雲莊 3	大學病院 9	大圓寺 1	梧柳洞 4

た呼称）などの朝鮮語、「擲柶」「科擧」といった風俗と制度などを漢字で表記・解説したもの、それから朝鮮半島の地名とに大別できる。市山は「慶州、開成、金剛山、水原、夫餘、京城、仁川等名所多数にて多項に亘る所は便宜上一つの題下に纏めることにした」と説いている。つまり地名と名所自体が「朝鮮地方色語」として風土を喚起させるもので、「京城」の場合は景福宮、昌德宮、昌慶苑、朝鮮ホテル、普信閣、パゴダ公園、經學院、洗劍亭、老人亭、漢江、德壽宮が「朝鮮地方色語」として解説されている。というのは、これらの場所がそれを名指すだけで朝鮮らしさが呼び起こされる「朝鮮色」の言葉であったのである。

　これは『朝鮮風土歌集』の「京畿道篇」の中で京城地域（現在のソウル市内を含む）の見出し語を見れば、さらに明らかである。

『朝鮮風土歌集』は、一九二〇年代から朝鮮特有の郷土性を最も敏感に認知していた眞人社が、植民地期に切実に要望されていた「朝鮮色（ローカルカラー）」を、短歌の選別と配列で表そうとした一大作業であった。あらゆる地域の固有の生活と風景、そしてその土台にある文化を包括する「風土」[13]は、このように一九三五年の時点で「朝鮮色」に代置されていったのである。朝鮮半島における日本語伝統詩歌の分野から見れば、一九四〇年に出た句集『朝鮮風土俳詩選』も「朝鮮風土」を標榜している。この句集にも「都（ソウル）」が「地文」項の見出し語として登場しており、その中の十四句の川柳はパゴダ、勤政殿、東大門、經學院、祕苑、奬忠壇、獨立門、總督府、博文寺、清凉里、漢江といった、京城の建物あるいは名所を核心歌語にし、[14]京城の風土を象徴させていることが確かめられる。

要するに、朝鮮の「風土」とは、「内地」の日本人に異国情緒として消費される可能性を孕みながらも、朝鮮の自然と人間の暮らしが融合したものとして、在朝日本人歌人たちが約十年間堅持していた「郷土」言説と、「朝鮮色」を具現しようとする意識が結合した概念であったのである。その中で植民地首都京城の風土は、北漢山と南山、漢江といった象徴的な自然物とともに、故宮や歴史性のある建物および名所として「朝鮮地方色語」に編入されており、これらの個々の場所は京城を対象にした短歌の主要な素材として位置していたのである。

二、京城という場の風土と表象

京城を経験した日本人たちは上記のリストのスポットを中心に、京城と関わる個人の記憶を多様に詠んでいる。ここでは京城という場所をいかに表象しているかその類型をまとめてみたい。[15]

まずは京城に住んでいる朝鮮人の暮らしようを描いた歌である。

［南山］くれてゆく大京城の騒音が耳朶にひびきをり夢のごとくに（市山盛雄）

［京城］唾を吐き唾を吐きつつこのみやこの貧しき巷を通るなりけり（土岐善麿）

［造紙里］山ふかきこの鄙里に住む人は紙漉く業を生活とすらし（原口順）

［奬忠壇］月の夜の坂下り来るチゲの背に葱のほのけき香はただよへり（眞能露子）

［德壽宮］年ふりて韓ぶりよろしきくぐり門のこのこと白衣の翁いで来つ（市山盛雄）

［南大門通］韓の娘がちまたを行きて翻へす裳春の夜寒に白く見えける（臼井大翼）

［靜觀閣］かしづきてたちゐしづけき少女子の玉肌透くや紗綾の上衣（チョゴリ）（百瀬千尋）

朝鮮人の多い街である鐘路や清溪川にかかわる短歌からは、朝鮮人としては女性と子供たちに対する描写が目立つ。それは帝国の植民者としての男性（性）と被植民者である女性（性）という植民地主義的な心象地理[16]が織り込まれた、京城の女性と子供を見つめる日本人歌人の男性的な目線といえる。京城そのものを題にした短歌や京城の関門である南大門、および京城駅を詠んだ短歌から見られるように、街の不潔さ、煤煙、靄、騒音を背景にそういう植民地の大都京城の朝鮮人の暮らしを一定の距離を置いて他者化し、女性的あるいは不潔なものへと対象化しようとする日本人の視線が読み取れる。

次は漢城から京城への変化を捉えた歌である。当時在朝日本人歌人たちは、京城での朝鮮人の暮らしを他者化するのみならず、朝鮮王朝の都であった漢陽から植民地の首都京城に遷っていく変化にも多大な興味をもっていたようである。

［南山］おちつきてしみじみ對ふ南山の麓邊は赤き屋根ふえにけり（百瀬千尋）

［德壽宮］月山大君住みたる宮の跡處今日ゆるされて人々あそぶ（丘草之助）

［光化門］いかめしき門のうしろに韓ぶりの宮のけしきは今は見がたし（植松壽樹）

［朝鮮總督府］光化門取り除かれて總督府の新しき廳舎の位置定まれる（寺田光春）

［西大門］西大門壊すといふ日ふと袖に入れて歸りしこの石くれよ（横田葉子）

［光熙門］城壁の崩えしを見つつ人の世のうつろふ姿に思ひいたりぬ（小泉苳三）

［朝鮮銀行］石造しろくかわける建物のかげしづかなる下に来りぬ（末田晃）

［金融組合協會］巨大なる協會館をしつらへていや榮ゆらむわが組合は（牟田口利彦）

［京城グラウンド］世の移りすさまじきかも相搏ちて力きほふに廣き野天なり（大内規夫）

［朝鮮神宮］韓国に遠く遷して祭りける尊き御靈とをろがみにけり（渡名喜守松）

［南山神社］のぼらむと仰ぐ神宮の石の階段たきつせなして空にかかれり（中島哀浪）

［博文寺］慶春門ろうたけき文字燦として日に耀へり虔しみくぐる（原雪子同）

これらの短歌には京城という都市の変貌と漢陽から失われたもの、それから近代都市に変貌する過程で新たに生み出されたものなどが題材になっている。こういう類型からは、朝鮮に生活者として生きながら、京城を自分たちの都市にしようとした在朝日本人たちの意識が読み取られる。そしてその過程では、日本の神聖性を保つ建築物（南山神社、朝鮮神宮や博文寺など）と、朝鮮的なものとの接合という巧妙な方式を

図3　今のSHINSEGAEデパート（左）とその前身であった三越百貨店京城支店（絵葉書）

胚胎していることも察せられる。それから、近代都市京城のモダンな生活に関する歌である。

［三越］星美しき夜の京城三越の屋上には秋の草花と水音（平山斌）

［三中井］三中井の新館屋上ゆ本町の店舗きたなき家裏をのぞく（寺田光春）

［丁子屋］紹介所今日もむなしく出し足の丁子屋の屋上に来ていこふなり（木村禾一）

［鐘路］きらきらと鍮器ならべて歳末の明るさはあるよデパート和信（百瀬千尋）

［千代田グリール］千代田グリルの食堂に宵は客なくてリノリユーム廣くダンス想ひをり（百瀬百代）

［静観閣］芝草に日の照り和む内庭はゆふべすずしく風青むなり（百瀬千尋）

［JODK］DKの終りて窓により居ればしじまを遠き砧聞ゆる（難波正以知）

このように、ある程度漢陽の痕跡を持ちながらも、近代都市京城は三越、三中井、丁子屋の新しい買い物の空間デパートモダンな空間であるしかなかった。京城に変貌しつつ近代の生活様式が混在した都市像が臨場感をもって描かれた短歌も数多い。

『朝鮮風土歌集』の短歌は各々個人の経験を基にした感想に見えるが、朝鮮的な歌の面目を見せるときに、既にクリシェ（常套語）となった朝鮮色の素材を借用している場合も少なくない。こうしたクリシェは、素材が陳腐になるほど、多様な素材に対して質的にも量的にも表現が蓄積されていった結果と見てよい。日本語伝統詩歌において「朝鮮色」の歌語と表象は、植民地の過去と伝統をいかに意識していたかの問題ともつながるだろう。

三、短歌における京城の歴史記憶

植民権力がその拠点を植民地内陸の伝統的な歴史都市に建設する場合、既成権力の抵抗が強く、立地が港より不利であるため、政治的・社会的に負担にかかる費用が増大することが予想される。[17] そういう面で、日本帝国が五百年の間、王朝としての歴史を有する朝鮮の都漢城を植民地の首都にしたのは、異例のことであったが、結果として漢城は京城になり、京城は植民権力の拠点になっていった。その過程で長年の歳月が蓄積した朝鮮の伝統が力強く作用したのは明らかで、京城関連の短歌も朝鮮の長い伝統と歴史を思い浮かべる場合が非常に多い。消えゆく朝鮮の過去を古宮、博物館、洗剣亭、經學院（旧成均館）等から感知し、「千年」「過去」「古い」「いにしえ」「昔」という表現を繰り返すことで朝鮮の古い歴史を自動的に連想していることがわかる。

これらの短歌では朝鮮の悠久の歴史を思い浮かべながら、「しみじみ」「尊い」という風に朝鮮の文化と歴史を尊重するかのような評価や感想が現れている歌もあるのであるが、実は朝鮮王朝の敗亡の歴史記憶を再現する短歌が圧倒的に多い。

［南大門］京（ソウル）、京（ソウル）しぐれにぬれて黝み立つ南大門の夜の蔦かづら（富田砕花）

［昌慶苑祕苑］小雨ふる動物園にひとり来て鴿のこゑを寂しみにけり（丘草之助）

［景福宮］夕日さすこの古庭の敷瓦でくぼくにして踏むにさびしき（川田順）

［慶會樓］常ここに張りしうたげの酒杯の傾ける國しおもほゆるかも（中島哀浪）

［慶會樓］この樓の階段に彫りたる牧丹の花散ることなしと思ひたりけむ（中島哀浪）

［慶會樓］石柱の下をくぐりつそのかみの王者の奢侈ぞ偲ばれにける（窪田わたる）

右の短歌からみると、朝鮮王朝の敗亡は「うたげの酒杯の傾ける」ように進み、華麗な「牧丹の花散ることなし」と前を見通せず、興に乗じた「王者の奢侈」が原因であるという意識が下敷きにされている。ここで朝鮮王朝滅亡に対し、一九〇〇年を前後した韓日の間における緊迫した出来事は一切論じられておらず、時代の変化を飲み込めないまま酒宴や王の奢りや安逸さに浸っていた、王朝内部だけの問題に起因するという歴史認識が繰り返されている。これらの短歌は十九世紀の末ごろから二十世紀初頭にかけて、朝鮮の悪政と自治能力の不在を強調したコロニアル・ディスコースの影が尾を引いていると言えよう。

なお、朝鮮人にとって特別な意味をもつ歴史的な場所から、歴史性が取り消され、憩いの空間として表象されている例を、藥水臺や奬忠壇、パゴダ公園に関する短歌から確認することができる。

［薬水臺］薬水のほとりにありてやすらへばしばし暑さを
　忘れてゐたり（志方言川）
［奬忠壇］道迫りてしげる松の木高ければ歩くままにして
　谷みえにけり（浦本冠）
［パゴダ公園］冬枯のパゴダ公園さびたれど塔にはにほふ
　春の日のかげ（名越湖風）

薬水臺はソウルの四大水（水の美味しさで知られた四ケ所）で有名だった翠雲亭を指すが、翠雲亭は閔台縞（ミン・テホ）という兩班が十九世紀の後半に建てた亭子で、独立運動家たちの会合場所としても使われた処であった。奬忠壇はもともと乙巳事変（閔妃が殺害された事件）の五年後、高宗が建てた祠堂で春と秋に祭祀を行った招魂壇であった。それが対日感情を悪化させるという謂れで、一九〇八年に祭祀は禁じられ、桜名所の公園へと様変わりしたのである。パゴダ公園も三・一万歳運動の発祥地として独立宣言書が朗読された場所であったが、ひとえに荒涼たる風景が描写されるだけである。こういった短歌からは歴史的な事件を浮かべさせる歌語は存在せず、在朝日本人たちに働いた集団的な歴史性の消去と忘却という装置が確かめられる。

一方、京城関連の短歌から歴史的な記憶を語る際に、最も注目すべき事例は近代日韓関係と戦争に関する記憶を詠んだ歌である。

［倭城臺］倭城臺古き官舎の塀つづきあかしやの花は咲き
　白みたり（高橋珠江）
［德壽宮］坂崎出羽守が文録の役に陣をとりしみ苑の中は
　秋草匂ふ（丘草之助）
［景福宮］このあたり閔妃あへなき最後をば遂げし地と聴
　き夏草を踏む（善生永助）
［老人亭］日韓の談判なせしあとどころ夏草ふかく亭あれ
　にけり（名越湖風）
［長谷川町］街路樹の枝つみてをりこの朝け長谷川町に春
　は来にけり（中村兩造）
［朝鮮ホテル］世はうつりホテルとなりぬ韓皇帝天神地祇
　をまつれるところ（名越湖風）

一見風景詩のように見えるが、倭城臺は倭將臺とも呼ばれ、壬申の倭乱（文禄の役）のとき増田長盛が城を建てたことに因んだ名称である認識が既に一般化していた。なので一九〇七年統監府の庁舎から一九二六年総督府の移転までの約二十年間、倭城臺統治は正当性を得ていたのである。德壽宮の短歌の坂崎出羽守とは、同じく壬申の倭乱の際にここに陣を張り、日本に帰ってからも功勲が認められた倭将坂崎直盛であるため、似たような記憶の例と言える。ここには江戸末期から明治にかけて流行した類題和歌集、つまり歴史事や史的人物を題にして詠む詠史歌[18]の流れや影響関係が垣間見られ、注目に値する。

また、景福宮では「閔妃あへなき最後をば遂げし地」であることを意識している。老人亭は、一八九四年朝鮮代表の申正熙と日本の大鳥圭介公使との間で会談が催された所で、引用の短歌では「日韓の談判なせし」という表現から、日清戦争という国際戦争で日本が戦勝する契機となったこの場所の歴史性が浮き彫りにされている。長谷川町という地名は、朝鮮軍司令官で武断政治の主役として批判された長谷川好道の名前に依っている。地名と人物が結びつき、朝鮮半島支配の象徴的な人物を想起させる面で倭城臺に類似している。最後の朝鮮ホテルの短歌は、高宗が天を仰ぎ祭祀を挙げた圜丘壇の一部を崩した設立背景を詠んでいる。

以上のように『朝鮮風土歌集』のなかの京城とのつながりで選択、配置された短歌を通し、それらに潜伏している過去の叙事と歴史の記憶を考察してみた。日本人歌人たちは、朝鮮の衰亡に対し、哀れと嘆きを感じながらも、その原因を王朝内部の奢侈に帰結させたり、反日の不穏な情緒と連携し得る場合は、容赦なく遊園の空間としてのみ認識させるよう記憶を消去したり、壬申の倭乱と一九〇〇年に前後した韓日近代史で日本の支配や勝利の正当性を記号化した地名を呼んだりして、京城を記憶喚起の場であるトポス（Topos）にしていった。そして、こうした表象の仕方は『朝鮮風土歌集』が流通するまでの凡そ三十年間、集団の記憶として京城に在朝日本人が植民者として存在していたことを正当化する役割を果たしていたことが把握できた。

おわりに

これまで一九三五年刊行の朝鮮半島における最大の歌集『朝鮮風土歌集』で、植民地朝鮮の大都京城がいかに「朝鮮色」の風土に位置し、また表象され、いかに歴史記憶を内在しているかを検討してきた。京城の「風土」とは「内地」で期待する異国情緒と固有の朝鮮色を具現しようとした歌人たちの慾とを同時に意識した概念であったように思われる。個人の体験や記憶を基に京城の朝鮮人の暮しを他者化したもの、漢陽・漢城から京城に変りつつ消滅、あるいは生成した物への変遷を捉えたもの、京城のモダンな生活様態を描いたもの等に類型化できた。ことに、在朝日本人たちは歴史的な場所や遺跡、地名を短歌の素材に詠む際、共有された記憶を表していることがわかった。それは、当時の現状況から敗亡した王朝の痕跡を思い浮かべるスタンスであるが、悪政や自治不能のイメージを通して王朝滅亡を記憶する共通の記憶装置だったとも言える。なお、朝鮮半島と日本の歴史的な出来事があった空間では必然的に朝鮮半島が日本の占有空間であることを連想しているが、これは古代日本の朝鮮半島への「進出」を連想させる短歌と共有する特徴であって、江戸末期から明治期まで流行っていた詠史歌の流れから見直す必要も出てきた。

京城の歴史的な場所と出来事に関わる日本人の詩歌は、二十世紀初頭のコロニアル・ディスコースが内包した共有の記憶として呼び起こす役割を果たし、ここに京城をめぐる在朝日本人の集団の記憶が位置していると見られよう。京城の場所性に与えられた複雑な意味は一九四五年以降にもソウルの歴史として続き、近代首都の系譜は、ただ今ソウルの都市史学が精緻に究明しようとする対象でもある。(19) これらの点を踏まえ、朝鮮半島で多量に創作された日本語伝統詩歌のトポスや、引揚者文学に描かれた朝鮮の記憶の分析など、朝鮮半島における近代都市の表象、歴史記憶と表現に関する考察を今後の課題としたい。

注

(1) オ・ミイル、チョウ・ジョンミン「帝国の周辺・朝鮮の中心、京城日本人の心像――教育システムと進路の問題を中心に」(『日本学研究』三八、檀國大學校日本研究所、二〇一三年)六九―九八頁。

(2) 嚴仁卿「二〇世紀初期の在朝日本人文学結社と日本伝統詩歌作品の研究」(『日本語文學』五五、日本語文學會、二〇一一年)三八三―三八四頁。

(3) この関連の研究は許錫「明治時代韓國移住日本人の文學結社とその特性に対する調査研究」(『日本語文學』三、韓國日本語文學會、一九九七年)二八一―三〇九頁。鄭炳浩「二〇世紀初期日本の帝国主義と韓国内における「日本語文学」の形成研究――雑誌『朝鮮』(一九〇八～一九一一年)の文芸欄を中心に」(『日本語文學』37、韓國日本語文學會、二〇〇八年)四〇九―四二五頁。などで、文学結社や文芸欄を中心に若干触れていたが、二〇一〇年以降になって中根隆行「朝鮮詠の俳域」(『日本研究』一五、高麗大学校日本研究センター、二〇一一年)二七―四二頁。嚴仁卿『文学雑誌『國民詩歌』と朝鮮半島における日本語詩歌文学』(亦楽、二〇一五年)一―二一九頁。などで、本格的な詩歌の分析研究へつながっていった。

(4) 成田龍一『故郷という物語――都市空間の歴史学』(吉川弘文館、一九九八年)。

(5) 嚴仁卿、前掲書(『文学雑誌『國民詩歌』と朝鮮半島における日本語詩歌文学』)三九―五一頁。

(6) この一連の特集企画の意味に関しては嚴仁卿「在朝日本人の朝鮮民謡翻訳と文化表象――『朝鮮民謡の研究』(一九二七年)から「朝鮮の自然」(一九二九年)へ」(『日本言語文化』三三、韓國日本言語文化學會、二〇一五年)を参照。『眞人』に収録した道久良の一九二八、一九二九、一九三七年に三回にわたって発表した「朝鮮の歌」はこの意味で象徴的なエッセーである。

（7） 林政之助「『朝鮮風土歌集』雑感」（『眞人』第十三巻第四号、眞人社、一九三五年）によると、五年間八百余名の歌人たちの凡そ七千首を越える歌（この数値は林の誤算と見られる）を精選する大掛かりの作業を主導した市山盛雄は、この歌集の編纂で「朝鮮歌壇の恩人」と呼ばれるようになる。

（8） 川田順「序」（『朝鮮風土歌集』、朝鮮公論社）一―二頁。若山喜志子「序」、三―六頁。細井魚袋「序」、七―八頁。

（9） 嚴仁卿「朝鮮半島の短歌雑誌『眞人』と朝鮮の民謡」（『比較日本學』三〇、漢陽大學校日本學國際比較研究所、二〇一四年）一六九―一九五頁。「植民地期における在朝日本人の「郷土」言説と朝鮮民謡論」（『日本言語文化』二八、韓國日本言語文化學會、二〇一四年）五八五―六〇七頁を参照。

（10） とりわけ、文芸評論家の難波専太郎が『眞人』の誌上で野口雨情と郷土の概念をめぐって論争したのが代表的である。嚴仁卿、前掲論文（「植民地期における在朝日本人の「郷土」言説と朝鮮民謡論」）参照。

（11） 具仁謨「短歌で描いた朝鮮の風俗誌」（『サイ（SAI・間）』創刊號、國際韓國文學文化學會、二〇〇六年）二一九―二二〇頁。

（12） 嚴仁卿、前掲論文（「朝鮮半島の短歌雑誌『眞人』と朝鮮の民謡」）一九二頁。

（13） 元々漢字で書かれた風土はその固定した土とその土から出るあらゆる産物と生命体、それからその土の上で変化している暮らしの全てを指す記標（signifier）と記意（signified）が同時に圧縮された言葉である。チョン・キヨン『記憶の風景――チョンキヨンの建築紀行スケッチ』（現実文化、二〇一〇年）七七頁。

（14） 津邨兵治郎『朝鮮風土俳詩選』（津邨連翹荘、一九四〇年）二〇―二一頁。一九四〇年当時、一九二七年以降「半島ローカル・カラーの一大寶庫」（p.12）として千七百余句の俳詩（殆んど川柳）を選んだものである。

（15） ここに引用する全ての短歌は市山盛雄編『朝鮮風土歌集』（朝鮮公論社、一九三五年）の「京畿道篇」二〇五―二八〇頁から抜粋したもので、「 」は見出し語、（ ）は創作歌人である。

（16） もちろんここでの心象地理はエドワード・サイードの語る「想像の地理（imaginative geography）」に基づき「アジア的なるものとは異国性、神秘性、深遠さ、生息力などと符合」するというオリエンタリズムは、『朝鮮風土歌集』での旅行者の視線から詠じられた短歌によく見ることができる。

（17） 金ベギョン『支配と空間――植民地都市京城と帝国日本』（文学と知性社、二〇一〇年）二五三―二七二頁。

（18） 三輪正胤「明治時代における詠史歌の意味（一）晶子の新しい和歌の背景」（『人文学論集』一八、二〇〇〇年）四五―五四頁。「明治時代における詠史歌の意味（二）」（『人文学論集』二〇、二〇〇二年）一七―三〇頁。「明治時代における詠史歌の意味（三）」（『大阪府立大学言語文化研究』1、二〇〇二年）pp.10a-1a参考。

（19） 全鎭晟著、佐藤静香訳『虚像のアテネ――ベルリン・東京・ソウルの記憶と空間』（法政大学出版局、二〇一九年）参考。

図版出典

図1　朝鮮半島刊行日本伝統詩歌資料集四巻『朝鮮風土歌集』以會、三七一頁から複写転写

図2　朝鮮半島刊行日本伝統詩歌資料集四巻『朝鮮風土歌集』以

會、七九四頁から複写転写

図3　絵葉書より

附記1　二〇一九年十月の国文研にて開催されたフォーラムでの発表の際、国文研の山本和明先生から詠史詩・詠史歌に関する貴重なご助言を頂いたので、この場を借りて深くお礼を申し上げたい。

附記2　この論文は韓国語論文「在朝日本人と日本伝統詩歌の京城表象――韓半島における最大の歌集『朝鮮風土歌集』（一九三五年）を中心として」（『比較日本学』第三十七輯、漢陽大学校日本学国際比較研究所、二〇一六年九月）を、本書の趣旨に合わせて大幅に修正・加筆したものである。

◎コラム◎

『京城日報』と近代都市京城の表象

——横光利一の満鉄招請文学講演旅行と「天使」を中心に

金孝順

キム・ヒョスン——高麗大学校グローバル日本研究院教授。専門は翻訳論・日本近代文学・文化研究。主な著書・論文に『東アジアの日本語文学と文化の翻訳・翻訳の文化』（編著、亦楽、二〇一八年）、「『エミレ鐘』伝説の日本語翻訳と植民地時期における戯曲の政治性」（『日本言語文化』第三十六号、二〇一八年）、『植民地文化政治と『京城日報』：越境的日本文学・文化論の可能性を問う』（編著、亦楽、二〇二一年）など。

一、朝鮮総督府機関紙『京城日報』と日本語文学

朝鮮総督府の機関紙『京城日報』（一九〇六年九月一日～一九四五年十月三十一日）は植民地時期韓半島で刊行された日本語新聞ではあったが、そこに掲載された文芸物、特に長編小説のほとんどは日本文壇の主流作家や新人作家、あるいは在朝日本人作家の作品であった。例えば主要作品を挙げてみると、以下のようである。

・徳田秋聲：「二人令嬢」（一九二二年二月四日、三十三回）、「曙」（一九二〇年十一月二十三日～一九二一年七月十五日、二〇〇回／『徳田秋聲全集』別巻（八木書店、二〇〇六年）に収録）

・横光利一：「天使」（一九三五年二月二十八日～七月六日、一二八回／『台湾日日新聞』一九三五年三月一日～七月七日／『名古屋新聞』一九三五年三月一日～七月七に同時掲載）

・久生十蘭：「激流」（一九三九年十月二十日～一九四〇年二月二十三日、一二六回／『定本久生十蘭全集』第四巻（国書刊行会、二〇〇七年）に「女性の力」と改題収録／一九四〇年博文館で単行本刊行）

・菊池寛：「生活の虹」（『京城日報』・『名古屋新聞』・『台湾日日新聞』一九三四年一月一日～五月十八日／『続菊池寛全集』第七巻（平凡社、一九三四年十月）／不二屋書房で単行本刊行）

・片岡鐵兵：「花に濃淡あり」（一九三六年十月二十二日～一九三七年三月二十六日、一五〇回／『名古屋新聞』一九三六年十月二十一日～三七年三月二十五日／『新作大衆小説全集』第二十九巻（非凡閣、一九四二年）に収録）

このような『京城日報』掲載作品には朝鮮の人や文化、風物、自然などが素材や背景になっており、作品の理解のため

には『京城日報』という発表の媒体の性格を視野に入れて読む必要がある。このような意味で、作品における空間表象が『京城日報』という発表の媒体や執筆背景と密接な関係にある横光利一の「天使」は注目に値する。

二、朝鮮総督府の文化政治と満鉄招請文学講演

朝鮮における一九二〇年代から一九三〇年代前半までは、三・一民族独立運動の後、朝鮮総督府が政策の基調を武断政策から文化政策に変え内鮮融和政策を実施した時期である。このような植民地政策の安定により植民地首都京城は、近代的郵便、教育、銀行、病院、学校などの制度を整備し、デパート、レストラン、バー、カフェ、郵便局、ホテル、劇場などを建設することにより、近代都市としての面貌を備えていった。それと同時に朝鮮総督府は成功的植民政策と内鮮融和という発展ぶりを日本「内地」に積極的に伝え本国から植民政策の支援と支持を導き出そうとした。

当時の朝鮮における文化・文学活動は上記のような帝国日本の植民政策や文化政策の影響圏内で展開され、総督府は定期刊行物、褒賞制度、各種官辺団体の組織、講演会などの文化機構の操作を通じ朝鮮文化・文学を管理した。そのような総督府の統制と管理は、日本「内地」の文壇或いは文化権力と植民地朝鮮の文壇、作家たちとの協力によって実行された。

このような脈絡で、一九三〇年九月約十日間の日程で菊池寛を中心に行われた文学講演は注目すべきである。というのは、菊池寛は当時「内地」文壇の最高権力者であったからである。菊池寛は当時「文壇の大御所」として日本「内地」だけではなく朝鮮、満州などの植民地においても絶対的影響力を持って『京城日報』に自分と親友たちの文章を掲載したり、講演会や座談会を行ったりした。すなわち、菊池寛は京城日報社や総督府学務局の官吏、朝鮮の作家たちと接し、各種の講演会や座談会に参席するなど、植民地の核心勢力と交感しながら、植民地文化政治の一軸を担っていたのである。

このような当時文壇における絶対権力の菊池寛がはじめて朝鮮を訪問したのが外ならぬ、一九三〇年九月の南滿洲鐵道株式会社（以下満鉄）招請講演であった。満鉄は周知のように、一九〇六年日露戦争の後、ポーツマス条約によりロシアから譲渡された東清鉄道南満州支線と敷地を基盤に設立された日本帝国の国策会社で、鉄道以外にも広範囲な事業を展開し、日本帝国の満州経営に中核的役割を果たした。

横光はこのような一九三〇年の満鉄招請講演の旅行に同参した。この満鉄講演旅行者一行は、九月十五日日本空輸会社旅客機の貸し切りで汝矣島に到着し、話題となる。このような講演会には、「文壇の遊星、横光利一氏など色とりどりの顔ぶれは僅か文士としては谷崎、沖

野、甲賀三氏を迎へたのみの京城にとっては又とない絶好のチャンス」[1]という報道から窺えるように、多大な期待が寄せられていた。講演会は京城日報社の桑原主筆の開会の辞の後、寺田社会部長の紹介で佐々木茂吉、池谷信三郎、横光利一が壇に上って挨拶をし、直木三十五は「科学小説の提唱」、菊池寛は「文芸の鑑賞と創作」という題目で講演をした。それから、この文学講演がきっかけとなり、『京城日報』には菊池寛の「生活の虹」（一九三四年一月一～五月十八日）、「新婚家庭」（一九三六年一月一日）、直樹三五の「寛永卍乱れ」（一九三二年五月四～十八日）、横光の「天使」、久米正雄の「愛情の感激」（一九三五年一月一～三日）など、講演参加者たちの作品が掲載される。

上記のように、横光の「天使」の『京城日報』掲載は、帝国日本の植民政策や文化政策の影響圏内で日本「内地」の文壇或いは文化権力の協力や支援で営まれた植民地朝鮮の日本語文学の特殊性を背景としていたといえる。

三、「天使」における登場人物と心理変化

「天使」は『京城日報』に連載された後、同じ年の九月に創元社で単行本として刊行された。創元社の単行本には『京城日報』初出と比べると、いくつかの表現の修正があり、京子が貞子を訪問した後幹雄との再結合を決心する場面と再結合の後の京子と幹雄の京城旅行の部分は削除されている。

作品の梗概は以下のようである。事業上危機に処した幹雄の父兵衛は京子の父に助けられて立ち直る。その縁で幹雄と京子は結婚するが、幹雄にとって勝ち気な京子とはうまく行かない。二人の関係は幹雄が病気になって鎌倉の療養院生活をしながら表面化する。幹雄は看護婦の貞子と近くなり、京子はその二人の関係に気づき、結婚前の恋人であった明石にすがりつく。幹雄は貞子に自分の気持を告白するが、京子の存在を気づかう貞子は拒んでしまう。京子にも貞子にも振られた幹雄はやけになり、京子に離縁状を送る。京子は実家に帰り、二人の破綻を知った兵衛は、幹雄に京子と共に奉天に行ってホテル経営を視察して来いと命令する。しかし、幹雄は京子ではなく貞子を連れて奉天に立ち、京城で結婚する。その事実が分かった兵衛は二人を呼び戻し別れさせ、幹雄と京子は再結合する。

ここで注目すべきなのは、登場人物たちの心理が状況によって始終変わるということである。幹雄は父の意志によって結婚し、療養地の看護婦貞子に愛の感情を持つが、彼女に拒まれると彼女の妹雪子に愛を感じ、また自分と京子の離婚を知った貞子が接近するとまた彼女を愛する。しかし、京子の実家が破産するとまた彼女に傾いていく。このように揺れる心理は幹雄だけではなく、京子、明石、貞子などすべての登場人物に共通的な特徴である。二番目に注目すべきなのは、

登場人物たちの心理変化は空間性と有機的な関係の中で描かれるということである。明石は京子との失恋の苦痛から逃れるために関西から京城へ逃げ、また東京に帰り京子と再会する。幹雄は父兵衛の命令で京城、奉天を旅行するが、途中の旅行先の京城は貞子や京子への愛の確認や和解、再結合の意味がある。

そうだとすると、京城は登場人物の心理変化とどう繋がっており、どのような空間として表象されるのであろうか。

四、横光の京城訪問と京城への印象

「天使」における京城の空間性は九十回から一〇〇回にかける京城・奉天旅行の場面を通して描かれるが、このような京城滞留の場面は横光の二回に渡る京城訪問の経験に基づいている。

横光は「朝鮮のこと」（一九四三年）で朝鮮を三回訪問したと述べている。一九二二年の父の死で京城を訪問したのが初めてで、二回目は上述した一九三〇年の満鉄招請文学講演である。三回目は外国から帰国する途中飛行機の不時着で平譲で一泊したことである。この中で「天使」の空間的背景と関係のあるのは一九二二年と一九三〇年の訪問である。

一九二二年の訪問からみると、横光の父は大分県で代々藩の技術を担当した名家の出身である。鉄道技師としても優秀で、業者から「鉄道の神様」と呼ばれ、一九〇六年六月から軍事鉄道、すなわち満鉄敷設工事のため朝鮮へ渡った。それから一九二二年八月二十九日に仕事先の京城で客死（享年五十五）し、横光はその始末の為に一人で渡鮮した。その時の京城の印象については、「父の骨を迎へに行く学生の一人旅であつたから悲しみがふかく、やうやく涙を怺へてゐる」ようではあったが、「海を渡つた初旅」で「遠い異境へ辿りついた思ひで、目にするものが珍しく、また美しく見えた」し、「沿線の野の路」は「幾度もなく私を慰めてくれた」と回想している。(2) 京城は父を失われた悲しさを感じさせる所であると同時に、はじめて海を渡って一人で旅行した「異境」として不思議で美しい所で慰みになる所であった。またこの時の京城の印象として注目すべきなのは、日本人（植民者）と朝鮮人（＝被植民者）とを区分しようとする意識があるということである。朝鮮で初めて乗った汽車の中の乗客は、男女老若を問わず「日本人」或いは「朝鮮人」「ヨボ＝朝鮮人」と区分している。京城駅に降りて目についた女の人も単なる「綺麗な女」ではなく「日本人の綺麗な女」と呼んでいる。(3) このような植民者の国民としての自他区分意識は、朝鮮の空すなわち自然を「冷酷」で「虚無的で応援力が少しもなく」、「親しみもない」、「悪い」、「恐ろしくなる」ものと視るようにする。このように、横光が初めて経験した京城は父を失われた悲しみと植民地の支配民族として自他区分意識で、冷酷で虚無で見知らないものとして描かれていることが分かる。

　次の京城訪問は、それから八年後の満鉄沿線講演旅行である。上述のように、この講演参加者たちは日本空輸会社の旅客機の貸し切りで汝矣島に華々しく到着する。それから朝鮮ホテルで一泊をした後、満鉄沿線に沿って講演をし、この講演の状況と日程などは『京城日報』に多大的に報道される。

　所が、この時講演者たちの泊まった朝鮮ホテルは、一九一〇年鉄道幹線が完工された後、京城を通過する外国人の数が増え西洋式ホテルが必要となるにつれ、一九一四年九月に建てられた近代式ホテルである。建設は満鉄会社が受け持ち、一九二〇年代に入ってからは鉄道局の直営になった。ホテルの設備としては当時東洋最高と誇り、ほとんどの部屋には浴室と電話、洗面台、食堂、社交室、暖房、消防施設、駐車場、フランス式レストランなどの近代施設が完備されていた。またそこには皇穹宇《ファングンウ》という六角塔があり朝鮮伝統の美とホテルの近代施設とは調和をなしていた。当時の皇帝高宗《コソン》は一八九七年国号を大韓帝国と直し、年号は光武《グァンム》に変え、韓国が独立国であることを宣布した。それから、圜丘壇《ファングダン》（天子が天に祭事をする壇）で祭事を行った。朝鮮総督府はその圜丘壇を壊し、その跡に朝鮮ホテルを設立したが、皇穹宇はホテルの設備の一部として残しておいた。皇穹宇とは一八九九年圜丘壇の北側に建立した六角塔のことをいう。つまり、朝鮮ホテルは近代的設備と朝鮮的伝統の調和を誇る東洋最高のホテルとして朝鮮総督府の内鮮融和という植民政策の成功を表象するという、多分に文化政治の内在された空間であったのである。この時の心情について、横光は「父がまだそのあたりに生きてゐて、うろうろしながら喜び向へてくれてゐるやうに感じられ、涙が出たりした」と述べる。[4]

　父が一九〇六年から十七年間建設した満鉄の招請で京城に渡り、その満鉄が立てた朝鮮ホテルに泊まりながら華々しく注目を集めていた横光としては、朝鮮ホテルをはじめとする近代都市京城という空間は父世代が建設した誇らしく懐かしい空間であった。従ってその空間が朝鮮の伝統と民族独立の意志を取り崩した跡の上に建設された、植民地の文化政治が内在された歴史的空間だという意識はまったくなかったと見える。

五、「天使」における植民地近代都市京城の表象

　朝鮮ホテルで代表される京城は、「天使」では調和と幸福、和解と再結合の空間として表象され、主人公幹雄は京城を二回訪問する。

　第一回目は、父兵衛の命令で奉天のホテルを視察するために行く途中の訪問である。この時の旅行は九十回から一〇〇回にかけて長く描かれている。幹雄は東京を出て、静岡、名古屋、京都、神戸などを旅行しながらその地域ごとのホテル

や旅館、宿所の位置や眺め、従業員のサービス、建築、料理などに関する品定めを広げる。宿所を一種の芸術品とみなし、京城の朝鮮ホテルを一番高く評価しながら、貞子との結婚の場所と決める。

京城駅に降りた時の幹雄の京城への初

図1　横光利一「天使」97回『京城日報』1935年6月5日

印象は、「疲労」のせいで「真黄色」と感じられる。これは確かに八年前父の死で初めて訪問した時の印象に基づいた表現といえる。しかし、朝鮮ホテルから見える京城はまったく反対の印象である。ホテルの窓から見える京城は、三角山《サンガクサン》、仁王山《インワンサン》、白雲台《ベグンデ》などの朝鮮の自然、景福宮《ギョンボクン》、六角堂（＝皇穹宇）などの朝鮮の伝統、それからローズガーデンという近代施設が調和をなしている空間である。また朝鮮ホテルは東京のステーションホテルに比べ「陰鬱でない」し、「内の趣味が明治初年といふ感じで博物館」のような京都ホテルよりいいと評価される。そこで幹雄は「幸福な融合した気持ち」を感じ、貞子との結婚を決心する。

　幹雄の二回目の京城訪問は、京子と再結合をした後である。再結合をした幹雄夫婦は関係が回復されたかのように見えても、幹雄の心の片隅には貞子への思いで沈鬱な気持ちがある。このような状態で幹雄夫婦はまた奉天に赴き、一回目と同じ経路で旅行をする。この際、京子と幹雄は貞子と泊まった同じ朝鮮ホテルの部屋に泊まり、京子は過去の幹雄と貞子との関係をありのままの現実として受け入れる。京子は幹雄に「貞子さん」を思ってやればそれだけ「罪を洗うようになること」と言い、夫を許す。すなわち、朝鮮ホテルは和解と容赦、再結合を具現する空間となったのである。

　上述したように、「天使」における京城は、父世代が建設した、朝鮮の自然と伝統、それから近代文明とが融合された幸せで満足な空間として表象されている。京城は、もう父の死で陰鬱で悲しい思いを呼び起こす所でもないし、朝鮮民族が独立の意志を闡明した歴史的な場所でもない。朝鮮民族の独立意志の場所である圜丘壇は朝鮮総督府の近代的設備である朝鮮ホテルに変わり、ホテル設備の一部として残された皇穹宇は近代と伝統の調和を誇る植民都市の京城を代表する空間になった。京城はエメラルドの透明さで光る幸せな融合の場所で、結婚したくなるほど満足で目出度い空間と変わっており、幹雄は朝鮮の自然と近代都市京城に同化され、日本人と朝鮮人とを区別しない一体感を感じている。

おわりに

横光の「天使」は、朝鮮総督府によって統制されていた文化政策の時期に満鉄の招請で旅行経費の支援を受け、満鉄沿線で行われた講演会を背景にして、『京城日報』に掲載された作品である。「天使」の登場人物たちは環境によりその心理と感情はどんどん変化を見せるが、それは空間性と有機的なつながりを持っている。その中で、朝鮮ホテルで代表される京城は、調和と幸福、和解と再結合の空間として表象される。

このような京城表象は、二回にかける横光の京城訪問の際の印象に基づいている。一九二二年訪問した時、植民者（日本人）と被植民者（朝鮮人）という区別意識で捉えられた京城は、陰鬱で冷酷な、悲しい空間であった。しかし、一九三〇年講演旅行で経験した京城は父世帯の息が生きている誇らしく懐かしい成功的近代植民都市であった。つまり、満鉄が、朝鮮の独立意思の込められた圜丘壇を壊して建設した朝鮮ホテルは東アジア最高の誇らしい施設であった。「天使」の主人公たちにとって、そこは和解と容赦、再結合の場所であり、幸せな融合の空間であり、朝鮮の自然と伝統、それから近代文明が調和をなした、成功的植民政策を表象する空間であった。そのような京城は、実は朝鮮の伝統と民族の独立意志を取り崩した跡に建設された植民地文化政治のイデオロギーが内在された空間であったが、その事実は隠蔽され忘却されるようになった。

このように「天使」の登場人物の心理描写や空間表象には、植民地文化政治のイデオロギーが内在しているが、そのような事実は『京城日報』という発表媒体の性格に注目してこそ捉えられると思われる。

注

（1）「文壇の巨星を迎へて明夜本社で大講演会：スピード旅行の菊池氏ら明夕五時半京城へ着く」（『京城日報』一九三〇年九月十五日、二面）。

（2）横光利一「朝鮮のこと」（『定本横光利一全集』第十四巻、河出書房新社、一九八一年）二七六頁。

（3）横光利一「青い石を拾つてから」（『定本横光利一全集』第二巻、河出書房新社、一九八一年）一三〇―一三一頁。

（4）上掲書、二七六頁。

パリが主人公
――レティフとメルシエの作品とパリの文学的神話の誕生

ギヨーム・カレ

Guillaume Carré――フランス社会科学高等研究院（Ecole des Hautes Etudes en Sciences Sociales-EHESS）教授。専門は日本近世史。主な著書に『*Avant la tempête : la Corée face à la menace japonaise 1530-1590*』（Institut d-Etudes Coréennes du Collège de France / de Boccard, 2019）、『伝統都市を比較する――飯田とシャルルヴィル《別冊都市史研究》』（高澤紀恵、ルッジウ・フランソワ＝ジョゼフ、吉田伸之と共編、山川出版社、二〇一一年）などがある。

本稿ではニコラ・レティフ（Nicolas RETIF）とルイ・セバスティアン・メルシエ（Louis-Sébastien MERCIER）の代表作からパリの社会と都市空間の表象を検討し、「都市」に対する新たな認識の萌芽について考究する。最後に江戸時代後期の文学との比較を行い、近世・近代の過渡期の文学における「首都文学」出現の意味合いも考えてみたい。

はじめに

十九世紀から西洋において大都会、特にヨーロッパ諸国の首都が文学創造の重要なテーマになった。バルザック、ユーゴ或いはボードレールのパリ、ディケンズのロンドン、ゴーゴリやドストエフスキーのサンクト・ペテルブルグなどが、主人公と人物の行動の場だけではなく、神話にまで発展する独特の個性、独特の精神を持った小宇宙として描かれている。「近代」の体験を象徴するこれらの新しいバビロンが十九世紀以降の文学において占める場所は、明らかに近世ヨーロッパの文学と比べると規模と重要さが違う。たとえばフランスでは一八三〇年代以降、バルザックの『人間喜劇』やウージェーヌ・シューの『パリの秘密』のような連載小説などが、パリの都市社会と場所を題材にしながらその都市空間を新しい探検と冒険の領域として仕立てるが、それは勿論、革命とナポレオン時代の反乱を経た十九世紀前半のパリの変貌とその社会に対する認識の変化を反映する現象といえよう。しかし革命の直前にも、旧体制（アンシアン・レジム）が揺るぎ始めた中で、文学におけるパリの新しいイメージと役割の出現がすでに確認できる。同時期に活躍し、友達でもあったニコラ・レティフ（Nicolas RETIF）とルイ・セバスティアン・メルシエ（Louis-Sébastien MERCIER）が、パリという都会を中心にした文学の開拓者としてよく知られている。二人とも近世に成熟したフランスの首都の伝統的な表象を受け継ぎながら、十九世紀以降に全世界で栄えた「首都文学」のモデルとしてのパリのイメージの基礎を築いた。この論文では、レティフとメルシエの代表作をもとにパリの社会と都市空間の文学的な利用を検討し、「都市」という環境に対する新しい認識の芽生えを明らかにする。また最後に江戸後期の文学との比較の試みで、近世・近代の過渡期の文学における「首都文学」の出現の意味合いについても考えてみたい。

一、パリの民衆世界のど真中で。ニコラ・レティフの『現在女性達』（邦題『当世女』）

（1）周辺の文人

Nicolas Edmé Rétif de la Bretonne（一七三四～一八〇六）は、ニコラ・レティフとしてブルゴーニュ地方のラ・ブロトヌという地名の農家で生まれた。父はかなり豊かな豪農で、当時の農村社会にとって息子の教育に対し相当な注意を払ったが、ニコラ・レティフは十四歳で印刷工の見習いになり、職人の生活を始めた。その職業の選択は、彼が幼い頃から持っていた読書と作文の趣味と無関係ではなかっただろう。それから二十七歳になるとパリに上京し、印刷職人として生計を立てながら執筆を始め、ほとんどパリから出ないで一生を送った。

フランス文学史におけるレティフの評価は、過去においても現在においても極端に分かれている。革命以前の文人との交流が多く、パリの文壇の一員として認められていたし、彼の作品は今日まで読み続けられているけれども、最後まで社会の周辺で不安定で貧乏な生活を送った。レティフはルソーをモデルに文人の道を選んでから、印刷という職業を何よりも自分の作品を出版する手段にみなしたが、目まぐるしく度重なる本の発刊が金にならなかっただけではなく、彼の書いた書物の内容が猥褻か不適切と判断されたりし、パリ当局から検閲を受けたものもかなりある。しかし彼はパリの売春宿などのいかがわしい場所に通う常連客や出版業界の通として同じ警視総監庁に密告していたらしい事もあって、いつも当局から厳しい処罰を受けずに済んだ。

文学史においてレティフの評価が今でも賛否両論に分かれ

ている原因は、実際に行ったらしい娘との近親相姦を賛美するエロ本や、女性の足に対するフェティシズムなどだけではない。彼の文学活動が明らかにグラフォマニア（graphomania）という強迫性障害の産物で、抑えきれない衝動によっていつもテキストを書いた結果、信じがたいほど多岐にわたる、夥しい数の玉石混淆の作品を残した点にある。しかし日常生活の出来事をきっかけに生じた衝動による執筆は、自伝的な要素が非常に多い作品を続々と生み出し、どの主題どのジャンルに取り掛かっても、レティフの文学の中心的なテーマはやはりレティフ自身の生涯、レティフ自身の幻想、レティフ自身の作品の再編成に他ならない。そのため、伝統的な「主題」を否定するレティフの文学を作品として評価しない人が今も昔も少なくないにもかかわらず、[1] 極端なオートフィクションの例として評価する読者も沢山いるし、[2] 革命前夜と革命期のパリの雰囲気や諸階層の生活ぶりを伝えてくれる貴重な証言者として、とりわけ歴史家たちに今日まで愛読されてきた。[3]

レティフは匿名で書いたエロ本や売春宿規則論[4]などで有名であるが、彼の生活を支えたのはむしろ大衆向けの家族小説やセンチメンタルな恋愛小説・短編集だった。自伝的な要素を交えたこれらフィクションの作品の中でも、*Les contemporaines ou Aventures des plus jolies femmes de l'âge présent*（『現在女性達又は当代の美人の冒険』）という、一七八〇年から一七八五年まで出版された短編集が特に読者から人気を集め、作家としてのレティフの大成功の一つになった。[5] そのため彼は、グラフォマニアの勢いに身を委ね、五年間をかけて、四四四の話で構成される二七二の短編を書き続けた。本書は、表面的に読者に受けやすい女性の恋愛話のコレクションで、レティフの文学が追及した男女関係や「人間の心」（le cœur humain）の移り変わりが人生に及ぼす影響を色々なシチュエーションで描写しながら、家族、夫婦、結婚、親子関係などについての著者の意見を紹介する作品にもなっている。レティフはでたらめな私生活にもかかわらず、崇拝していたルソーをはじめとする啓蒙思想家のように家族の在り方と家族関係を重要視したので、その小説と短編の多くがいくら露骨な物語であったとしても、常に人生や恋の危険について著者が直接に叙述する説教めいた教訓が含まれている。それは、レティフが「溝穴のルソー」（Le Rousseau du ruisseau）というダジャレでライバルに呼ばれた一つの理由であろう。

各短編の題目を見ると、奔放な想像力が作り出した多彩な物語の中で、二つのグループが特に注目を引く。第一のグループは、女主人公のある特徴にテーマを絞って特定の女性のタイプを扱うもの。例えばその性格（「嫉妬深い女」（*La femme jalouse*）、「悪い母」（*La mauvaise mère*））、年齢（「遅すぎた女」*La femme tardive*）、身体的な様子（「美しい醜女」*La belle laide*）、或いは家出か強制結婚のような異常な状況に陥った女性などの話もあれば、各社会身分・諸職業団体の女性の話も登場する。第二のクループは、男女の関係の在り方を様々な代表例や組み合わせで取り上げるものである。その中には多妻・妾の交換など、レティフの幻想と欲望が表面化するかなり非現実的な話もある。実際、レティフがある職業の女の恋愛話を語る時、別にその職業団体特有の心理に対し関心を示すわけではない。『現在女性達』ではレティフが多岐にわたる様々な女性との恋の形を書きながら短編を作成し続けるにつれて、時に一種百科事典を思わせるものを書くに至った。彼はあまり体系的な精神の持ち主ではなかったが、色々な恋愛関係の様子を描く短編を蓄積することで、そのテーマを論じ尽くすという計画になってしまった。それはおそらく十八世紀の分類・類型の嗜好をある程度反映するもので、面白いことに、文学において宿敵と言えるほどレティフのライバルだったサド侯爵にも同じ傾向が窺われる。(6)

(2) パリを徘徊した作家

レティフの文学は、社会の写実的な再現を目的とするものでは全くないものの、いつも自伝とフィクションの領域にまたがってその区別を曖昧にするものであり、自伝と主張される作品はいつも大いにフィクションを含んでいる。逆に、レティフの小説や短編には公然と自身の体験が取り入れられる。たとえば『現在女性達』に登場する人物やシチュエーションの多くは、名前や設定が変わっても、すでにレティフの前の作品に使われただけでなく、彼がしょっちゅう再編した彼自身の思い出から拾い、実際に起こった出来事が題材になっていることが意図的に示唆されている。つまり『現在女性達』のように小説的な形をとる作品も著者の経験或いは見聞に基づき書かれたものとして位置付けられるので、いくら状況や人間関係が非現実的でも、現実的な環境の設定が物語の重要な基盤になっている。その現実性の効果は、まずパリに実際に存在する空間で物語を展開させることによって得られる。『現在女性達』の人物はみなパリの人々に設定されているだけではなく、大体パリから出ないで、いつもかなり明確に特定できる限られた範囲で行動をしているのである。つまり多くの場合、お互い近くに住んでいる人物たちの家か借り部屋、その周辺の大小の街道というようなところが舞台になっており、人物が居住したり働いたりする通りや広場、橋の近くなどの地名が作品に明記されているため、パリを知っている読者に親しみのある環境とその特徴をすぐさま連想させたのだろう。

　また人物が家から出掛けて、何らかの理由でパリを歩き廻る途中、偶然に誰かや何かに出会ったら、その場所も克明に書かれている。ところで、『現在女性達』は初版から各短編に一枚の版画が付けられる挿絵入りのものとして計画された。その版画のほとんどが十八世紀後半に好まれた、中間層の家の一室を舞台にした場面になっているが、市中が描かれているものもいくつか見つかる。その場合はどこかの家の壁に刻まれる通りの名前によって、テキストに載っていない場所に関する正確な情報が読者に与えられる事を留意しておきたい（図1・2）。絵を描いた挿絵師が独断で作ったものとは想像し難いので、著者の指示に従って版画に盛り込んだ情報に違いない。それはレティフにとって、パリという実際の市街空間に寄りかかってフィクションを展開させるのがどれほど重要だったのかを十分に示している。

図1　フランス国立図書館蔵『現在女性達（当世女）*Les contemporaines*』より「家出娘　*La fille échappée*」。(Gallica)

図2　フランス国立図書館蔵『現在女性達（当世女）*Les contemporaines* 』より「新しいピグマリオーン *Le nouveau Pygmalion*」。(Gallica)

　場合によっては地図で確認できるほど、市内での人物の移動の道のりが通りの名前や方向で細かく書かれている事もある。歩行者の感覚でパリの空間を再現させるという書き方はレティフにおいてよく使用され、夜中のパリをさまよっている間に出会った人や出来事を記録した有名な『パリの夜』(*Les nuits de Paris*)[7]で特に目立っている。レティフはパリを隅々まで知り尽くし、貴族やお金持ちの館に招かれることがあっても、庶民の間に住み生活している作家として、親しみのあるパリの民衆的な界隈の秘密や日常的な悲劇を描くのが好きだったようだ。物語の範囲をパリの実在の空間に設定したことは、著者の第一の目当てだったパリの読者の関心を引くためだけではなく、作家の想像力を刺激したフィクションと自伝の混合に適した環境を提供したからなのだろう。それでレティフは名所や盛り場ばかりではなく、最近都市化した街はずれの貧しい所にまで目を向け(**図1**)、自分のパリの文学的な表象に組み入れた。やはり「場所」に対するレティフの注意と執着は並々ではなかった。彼は自分の人生に何かの不幸か嬉しい出来事が起こったら、すぐにその場で壁や橋の欄干などに落書きで記録し、その後数年間その場を訪れ出来事を記念したが、落書きが消されたり、忘られたりすることを恐れ、あげくの果てに原稿にまとめた。[8]

『現在女性達』の版画の屋外の場面は十八世紀後半に盛んに制作されたパリの風俗画の流れを引いたものでもある。十七世紀からその技術水準を高めた銅版画が近世日本の錦絵のように大量に販売されたが、その中にパリの風景を描いたものも多数あった。しかし十八世紀後半になるとパリの名所、立派な建物、盛り場や華麗な儀式や行列だけではなく、何の特徴もない場所で起こるユーモラスな場面やパリの日常的な営みもますます描かれるようになった。つまりパリのどこにでも物語の種を見つけるレティフの作品は、それ以前のルイ十五世の時代の数十年間で発展したパリに対する視覚文化(visual culture)の変遷の結果でもあり、版画と絵画で表現されたパリ空間に対する新しい観点を文学に移したと言えるかもしれない。

(3)「卑俗の現在女性達」

『現在女性達』の一番有名な部分は、「卑俗の現在女性達」(*Les contemporaines du commun*)という短編集の中盤を形成している二番目のシリーズの短編集であろう。「卑俗」(commun)とは「貴族」や「上層」・「上流」などに対比して使用される表現なので、明らかに革命直前の身分社会の意識を反映し、「民衆」というニュアンスに近い意味合いを持っている。しかし題目と内容を見ると、必ずしも貧乏な女性とは限らない。「卑俗の現在女性達」の冊の表紙に「当代の商人や工人などの美人の冒険」(*Aventures des belles marchandes, ouvrières, etc. de l'âge présent*)という副題も付けられているとおり、主人公の女性が各短編の題目に職業の名前で指定され、大半がパリ市内に店を構えている商家か職人の家の女達なのだ。例えば「美人の肉屋さん」（*La belle bouchère*）とか「可愛い果物屋さん」（*La jolie fruitière*）という題目でその女性が紹介されるのだが、当時のパリの代表的な職人と店舗商売がほとんど全て並べられている。そのほかに「芝居小屋の可愛い子」（*La jolie paradeuse*）や「可愛い縫子」（*La jolie couturière*）など、下層を連想させる大道芸や店を構えずに自宅で働く零細な女職人も登場し、「卑俗の現在女性達」が振舞う環境は当時のパリの住民の大半を占めていた中間層以下と言えよう。

レティフがそのように各職業の女性をまとめて本の一部にした理由としては、おそらく多様な職業を次から次へと取り上げる事が、数か月間に及ぶ短編集の作成の持続的な過程のために必要な題材を容易に与えたという便宜性があったからであろう。ところがレティフの意図は、その女性達の職業活動を写実的に描写するのと全く無関係だ。実は「美人の肉屋さん」の主人公は牛肉を切ったり捌いたりする女性ではなく、「肉屋の店の美人」という意味で理解すべきなのだ。つまり、特に店舗商売の場合、女主人はほとんどおらず、お客さんを迎えたり品物を売ったりする女店員もいれば、店主の妻か娘、あるいは下女など、つまり「家の女」というキャラクターも多いし、恋愛プロットにおいて、舞台である店とその出入りの人々という以外、職業との関係性は薄い。実際、その短編の中の職業や設定を変えながらレティフの他の作品にも別な形で出てくる話もある。彼の目的は基本的にある仕事に携わる女の姿を読者に見せることではなかった。むしろ家族と世間の境目にある「お店」のような空間は、「評判の美人」や「この辺で隠れなき美人」と紹介される女主人公とお客さんの交流という基本設定を可能にし、情交を結ぶために相応な場になっていたのであろう（**図3**）。一方、版画で舞台になっている店内は、その職業特有の品物や道具で描かれている（**図4**）。また各短編の恋愛話や家族紛争などという物語の内容がいくら類似性を呈したとしても、職業の変化によって枠組みと設定を多様化させる要素を作家に提供したのだろう。

版画の店の描き方は実在の家具や道具を場面に取り入れることで、多少現実を模した舞台を読者に見せているが、人物の様子には決して現実的な印象が求められていない。どの「美人」でも家業が何であっても、理想化された格好で描かれているのである（**図3・4**）。シンプルでもきちんとした服装が奇麗で、髪型などもかなりエレガントで品があって、当時の「商人や工人」の女のイメージより「美人」が強調され

図3　フランス国立図書館蔵『現在女性達 *Les contemporaines* 』より「手芸用品の店の美人 *La jolie mercière*」。(Gallica)

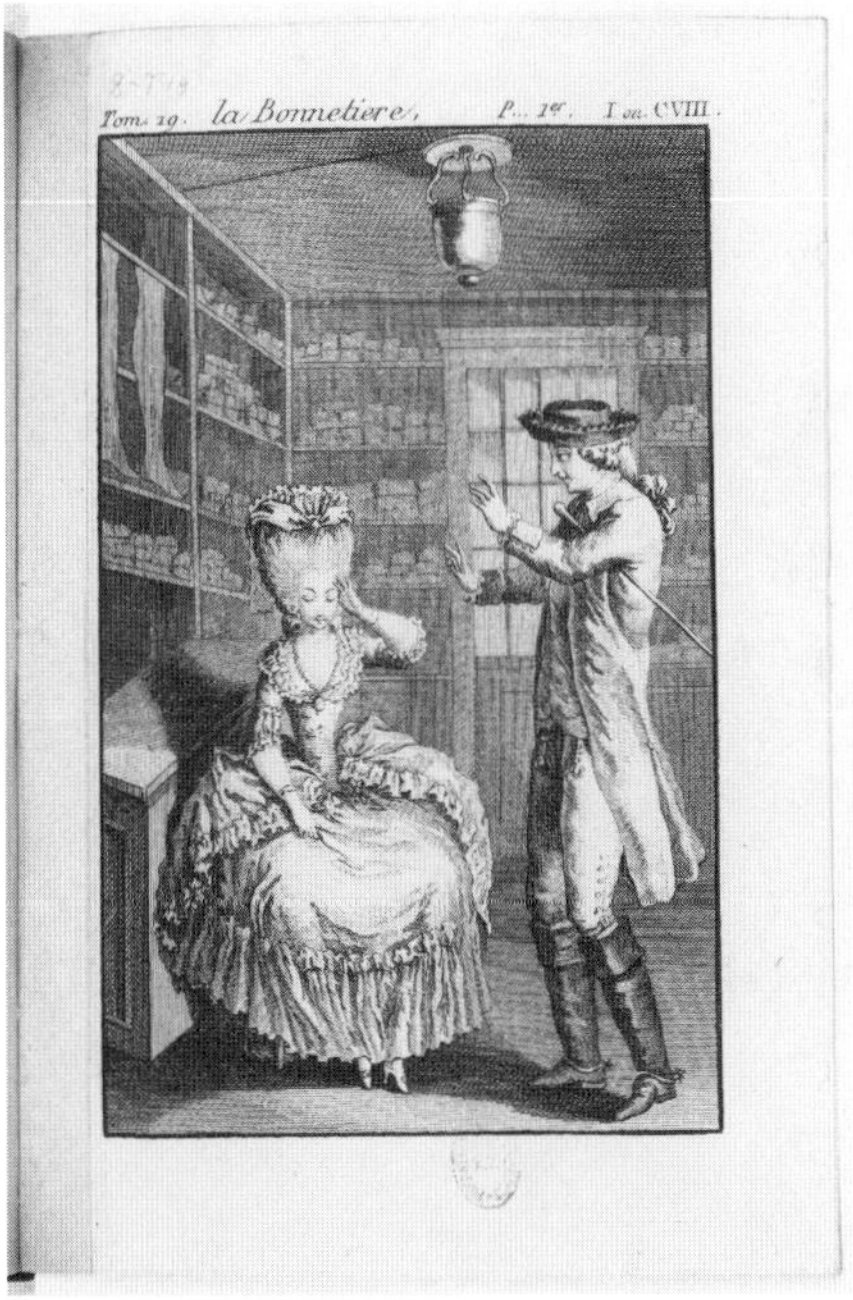

図4　フランス国立図書館蔵『現在女性達（当世女）*Les contemporaines*』より「メリヤス屋の美人 *La jolie bonnetière*」。(Gallica)

ているあまり、現実世界の娘より絵画のモデルという雰囲気になってしまう。またいくら「民衆」の女を想定したとしても、うぶな娘からふしだらな女まで、登場人物が皆、文法が正しくかなり洗練されたフランス語で話し、十九世紀のブルジョアに「民衆」の異国情緒の感じを与えるためにウージェーヌ・シューかゾラの小説のような作品で利用される「俗語」や話し言葉はほとんど見られない。(9) 『現在女性達』の版画が芝居のような感動的な場面を描くように、レティフの物語がいくら「パリの民衆」を想定していたとしても、何よりも町民劇か情緒小説（roman sentimental）のパターンに似ている。彼はルソーの自称弟子としてだけではなく、十八世紀後半から十九世紀初頭まで恋愛小説の一つの模範になっていたサミュエル・リチャードソン（Samuel Richardson）の系譜を引いた作品の影響もあって、情緒小説の伝統的な形とスタイルに従ったのである。

　それは『現在女性達』だけが与える印象ではないが、レティフの作品におけるパリ描写が現在の目で見たら中途半端な感じがする原因の一つであろう。レティフを読むと都市空間の把握の実感、ごちゃごちゃした狭い市街に混在する諸階層や貧富・ヒエラルキーの差の実感を覚えさせ、社会の暗い真相を描写することで当時のパリの雰囲気を立体的に生き生きと再現する一方、他方では芝居の役者か雅画のような「理想化した民衆」という側面も否定できない。

（4）パリ民衆への眼差しの変遷

都会空間と民衆社会を文学に取り込むというレティフの画期的な試みはゼロから発明されたものではなく、数世紀に及ぶパリに対する表象の重層も受け継いでいる。例えば「現在の商人や工人などの美人」が、レティフ以前のフィクション

図5　フランス国立図書館蔵『パリの物売りの声 *Les cris de Paris*』より「青物の女商人 *La marchande de poireaux et d'épinards*」16世紀。（Gallica）

文学であまり扱われなかったテーマだったとしても、版画においては十六世紀からパリの小売りと行商を描く『パリの物売りの声』（*Les cris de Paris*）という有名なシリーズが、すでにパリの民衆に対する社会の眼差しに強い影響を及ぼしていた。[10]『パリの物売りの声』は絵だけではなく、シャンソンや音楽などでも流行し、パリの道端や市場などで零細な商売を行っている貧乏な物売りどもがお客さんを引き集めるために、大声で叫ぶキャッチフレーズとその姿を面白い形にアレンジしたジャンルだった。最初はグロテスクなまでにコミカルに描写されていて（**図5**）、「美人」ではなく、どちらかというと「珍妙」で「粗野」とい印象を与える一種の風刺画で、貧者に対する偏見と同時に、不思議な関心を反映していた。しかし十七世紀に、有名な版画家がこのジャンルの絵を手掛けるようになり（**図6**）、その後十八世紀になると特に女性の物売りの描き方が理想化され、レティフが憧れた民衆の美人のような姿になってくる（**図7**）。

『パリの物売りの声』における民衆の女性の表象の変化は、レティフの作品にも見出せる一種の矛盾を帯びている。十六世紀に単に笑いや冗談の対象だった売り子が、十八世紀になると、当時大量に生産され始めたファッションの版画のモデ

図6　カルナヴァレ博物館蔵、アブラハム・ボス(Bosse Abraham) 作『パリの物売りの声 *Les cris de paris*』より「蠣商人 *Le marchand d'huitres*」17世紀。

図7　フランス国立図書館蔵「洗濯屋の女 *La Blanchisseuse*」。C.-L. Desrais デレー作。1779年。(Gallica)

ルのようなデザインになってしまった事は、そのような民衆の女に対する距離感が三世紀の間に芸術家と版画の買い手との間で段々縮まっていった事を意味する。いくら身分という社会秩序のなかで貴賤の差が厳しかったといっても、下層の人々も普通の人間のように見られるようになったしるしと見なしても誤解がないと思われる。一方、レティフの短編や小説のように、民衆に対する絵画と文学の伝統的な優越感や無関心を和らげる為に、民衆の表象を当時のしきたりに脚色する必要もあったのだろう。店舗商売の女性の恋愛話の場合は、現実世界の社会的地位とフィクションの人物の振舞いの間の不協和音がそれほど目立たなかったかもしれないが、縫子のような貧乏な若い娘あるいはレティフの作品に頻繁に出てくる娼婦になると、卑劣なまでの設定と非現実的なセンチメンタルな発展の混ぜ合いが目につく。

ユーゴの『レ・ミゼラブル』のファンティーヌ(Fantine)のように、売春婦に堕ちても純粋な心を保つ若い女性は、十九世紀のフランス文学の典型的な人物になった。それはある程度、当時のパリの社会における一部の下層の女性の悲哀な状態を反映すると同時に、

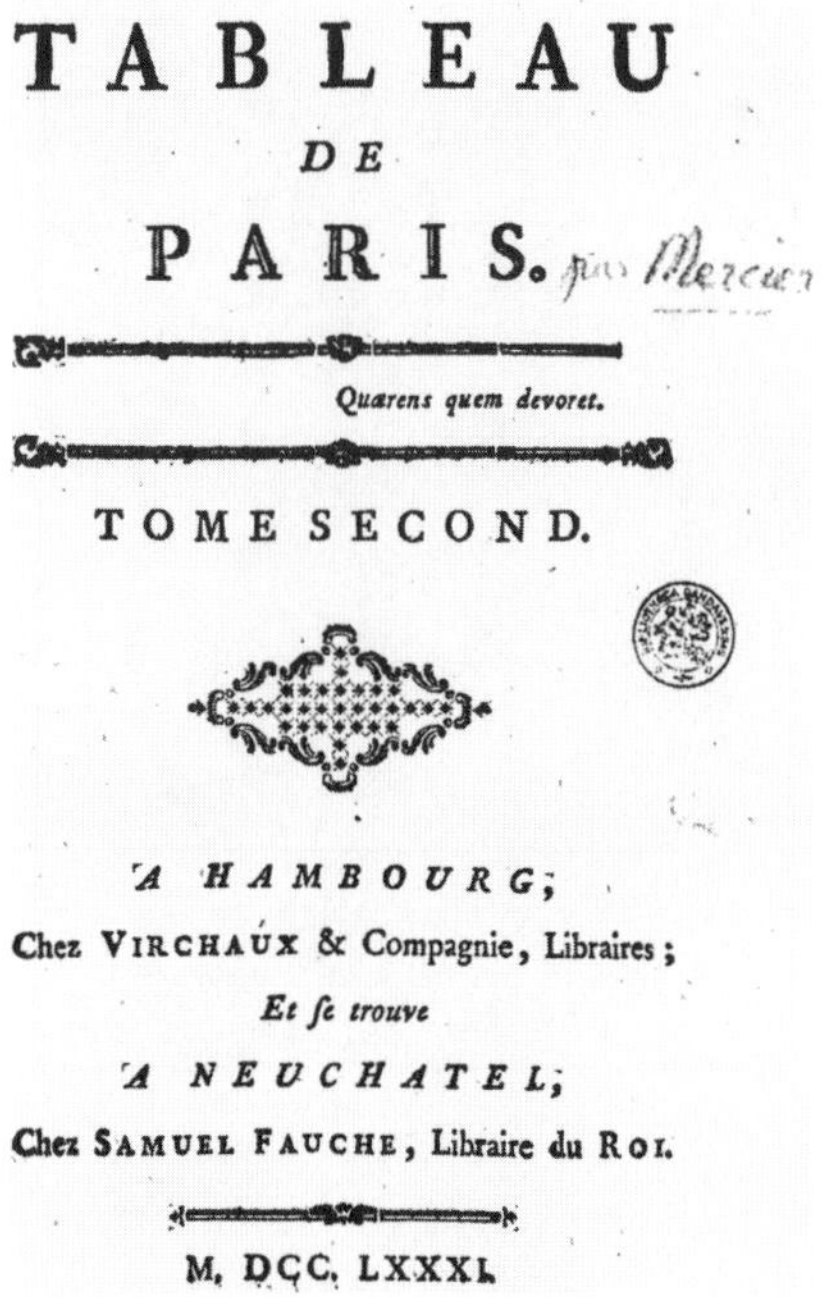
TABLEAU
DE
PARIS. par Mercier

Quærens quem devoret.

TOME SECOND.

A HAMBOURG;
Chez VIRCHAUX & Compagnie, Libraires;
Et se trouve
A NEUCHATEL;
Chez SAMUEL FAUCHE, Libraire du ROI.

M. DCC. LXXXI.

図8 『パリ描写』第2巻 初版の表紙。

売春に対する十八世紀の文学者の認識の変遷の遺産ともいえる。そのような現象はもっと広い視野で考えると、民衆世界が文学に編入されていく過程の例の一つであり、その流れの中で、革命前夜のパリで生活していた実在の民衆の女性や都市の民衆空間に恋愛話の新しい素材と作家の想像力の糧を求めたレティフの作品は、再評価に値するだろう。

二、舞台から主題へ、メルシエのパリ

(1)「日常」の探検

田舎出身のレティフはパリという大都会に魅了されてしまい、その作品の中でしばしば「大好きなパリ」に対する愛着を告白した。一方、彼の友達であり、同じ時期に活躍したルイ・セバスティアン・メルシエ(一七四〇~一八一四)という作家は真のパリっ子だった。メルシエこそパリ市内の武器商人の息子として、レティフが描いた店の世界で育ったが、家業を受け継がずに文人の道を選んだ。つまりレティフと同様に、まだ十七世紀に稀だった民衆的な環境で育った作家と言える。しかしメルシエの作品は主にフィクションではなく、パリの社会それ自体を観察の対象にした。

メルシエの一番有名な著書は『パリ描写』(*Tableau de Paris*)という作品である。一七八一年から七年間にわたって、合計十二巻が出版されたが、最初に匿名で、外国で刊行されたかのように色々と工夫し著者の身元を晦ました。[11] 初版はスイスのヌーシャテルという出版場所が表紙に記されている(**図8**)。その理由は当時のパリ当局と政府に対しかなり批判的な内容だったからである。

レティフと同様メルシエも前の世代の啓蒙思想家の影響を強く受けながら、パリの諸職業、社会集団、諸身分、界隈、設備、建物、行政、名物、名所、都市計画などを論じることで、パリの全体像を洩れなく描き、当時の都市問題とその解

決を考える意図だったのだ。そのような野望は、知識のすべてを数冊の本にまとめたかった百科全書の執筆者たちを連想させるが、出版計画としてはかなり違う。『パリ描写』は、辞典の文字の順番などの分類化という体系的な形式を取らないで、思いついたまま、あるテーマ或いは対象について、メルシエが自分の印象や意見を自由に表現するという、エッセイ・随筆集に近い数ページの短いテキストのコレクションという形を取っている。また同時に、十九世紀以降の新聞の時評欄を思わせるスタイルで書かれている。革命後、時評欄は十九世紀の新聞の定番として定着し、十八世紀は西ヨーロッパで新聞が新規のメディアとして発展した時代だったけれども、[12]フランス国内の新聞に対する当局の検閲が厳しく、メルシエが書いたものを連載するのはまだ不可能だった。また、文壇では、十八世紀のジャーナリストは文学評論家に近い新種類の文人として蔑視されていたので、一七六〇年代から本当の作家として認められるために本格的にテキストを書き始め、レティフをはじめパリの文壇との関係を深めたメルシエにとっては、匿名でも本の形で自分のエッセイを出版するのが当然の成り行きだった。

メルシエはパリの現状をよく批判するが、実は彼の改革の精神がパリ警視総監庁とルイ十六世の政府の進歩的な政策に近かったので、『パリ描写』を好んだ読者の中に絶対王政の高級役人も多くいたらしく、メルシエは結局、パリ警視庁の保護を受けたようだ。[13]パリをテーマにしたこのような本の出版は十八世紀におけるパリの首都の認識の進化の到達点と言えるだろう。

パリのガイド・ブックのようなものは早くから存在していたが、[14]十七世紀までのものを見ると、大半がまだ商売か仕事のために来た田舎者や外国人を目当てにした住所と警告のリストに過ぎなかった。しかし十八世紀のヨーロッパにおける旅行の発展により、観光客のために名所を細かく紹介する観光ガイド・ブックのようなものがますます発刊されるようになった。その中には、商人のために宿泊に関する情報あるいは取引の相手になれる商家の住所を提供するだけではなく、娯楽や買い物のためのカタログもたくさんあった。それはヨーロッパのファッションとデラックス産業の中心としてのパリの評判がすでに定着した事を意味するのである。また、近世を通じてフランスの諸都市の歴史に関する本が地元の学者達によって盛んに書かれたし、勿論、その沿革誌の中でもパリに関する書物が特に目立つ（**図9**）。[15]しかし、そのようなパリ史は、主に政治変異や自治制度の変遷、災害などを記録したり、時には有名な建物の由来を説明したりするにとどまり、裁判役人や聖職者などの地位にあった著者達は大体叛乱などの時にしか民衆の存在に気を配らなかった。

ところが、メルシエの発想はそれとは全く違う形でパリを描く計画だった。Tableauとはもともと「絵画」という意味であり、*Tableau de Paris*という題目は「パリのパノラマ」のような意味合いを持っている。つまり当時のパリを主題にした絵画の場合、ある場所に集まった人々と街並みを細かく描き、いくつかの場面から構成される一面の壮大な景色を創作するように、メルシエも短いスケッチを重ねる事で、当時のパリの姿を書き尽くしたかったのだ。それによって新しいジャンルの文学作品を作り出した。

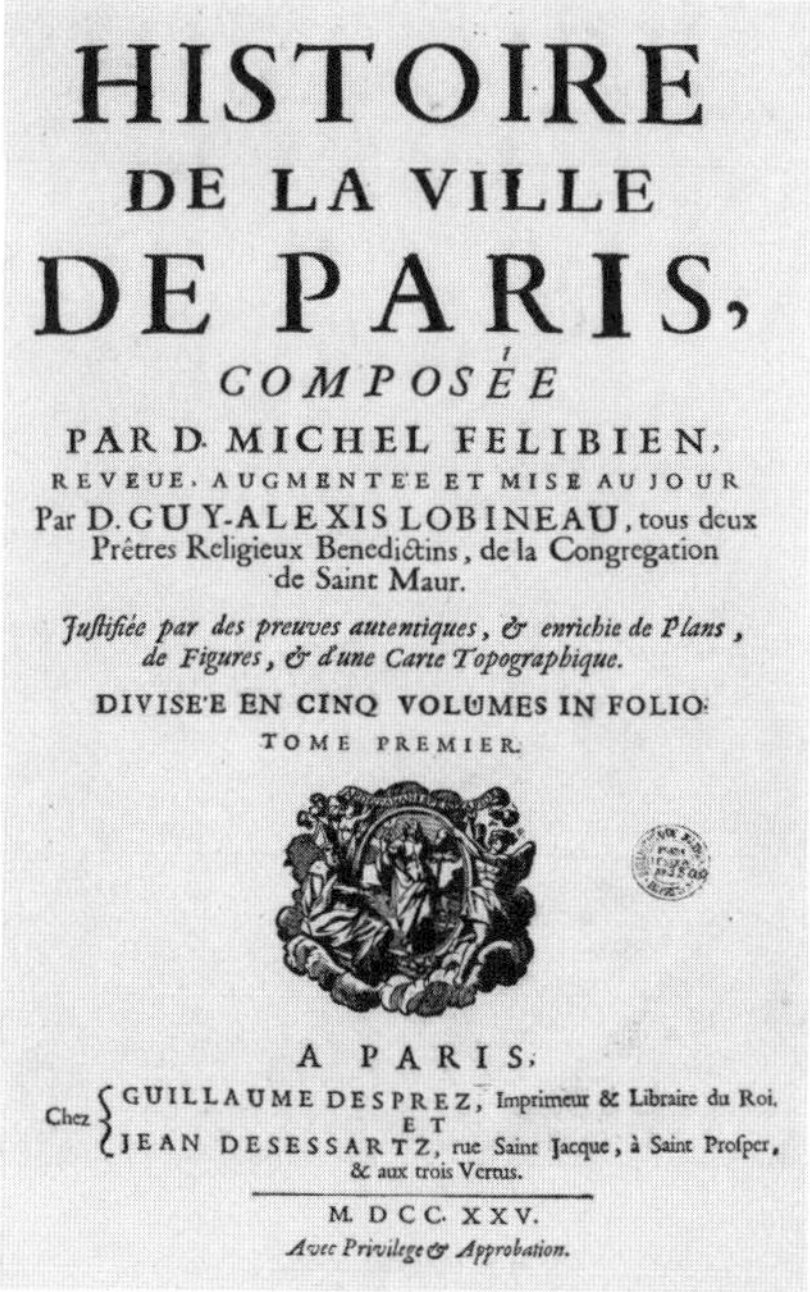
HISTOIRE
DE LA VILLE
DE PARIS,
COMPOSÉE
PAR D. MICHEL FELIBIEN,
REVEUE, AUGMENTÉE ET MISE AU JOUR
Par D. GUY-ALEXIS LOBINEAU, tous deux
Prêtres Religieux Benedictins, de la Congregation
de Saint Maur.
Justifiée par des preuves autentiques, & enrichie de Plans, de Figures, & d'une Carte Topographique.
DIVISÉE EN CINQ VOLUMES IN FOLIO.
TOME PREMIER.
A PARIS,
Chez GUILLAUME DESPREZ, Imprimeur & Libraire du Roi.
ET
JEAN DESESSARTZ, rue Saint Jacque, à Saint Prosper, & aux trois Vertus.
M. DCC. XXV.
Avec Privilege & Approbation.

図9　フランス国立図書館蔵、フェリビアン M. Félibien 作『パリ市の歴史』1775年。(Gallica)

十八世紀初頭から、都市史とは別に、特にパリという都会を扱うもう一つのジャンルが現れた。それはパリ警視総監庁の官僚や法学者などが書いた「警視論」だった。[16] 当時の「警視」や「警察」(police)という概念は現在の意味より幅広く、首都の治安と一般行政に関わる多様な業務を含めていたので、十七世紀後半、ルイ十四世によって創設されたパリ警視総監庁は、犯罪の取り締まり以外に、道路の整備、建設の規制、職業の組織の管理、ごみ処理、市場の供給、風俗や経済の規則、よそ者の監視、印刷出版の検閲などを担当していた。絶対王政による支配が次第に王朝政府の司どる官僚組織に移行するにつれて支配機関が整備され、その支配自体の様式と目的に対する考察も進み、その結果、行政を最大効率にする合理化の理念に支えられ、当時の諸実験と諸政策に基づいた都市行政の理論も立てられ始めた。「警視論」はまさに大都会の行政の多様な業務、その諸問題と解説を体系的に紹介するものであり、いくら絶対王政という身分的な枠組みの中で都市社会を把握しようとも、十八世紀の合理的な思想の影響も受けながら、行政の効率化を目指したある程度の改革的な精神で書かれたものなのである。

ところが、メルシエのアプローチは科学的・学者的とは言えない。あくまでも都市の体験を第一にし、例えば過去とパリの歴史に対してそれほど関心を示さない。しかしレティフと違って、『パリ描写』の所々に作家の仮想が現れるものの、パリをフィクションの舞台として扱わない。メルシエは体系的な都市論を構築しないで、むしろ気の向くままに主題を変えながら、パリ描写にとどまらず、彼が選んだ対象の現状を批判したり、市民の生活のために改善策を提案したりするという形で自分の意見を強く出張する。しかし、メルシエの観点は官僚のそれではなく、市内を散歩しながら日常的に目撃した場面を記録している。パリで生活し、パリを愛する一般市民の観点なのである。また、メルシエが念頭に置いた読者は「警視論」と違って、官僚や法学者ではなく、パリで生活している一般市民も含めている。

『パリ描写』は、売春、犯罪、汚染、騒音、悪臭などというパリの暗い現実を隠そうとは絶対しない。その面で、古代から引き続いて、ごろつきがうごめく汚くて危ない所として大都会を風刺する文学的な伝統を受け継いでいるように見えるが、[17] 実際は貴族社会が生んだ都市の認識と全く異質である。都市社会や市街空間の批判は民衆世界に対する蔑視のしるしではない。メルシエの場合、不衛生地区の再建、都市の美化、設備の充実という彼の切願は、啓蒙思想時代の都市計画とそれを推進した都市行政の担当者の目的と一致した。つまりメルシエが観察したパリは、警視論者のように社会秩序を混乱させる騒がしくて危ない、厳しく支配すべき異状な環境ではなく、逆にパリの住民という共同体の生活向上のために立て直すべき空間として理解される。それが革命前夜に一般市民のメルシエが一般市民の読者に訴えた事である。

(2) パノラマ文学の誕生

メルシエとレティフの作品はパリの文壇サロンで成熟し、都市空間の改善を問題にした啓蒙思想の認識の影響が、民衆出身の文人たちにまで染み込んで、文学におけるパリとその人口の新しい表象を生んだ結果である。

十九世紀から大都会が文学の重要なテーマと枠組みになったことは、よく知られている事実である。[18] パリとロンドンがモデルになり、続いてサンクト・ペテルブルク、ウイーン、ベルリンなどといった西洋ヨーロッパの各国の大都会も作家たちの想像力を育む場所となった。二十世紀に入るとニューヨークや東京の番になり、ヨーロッパ以外の国の文学でも同じ現象がうかがえる。結局、首都に限らず、各国で一番巨大な都市が近代化する世界の中で急成長を遂げ、文化や出版の中心になるにつれて、各国の文学においても別の諸都市を圧倒し、「都市社会」つまり「近代社会」そのものの到達点としてその表彰を独占するようになってしまった。

その点で、レティフとメルシエは十九世紀に発展した「パリ文学」の主な二つの流れの先駆者になったと言える。フィクションにおいてはバルザックからゾラまでの作家たちのように、社会構造などパリの諸地区の特徴を利用しながら人物たちの行動を規定する枠組みを作り出し、パリでストーリーを展開させ、そして迷路のような都市空間を駆使し、その多様性で読者を魅了したり、嫌悪感を感じさせたりした。また主人公の数ページの移動で、都市に集約した人々のすべての側面を暴露するという、近代小説の主な技術がすでにレティフの短編集や小説で見受けられる。また、時評欄やパリについてのエッセイとしてのメルシエの『パリ描写』も、十九世紀のフランス文学における重要なジャンルであるノンフィクションの前身に見える。

さて、先行する作家と比較すると、レティフとメルシエはパリに対する新しい認識を文学の中により積極的に導入したとはいえ、十九世紀の写実文学の諸形態とはまだかなり隔たっていた。彼らはおそらく主にパリの住民に読まれるだろうと想定したので、バルザックやゾラのような細かい描写はやや控え、むしろパリをよく知っている人のためにスケッチを描き、場所と人を連想させるに留めたと言える。またレティフの作品に、女たらしの罠にかかったり、実家から逃げたりして売春婦に堕ちてしまった悲惨な運命の娼婦のフィギュアが沢山見つかるが、彼にもメルシエにも社会を動かす隠れた原因や目に見えない原動力を明らかにする意識がまだ未熟である。その点で、十九世紀の文学にいくつかの新しい道を開拓したにしても、まだフランス革命以前の文学の様相を色濃く呈している。

それでは、レティフとメルシエの「パリの現実」に対する執着はどう解釈すべきなのか。前に書いたように、近世末期の「パリ論」や「パリ史」などと違い、学者ではなく作家の野望を満たすために短編かエッセイの形を取った『現在女性達』と『パリ描写』は体系的に書かれなかったにもかかわらず、パリの場所と人を描き尽くすという同様の欲望を表している。ヴァルター・ベンヤミンは、特に十九世紀後半に栄え、パリをテーマにした多様な文学作品をまとめて「パノラマ文学」(littérature panoramique) と呼んだが、彼自身はこれらをジャンルとしてあまり研究しなかった。(19)「パリ論」やパリ風刺の流行は万博の時代に盛んになり、Jules Vallès や Charles Vimaître の作品などで定着し、今まで続いている一つのジャンルであり、それは、生理学 (physiologie) の目的と方法論を真似した、例えば「パリに悪魔が」(*Le diable à Paris*) のような一八四〇年代のパリ風俗誌の出現で始まった。しかし、すでに指摘したようにこの傾向は『現在女性達』と『パリ描写』にもうかがえるのだが、その場合は啓蒙思想の分類化や体系的分析の趣向の影響の結果でもあろう。

また革命直前にそのような「パリ論」の前身が出現したのは、近世初期に政治体としての「都市の市民」という住民のアイデンティティの中心的な表象が、十八世紀になって、風俗と生活空間に規定された新しいパリっ子の自己意識に代わったことを物語っている。つまり、絶対王政の都市管理の圧力で政治団体としてのコミューンがますます弱体化し、空洞化した結果、その伝統的な政治秩序に対する所属感が崩れたことと並行して、独特のパリの文化を中核にする新しいコミュニティの意識が芽生えたと推測される。従って大都会の表象は、その政治組織の推移を上から見た法学者などという支配階級の見方ではなく、道路を歩いて出会う光景を記録する「一般住民」の体験に基づき、巨大な芝居舞台のような都市の全体像を把握する事であり、それがこのいわゆるパノラマ文学の出発点と言えよう。

レティフとメルシエが書いた作品は、場合によってよく売れたものもあったようだが、当時のフランスの田舎深い村落まで行商によって運ばれ百姓に愛読された、暦や昔話から成る何ら文学的評価を目指せなかったいわゆる「民衆文学」とは全く異質のものだ。[20] しかし二人が民衆出身の作家であったのは事実であるし、このように文人が書物の売り上げから得た所得で生活することを試みたことは、革命前夜のパリの文壇と読者の変化をよく表している。二人は啓蒙思想の理想と進歩的姿勢を受け継ぎながらも、十八世紀に文学の中心だったサロン文化と完全に縁を切らないまでも距離を置き、上流社会を超えて拡大した都市の読者たちから得た収入と評判で生活しようとしたので、その読者たちに親しみのある主題を提供するためにも、パリの日常世界を自分の作品の中心にした。レティフとメルシエのおかげで、それまで別世界のように「外から」あるいは「上から」文人によって眺められていたパリ市内の民衆とその空間は、ただの笑いか感動の対象という受け身な立場から脱出し、次第に真の文学主体として確立していく。それは十九世紀に栄えたパリの文学的神話の第一歩に他ならない。[21] ボードレールは『パリ描写』の続きで、革命以降のパリを描いたメルシエの『新パリ』(*Le nouveau Paris*) を読んだ時に、その作品を「素晴らしい」と称賛し、再販のための前書きも書こうと考えた。[22]『悪の華』の第二部としてメルシエとほぼ同じタイトルの『パリ風景』(*Tableaux parisiens*) を書いた。しかし、「モダニティ」をパリという怪物の非人間的な混乱の中に追及した、十九世紀のフランス最大のこの詩人は、自身がそれほどメルシエに感動した理由は残念ながら説明してくれなかった。だが、おそらく革命期のパリの混迷状態や変化を克明に記録したその書物で、ボードレールは自身の都市の感覚に反響した何かを見つけたのであろう。

おわりに——比較研究の可能性について

パリを文学の中核においたレティフとメルシエのような作家たちは、パリ文化の熟成の産物であり、十八世紀に徐々に拡大した文化の大衆化と文化の商品化の結果でもある。文化の大衆化と文化の商品化は、パリあるいは西洋ヨーロッパで起こった現象ばかりではなく、すでに竹内誠などに指摘されたように江戸時代後期の文化にも同類の進化を確認できる。(23) 日本の場合はそのような文化の大衆化が田沼時代以降の江戸という大都会で加速・展開し、文化の原動力がそれまで中心だった関西の上流町人社会から江戸の民衆世界に移った結果とされる。フランスの場合は革命の社会・政治変異を経て、十九世紀前半の芸術や文学の変化がより徹底的だったにしても、ユーラシア大陸の両端にあるパリと江戸で都市民衆文化が十八世紀末に成熟し固有のアイデンティティを確立した点は興味深い。

十八世紀末の江戸においても、読者の消費人口の膨張で黄表紙のような新しい大衆向けの文学が人気を集めた事が昔から研究に指摘された事実である。それにパリのように、江戸固有の文学の胎動と並行して、錦絵の出現に代表される新しい「視覚文化」も重要な役割を果したに違いない。つまり本や芝居などにおいて江戸の空間がフィクションとノンフィクションの主な枠組みになるために、おそらく先ずその空間に対する見方と視角が変わらなければならなかった。もちろん近世初期の京都や江戸を描いた屏風などが示すように、都市風景の賑やかさに対する興味は日本の芸術において長い伝統をすでに持っていた。それは例えば平安京の『年中行事絵巻』や中世に流行った「職人歌合」などで確認できる。しかし『パリの物売りの声』のように、それはあくまで面白いが無名な「百姓」に対する支配者の好奇心と視線を反映するもので、そのような「民」の表象は、近世末期の民衆から出てきた新しい自己意識とアイデンティティと根本的に違う。例えば、鈴木春信の美人画の中に「笠森お仙」という人物の錦絵がある（**図10**）。それは当時話題になったある江戸の茶屋のいわゆる看板娘を描いた絵だが、いかに理想化され、優雅な線で描かれていても、彼女は実際に存在する江戸民衆の一人であり、ほかの無名の「美人」を描いた作品と比べて、「笠森お仙」には美人画の主題として一種の個性と存在感が版画家にも見手にも認められた。

江戸下町を舞台にした化政期の人情本などは、レティフの文学のように民衆世界に恋愛小説の決りを脚色する意欲を表現する。また幕末に出版された『守貞謾稿』はメルシエの作品よりさらに体系的に書かれている一方、都市問題より風俗の記録に重点を置いたが、両者ともに身近な現実を観察し、身分と貧富の差を超越した都市文化の共有意識に基づいた新しいアイデンティティを表していると言えよう。例えば近世末期のフランスと日本の版画で民衆の女の絵の「美人画化」という同様の傾向が確認できるのが示唆的である（図7・図11）。

勿論日本は独自の文学伝統を持っているし、江戸時代後期とフランス革命前夜は政治体制から思想動向までずいぶん異なっていたので、両国で生まれた「首都文学」も色々な側面で異質である。たとえばレティフとメルシエの作品は啓蒙思想に基づいた社会批判の精神に満ちているけれども、江戸末期の文学の場合は例えば寺門静軒の『江戸繁盛記』などに風刺が存在しても、明確に政治体制や身分制の妥当性を問いかける余地がなかったようである。それは文化活動に対する両国の検閲の様式と効果の違いを反映するだろう。しかし近世

図10　鈴木春信「笠森お仙」。

図11　一勇斎国芳「武蔵国調布の玉川」国立国会図書館蔵。

フランスと近世日本は固有のオリジナリティを持っていたが、例えば、化政期と天保の江戸の戯作文学・人情本など大都会の空間を新興文学が展開する舞台にした点で似ている。それは近世末期においてフランスでも日本でも首都を中心に、出版市場の膨張が新しい文学のジャンルを育んだ結果である。

ところで、明治以降の日本文学を見ると、新聞の爆発的な開花により、パリのように東京生活とか東京風俗、あるいは東京の近代化をテーマとしたノンフィクションが流行し、一つのジャンルとして定着するに至った。また十九世紀末にすでに二葉亭四迷などが基礎を固めた近代小説においても、近代を象徴する首都・東京が文学的な空間として確立していく。(24)そこには西洋文学の影響が明確にうかがえるが、同時に十八世紀以降に文学的主題として成熟した江戸に対する表象の遺産も根強く残り、近代という新しい文脈で再解釈された「首都文学」の新しい段階としても理解できる。つまり近世末期に、フランスでも日本でもそれぞれの首都を中心に都市社会と都市空間の新しい認識が芸術において芽生え、「革命」という激動を経過した後、さらに首都という枠組みを「近代」そして「現代」の概念の出演舞台として近代文学の中核に据えた。したがって、近代の表象の浮上と拡大に関しても近世末期におけるパリと江戸の文化生産の変化の比較研究に大きな意味があるだろうと考えられる。

注

(1) たとえばRainier Lanselle,《Rétif de la Bretonne, ou la folie sous presse. (S') écrire, (s') inscrire, (s') imprimer》, *Essaim*, vol. no 16, no. 1, 2006, pp. 65-87参照。

(2) Françoise le Borgne,《Les autobiographies sans pacte de Rétif de La Bretonne》*Littératures sous contrat : (Cahiers du Groupe Φ – 2002)* [en ligne]. Rennes : Presses universitaires de Rennes, 2002 (29 novembre 2020), idem, *Rétif de la Bretonne et la crise des genres littéraires (1767-1797)*, Honoré Champion, 2011参照。

(3) たとえばEmmanuel Leroy-Ladurieの研究におけるレティフの地位についてNicolas Schapira.《Le bonheur est dans l-élite ? Témoignage, littérature et politique : Nicolas Rétif de la Bretonne et Emmanuel Le Roy Ladurie》, *Les élites rurales dans l'Europe médiévale et moderne*, Toulouse : Presses universitaires du Midi, 2007参照。

(4) 「ポルノグラフ又は売春改革論」(*Le pornographe ou la prostitution réformée*) 一七六九年推定。

(5) Nicolas-Edmé Rétif de La Bretonne, *Les contemporaines ou Aventures des plus jolies femmes de l'âge présent* (édition critique de Pierre Testud), Paris, Honoré Champion, 2015, ((全10巻))。数えきれないレティフの作品の中に、エロ本を除くと彼の死後に絶版になったり選抜という形で再販されたりしたものが大半であり、原稿のままで発刊されなかったものも多いが、二十世紀末からようやくPierre Testudのたゆまぬ努力のおかげで、レティフの一番有名な著作が豊かな注釈がついた完全版で段々出版されている。日本語訳は小沢晃 編訳『当世女　恋する女たちの人間模様』（筑摩書房、一九九〇年）など参照。

（6）サド侯爵の「ソドム百二十日又は淫蕩学校」（*Les 120 journées de Sodome ou l'école du libertinage*）にその志向が明確に表れる。サドとレティフはお互いに嫌い合って、絶えず批判や侮辱をし合っていたが、レティフは特にサドの『ジュスチーヌ又は美徳の不幸』（*Justine ou les malheurs de la vertu*）に反発し、『反ジュスチーヌ又は愛の悦楽』（*L'anti-Justine ou les délices de l'amour*）という本まで書いた。しかしそれは女性の「美徳」を賛美するどころか、ユーモラスなポルノの小説という形で、家族揃って近親相姦の「悦楽」を楽しむ自分の性愛の変わった理想を暴露した作品であった。

（7）Nicolas-Edmé Rétif de La Bretonne, *Les nuits de Paris* (édition critique par Pierre Testud), Honoré Champion, 2018（全5巻）。日本語版としてはレチフ・ド・ラ・ブルトンヌ（著）、植田 裕次（編集、翻訳）、『パリの夜——革命下の民衆』（岩波文庫、一九八八年）参照。

（8）Rétif de la Bretonne, *Mes inscripcions*（*1779-1785*）, *Journal*（*1785-1789*）(édition critique par Pierre Testud), Editions Manucius, 2006。

（9）レティフが民衆的な口調かでたらめな綴りを利用すると（例えば「堕落した百姓と女百姓」（*Le paysan et la paysanne pervertis*）という書簡小説の中で）、人物の粗野さをからかうコミカルな効果のためである。

（10）『パリの物売りの声』の研究入門として、Vincent Millot, *Les Cris de Paris ou le peuple travesti : Les représentations des petits métiers parisiens*（*XVIe-XVIIIe siècles*）, Paris, Publications de la Sorbonne, 1996参照。

（11）Louis-Sébastien Mercier, *Le Tableau de Paris*, éd. établie sous la direction de Jean-Claude Bonnet, Paris,Mercure de France, 1994（全2巻）。日本語版としてはL・S・メルシエ（著）、原宏（訳）『十八世紀パリ生活誌：タブロー・ド・パリ』二巻（岩波文庫、一九八九年）参照。

（12）近世ヨーロッパのジャーナリズムに関する最近の研究展望には Pierre Rétat（dir.）. *Le Journalisme d'Ancien Régime*, Presses universitaires de Lyon, 1982 参照。

（13）メルシエの保護者の間にはルノアール（Lenoir）パリ警視総監もいた。

（14）Daniel Roche, *Les circulations dans l'Europe moderne : XVIIe-XVIIIe siècle*, Fayard, 2011参照。

（15）Clarisse Coulomb,《Des villes de papier: écrire l'histoire de la ville dans l'Europe moderne》,*Histoire urbaine*, vol. 28, no. 2, 2010, pp. 5-16. 参照。

（16）一七〇九年に刊行されたニコラ・ドラマール（Nicolas Delamarre）の『警視論』（*Traité de police*）がヨーロッパ中に読まれ、有名になったが、それ以外にも十八世紀を通じて警察の改革論や意見書が沢山書かれた。大半が出版されずに役人とエリートの間にしか流通しなかったが、当時の秩序維持の合理化・効率化の流れをよく示している。Catherine Denys, Brigitte Marin et Vincent Milliot 編, *Réformer la police. Les mémoires policiers en Europe au XVIIIe*, Presses universitaires de Rennes, 2009参照。

（17）ニコラ・ボアローの「パリの迷惑」（*Les embarras de Paris*）という詩に知られる風刺は実に古代ローマのユウェナリスの風刺詩にさかのぼる長い伝統を持ち、文学と絵画において近世まで都市空間と都市民衆の表象として定着していた。たとえばモンテスキューの『ペルシア人の手紙』(*Les lettres persanes*)にもそのテーマが現れる。Vincent Milliot,《Entre《 savant 》et《 populaire 》. La circulation d'une figure des représentations urbaines : les《 embarras 》de Paris au 17e siècle》*Mots*, n° 13, octobre 1986. pp. 83-110参照。

（18） Karlheinz Stierle,*La capitale des signes. Paris et ses discours*, Edition Maison des sciences de l'homme, 2001, 参照。

（19） Walter Benjamin, *Paris, capitale du XXe siècle. Le livre des passages*, Edition du cerf, 1989参照。

（20） Roger Chartier et Hans-Jurgen Lüsebrink編 *Colportage et Lecture populaire. Imprimés de large diffusion en Europe, 16e-19e siècles.* Actes du colloque de Wolfenbüttel（21-24 avril 1991）. IMEC éditions et Editions de la Maison des Sciences de l･Homme, 1996参照。

（21） Eric Hajan,*L'invention de Paris*, Seuil, 2002参照。

（22） Karlheinz Stierle, "Baudelaire and the Tradition of the Tableau de Paris", *New Literary History Vol. 11, No. 2, Literature/History/Social Action*（Winter, 1980）, The John Hopkins University Press, pp. 345-361.参照。

（23） 竹内誠『日本の近世14　文化の大衆化』（中央公論社、一九九三年）参照。

（24） 東京という文学的神話の作品集としてロバート キャンベル、十重田裕一、宗像和重（編）『東京百年物語』全三巻（岩波文庫、二〇一八年）参照。

図版出典

図1 https://gallica.bnf.fr/ark:/12148/bpt6k1525999q/f29.planchecontact（view29）

図2 図1URL参照、view5

図3 図1URL参照、view 259

図4 図1URL参照、view 257

図5 https://gallica.bnf.fr/ark:/12148/bpt6k1520576s?rk=128756;0（view17）

図6 https://www.parismuseescollections.paris.fr/fr

図7 https://gallica.bnf.fr/ark:/12148/btv1b10544883b.r=La%20Blanchisseuse?rk=64378;0#

図8 https://fr.wikipedia.org/wiki/Tableau_de_Paris#/media/Fichier:MercierTableauParis.jpg

図9 https://gallica.bnf.fr/ark:/12148/bpt6k9801485j.texteImage

図10 https://ja.wikipedia.org/wiki/%E7%AC%A0%E6%A3%AE%E3%81%8A%E4%BB%99

図11 https://doi.org/10.11501/1307607（image no.2）

◎コラム◎

日韓の西洋探偵小説における都市表象
――エミール・ガボリオの『ルルージュ事件』を中心に

兪在真

ユ・ジェジン――高麗大学校教授。専門は日本近現代文学。主な著書・論文に「日露戦争と日本語民間新聞『朝鮮日報』文芸物1――コナン・ドイル（Conan Doyle）作「仏蘭西騎兵の花」を中心に」（『比較日本学』41、二〇一七年十二月）、「明治・大正・昭和戦前期の朝鮮半島からの留学生」（和田博文、徐静波、兪在真、横路啓子編『〈異郷〉としての日本――東アジアの留学生がみた近代』勉誠出版、二〇一七年）などがある。

一、世界初の長編探偵小説『ルルージュ事件』

『ルルージュ事件（L'Affaire Lerouge）』は、雑誌や新聞に家庭小説や時評などを掲載していたエティエンヌ・エミール・ガボリオ（Etienne Émile Gaboriau：一八三二〜一八七三年）が、ボードレールが仏訳したミステリーの始祖エドガー・アラン・ポーの「モルグ街の殺人事件（Double assassinat dans la Rue Morgue）」を読んでから書いた世界初の長編探偵小説である。ガボリオは一八六五年『ル・ペイ（Le Pays）』紙に「ルルージュ事件」を連載したが、当初は全く反響がなかった。しかし、この小説の新しさに目を付けた『プチ・ジュルナル（Le Petit Journal）』の創刊者モイーズ・ミヨー（Moise Millaud）は、彼が創刊した『ル・ソレイユ（Le Soleil）』紙に再連載を勧め、ガボリオは「ルルージュ事件」を大幅修正したのち、一八六六年四月より連載を開始して大きな反響を得た。フランスで「一八三〇年代に始まった新聞連載小説と、その隆盛」は、新聞購読者として「下層市民階級の大衆を引きつける手段として用いられ」、「こうした新聞連載小説の流行が、その後のフランス・ミステリ発展の基盤を形づくった」と言われている。(1)『ルルージュ事件』をはじめ、ガボリオが生んだ名探偵ルコックが活躍する長編探偵小説『オルシヴァルの犯罪』（一八六七年）、『書類百十三号』（一八六七年）、『パリの奴隷たち』（一八六八年）、『ルコック氏』（一八六九年）などルコック・シリーズは次々新聞に連載され、完結するそばからダンテュ（Dentu）社より単行本出版された。そして、世界各国で翻訳受容された。『ルルージュ事件』は、フランス・ミステリー・ブームの幕開けを知らしめた作品といえる。

二、日韓における『ルルージュ事件』の翻訳本

それでは、この世界初の長編探偵小説『ルルージュ事件』は、如何に日本語と韓国語に翻訳されたのか、という作品の詳細な比較分析に入る前に、このコラムでは、日本語訳と韓国語訳では何を翻訳できなかったのか、という問題に注目してみたい。長編探偵小説という馴染みのない新しい形式の文学を移し語る時に、移しきれなかった或いは新しく作り上げるのが難しかったものは何だったのか。この問いによって探偵小説を如何に受容したのかが窺えられよう。その前に、日本と韓国における『ルルージュ事件』の翻訳本の流れを簡単に抑えておく。

図1　会津若松市立会津図書館蔵　黒岩涙香『人耶鬼耶』表紙（聚栄堂、1905年）。（国文学研究資料館「近代書誌・近代画像データベース」に画像掲載）

(1)日本の翻訳本

まず、日本語訳には英語本を底本にした黒岩涙香の翻案、フランス原文を底本にした田中早苗の抄訳、そして完訳と大きく三つに分けられる。

〔翻案〕黒岩涙香訳「裁判小説　人耶鬼耶」①『今日新聞』（一八八七年十二月〜一八八八年九月十三日）。

『裁判小説　人耶鬼耶』②（一八八八年、小説館、一九〇五年、聚栄堂大川屋書店より再刊行、一九二〇年、集栄館より版型・装幀・文章・章立てを改変して再刊行）。

〔抄訳〕田中早苗訳『ルルージュ事件』（一九三五年、春秋社、一九四七年、苦楽社より再刊行、一九五〇年、岩谷書店より再刊行）。

〔完訳〕太田浩一訳『ルルージュ事件』（二〇〇八年、図書刊行会）。

世界初の長編探偵小説として広く知られ、ミステリー史関連の書物でも必ず目にする、ミステリージャンルにおけるキャノンとも言える『ルルージュ事件』が二〇〇八年になって漸く原文を完訳の形で読むことが可能になたのも驚きであるが、（因みに韓国にはまだ完訳本がない）この完訳本が出たことによってここで試みようとしているように日本と韓国の訳者たちが原作をどのように翻訳し、また

何を訳せなかったのかを知ることができた。この場を借りて改めて完訳本の訳者に感謝を申し上げたい。

(2) 韓国の翻訳本

韓国語版の場合は、全て日本語訳本からの重訳であるため、底本にしている日本語訳本によって分けられよう。

〔黒岩涙香訳からの重訳〕

隠菊散人訳『誰の罪（누구의 죄）』（一九一三年、普及書館。一九二一年、博文書館より再版出版）。

〔田中早苗訳からの重訳〕

①安懐南訳『ルルージュ事件（르루주 사건）』（一九四〇年、朝光社）。

②金来成訳『魔心仏心』（一九四八年、青雲社。一九五二年、海王社より再出版）。

③金ムンソ訳『覆面紳士』（一九五二年、第一文化社）。*安懐南訳と本文が同じ。

③の金ムンソ訳は安懐南訳と本文が同じであり、安が韓国戦争の際、越北したので彼の名前で出版することが不可能であった為、「金ムンソ」という筆名を使い、題目も変えて出版したと思われる。(2) ②の金来成訳の『魔心仏心』は、物語の背景も人物も皆韓国に変え、作品のプロットも入れ替え、殺人事件よりも男女の恋物語に焦点を当てるように改作した小説である。日韓の翻訳本の中では一番大胆な書き換えを行っているといえる。

金来成訳以外の訳本は皆、底本のプロットに手を加えず、底本にした日本語訳に「忠実に」沿う形で翻訳しているといえる。「忠実に」というのは、一語一句を逐語訳しているという意味ではなく、より広い意味で物語の展開を改変せず、ストーリーに沿って翻訳しているという意味である。例えば、作品の末尾を大幅に書き換えて、「死刑廃止運動」を唱える言葉通り「裁判」小説風に仕上げた黒岩涙香の翻案『人耶鬼耶』を翻訳した隠菊散人（李海潮と推定）(3)訳の『誰の罪』では、角書き「裁判小説」をタイトルから消す代わりに作品の冒頭に、原作にも

図2　韓国国立中央図書館蔵 隠菊散人『誰の罪（누구의 죄）』表紙（普及書館、1913年）。（韓国国立中央図書館「デジタルコレクション」に画像掲載）

涙香訳にもない「古代人民の思想が純朴だった頃には、法律も簡単であり、現時代文明が発達する程、法律も明白になっていく故、法律に明るい時代には犯罪者の行為も又隠密になるのである。（引用者訳）[4]」という一文を付け加えてこの小説が法律に関連していることを示している。

『ルルージュ事件』の日本と韓国における翻訳の流れを概観しても窺えるように、十九世紀アメリカやヨーロッパで生まれた探偵小説という新しい文学ジャンルが東アジア、特に韓国へ流入は、日本を経由した探偵小説の重訳という過程を経て受容された。探偵小説という新ジャンルの受容には涙香や隠菊散人訳の場合のように、西洋近代の法制度への関心もあり、田中早苗や安懐南訳の場合のように一九三〇年代のメジャーな大衆文学として客観的な推理を駆使した知的遊戯としてのミステリーの翻訳紹介もあり、また、金来成訳のように長編探偵小説の持つ複雑なメロドラマを再構成しようとしたように啓蒙や趣味の対象として広く受容されていた。

三、翻訳されなった小説内の都市表象

(一) 都市小説としての『ルルージュ事件』

『ルルージュ事件』はガボリオを一躍有名な探偵小説作家としてデビューさせた作品であるのみならず、ポーが切り開いた探偵小説という手法を長編小説としても書き得ることを示した世界初の長編探偵小説でもある。ガボリオは、ポーが提示した探偵小説の定型―謎の提示、論理的な推理、意外な真相―に犯罪を取り巻く、或いは犯罪に至るまでの人間ドラマを絡ませることで探偵小説の長編小説化を図った。『ルルージュ事件』はこの推理と人間ドラマという二つの要素がシナジー効果を出すことに成功した探偵小説であるといえる。

『ルルージュ事件』は、パリ近郊ラ・ジョンシェール村での寡婦クローディーヌ・ルルージュの殺人事件と、彼女が女中を務めたことのあるコマラン伯爵家の恋物語、その嫡子と庶子のすり替え、予審判事と容疑者が恋敵だったという縺れ、誤認逮捕と結末での大反転と、大衆の感情と好奇心を刺激する色々な要素が盛られ今日でも読み応えのある探偵小説といえる。従来の『ルルージュ事件』の翻訳が翻案、抄訳であったため、原作が持っている人間ドラマ的挿話は省略されていたり或いは原作に比べて圧縮されていたりする。しかし、完訳本と日韓での翻訳本との違いは、エピソードの圧縮だけでなく、原作では執拗なぐらい事細かく描写された作品の舞台となるパリ市内やパリ郊外の地名、通り名、都市のモニュメントが従来の翻訳では充分活かされていないところにある。

殺人事件が起きたのは、セーヌ川下流近くのラ・ジョンシェール村である

が、完訳本を読んでいくと、それまでの日本語版や韓国語翻訳本では浮き彫りにされなかった、探偵タバレと犯人ノエルが住んでいるサン＝ラザール街やノエルの愛人がショッピングを楽しむモンマルト通りなど実在するパリの都市空間を登場人物たちが行き来している様が鮮やかに描かれているのである。例えば、予審判事ダビュロン氏がコマラン子爵が容疑者であると聞かされた瞬間、物語は彼の若かりし頃、密かに慕っていた少女からコマラン子爵を愛していると告げられ、傷心したまま、夜のパリを彷徨う場面が詳細に回想される。このシーンは昔の恋敵を容疑者として対峙するというドラマチックな効果を出していると共に容疑者のアリバイを証明する物語設定の伏線となる場面である。完訳本では、失恋をして傷心した若き日の予審判事が夜のパリ市街を彷徨う様子を「人けのない河岸」、時々すれ違う人々の様子、彼を尋問しようとする警察、「グルネル街」から「ブローニュの森の、湖にほど近い散歩道」そして、「マイヨ門」の近くと、彼が一晩中歩いた場所の具体的な名前と様子を語りながら回想している。[5] このように具体的な地名を挙げることで、予審判事が彷徨った区域や街々を読者も共に辿ることが可能になる。しかし、涙香訳や隠菊散人訳では、夜の市街を彷徨う場面は語られない。その代わり傷心の大きさを「忽ちに二三十年取りしかと思わるゝほど」[6] 変わってしまったと翻訳している。田中早苗訳の場合は、「夢遊病者のやうに当てもなく方々をさまよい歩いた」[7] 事は訳しているが、傷心した心の様と夜のパリ市街を彷徨う様が重なるように語られる原作の都市表象は十分には活かされていない。田中早苗の訳本を底本にした安懐南訳の場合は、予審判事と容疑者、そして容疑者の婚約者との三角関係の部分をすっぽり省いているので、この箇所も翻訳されていない。一方、終戦後の一九四八年に田中早苗の訳本を底本にした金来成訳では、物語の舞台をソウルに移し、地名も実際のソウルの地名に書き換えて、予審判事のさまよう箇所も「ソウルの街」であり、「夜の街」「パコダ公園」であったりと読者に親しみのある地名を用いることで空間がより生き生きと描かれている。[8] 男女登場人物間のメロドラマに重点を置くように書き換えた金来成訳では、この場面は重要なシーンであるため、底本（田中早苗訳）にはない傷心ぶりを表現するよう描かれているのである。

（2）地名が想起させる空間

『ルルージュ事件』には、ひょっとすると世界初馬車による追跡場面とも言えるシーンがある。完訳本によると、この場面でもやはりパリの通りの名を挙げることで、追跡の緊迫感と臨場感を高めるように語られている。しかし、涙香訳と隠菊散人訳では、追いかけている状況は翻訳されても、どこをどのように追いかけているのかという状況までは、翻訳されていない。つまり、追跡場面での臨場感が活かされていないのである。その反面、三〇年代の田中早苗訳や安懐南訳は、完訳本に近く、地名、通り名を挙げることで追跡場面の臨場感を上手く生かした翻訳になっている。同じ、追跡場面でも明治時代と昭和時代では、臨場感の差異のみならず、消費する都市空間の描写にも違いがある。この追跡場面は、探偵タバレが、犯人の愛人を追跡して犯人の真の姿——高級娼婦を囲う二重生活を送っていた——を突き止めるという探偵小説としては重要な場面であり、この犯人の愛人を尾行する過程で犯人が殺人事件を起こす原因である、この愛人の奢侈ぶりが描かれている。犯人の愛人ジュリエットは、犯人の家から自宅に戻る途中、ショセ＝ダンタン通りやフォブール＝モンマルト通りに寄り道をして「レースやカシミヤの製品を売る店」や「骨董品店」、その他「三、四軒の店に入り、最後に菓子屋」(9)を訪れる。今日でもラファイエット百貨店や高級ショッピング店が並ぶパリ九区の通りの名を挙げながら、そこで贅沢品を買い漁る場面を挿入することでこの愛人の奢りっぷりを語っているのである。しかし、涙香訳や海朝訳では、追跡場面が短く圧縮され、臨場感がないばかりか、この愛人の人物造形をも表すこの箇所も翻訳されていない。それは、安懐南訳でも同じである。これらの翻訳本で繰り広げられる都市空間は完訳本でのような豪奢な物を売る消費する都市としては表象されていない。ただ、田中早苗訳では、買い物の場面が省かれずに語られているが、地名は削除され、ただ単にその愛人が買い物をしたという事実だけが語られている。

四、西洋探偵小説の翻訳における人間ドラマと推理のバランス

『ルルージュ事件』の日韓の翻訳本を完訳本と比較してみると、『ルルージュ事件』という探偵小説が有しているミステリーとしての面白さ、捜査や推理の過程、西洋の裁判制度の紹介などは日本語版にも、そして日本語版を翻訳した韓国版でも描かれているが、原作に見られる溢れんばかりの都市表象や記号はこれら日韓の翻訳本では充分に描かれていない。翻訳本のなかで空間描写が具体的であり、また詳細に語られているのは、意外にも推理よりも人間ドラマに焦点を当てて書き換えた金来成のソウルを舞台にした『魔心仏心』である。そして完訳本と比較してこの人間ドラマ的なエピソードや描写を省き、ミステリーに重点を置いて翻案、抄訳された他の翻訳本では、プロットの展開が原作通りに翻訳されているので、これらのエピソードを割愛しても探偵小説として読むのには何の問題はないのである。ただ、完訳本を通して確認することが出来る原作がもっている豊富な都市描写は惜しくもこれらの「探偵小説」翻訳本では、同様に描かれているとは、言い難い。

『ルルージュ事件』には、都市を彷徨いながら煩悩し、時には都市が提供する贅沢品を消費することで内なる空虚感を胡麻化したり、時には犯人や容疑者のように都市の匿名性のなかで自分の本当の姿を隠すパリという都市に住んでいる多種多様な人物のドラマが生きいきと語られている。そしてそのような人間ドラマを語る空間として都市が多分に描写され言及されていたのである。しかし、近代日本と韓国ではこの『ルルージュ事件』を人間ドラマを語る小説としてよりも、犯罪をめぐる「裁判」小説或いはミステリーの真相を明かす謎解き物に重きをおいて翻訳受容したために、ドラマ性とともにそのドラマが語られる都市表象は充分翻訳さてなかったといえる。

注

(1) 太田浩一「訳者あとがき」(エミール・ガボリオ作、太田浩一訳『ルルージュ事件』図書刊行会、二〇〇八年)四二三頁。

(2) 朴珍英「解説」エミール・ガボリオ作、安懐南訳、朴珍英編『ルルージュ事件』(ペイパーハウス、二〇一一年)二五〇頁。

(3) 朴珍英『翻訳と翻案の時代』(ソミョン、二〇一一年)二二一頁。

(4) 隠菊散人「누구의 죄」(全光鏞編『韓國新小説全集 巻7：金敎濟(外)篇』乙酉文化社、一九六八年、初出は一九一三年)一七九頁。

(5) エミール・ガボリオ作、太田浩一訳『ルルージュ事件』前掲書、一四五―一四七頁。

(6) 黒岩涙香著、池田浩士校訂『裁判小説 人耶鬼耶』(インパクト出版会、二〇一六年、初出は一八八八年)五八頁。

(7) エミール・ガブリオ作、田中早苗訳『ルルージュ事件』(春秋社、一九三五年)一二〇頁。

(8) 金来成『魔心仏心』(海王社、一九五二年、初出は一九四八年)六〇頁。

(9) エミール・ガボリオ作、太田浩一訳『ルルージュ事件』前掲書、三九二頁。

執筆者一覧（掲載順）

ロバートキャンベル　鄭炳浩
齋藤真麻理　金秀美　桜井宏徳
谷川惠一　金容澈　入口敦志
西村慎太郎　宋浣範　野網摩利子
金季杍　渡辺浩一　嚴仁卿
金孝順　ギョーム・カレ
兪在真

【アジア遊学 255】

東《ひがし》アジアにおける知《ち》の往《おう》還《かん》

2021 年 3 月 15 日　初版発行

編　者　大学共同利用機関法人 人間文化研究機構
国文学研究資料館・
高麗大学校グローバル日本研究院

制　作　株式会社勉誠社

発　売　勉誠出版株式会社
〒 101-0051　東京都千代田区神田神保町 3-10-2
TEL：(03)5215-9021(代)　FAX：(03)5215-9025

〈出版詳細情報〉 http://bensei.jp/

印刷・製本　㈱太平印刷社
組版　デザインオフィス・イメディア（服部隆広）
ISBN978-4-585-32501-7　C1395

254 東アジアの歌と文字

真下厚・遠藤耕太郎・波照間永吉　編

浄の讃　楊明璋
清代前期、媽祖信仰・祭祀の日本伝播とその伝承—ヨーロッパの東アジア進出も視野に入れて　松尾恒一

Ⅱ　尊像の造形と伝承

信仰における図像と継承—敦煌に見られる山と天界の図像を中心として　荒見泰史
五臺山騎獅文殊尊像群の東漸と西漸—五臺山・比叡山・敦煌の尊像群から　白須淨眞

Ⅲ　経典と物語、その伝播

『賢愚経』の伝播　髙井龍
『キツツキと獅子』説話の伝播と発展　梁麗玲
『仏母経』の流行から見る疑経の受容　岸田悠里
明代、南シナ海の海盗の活動と記憶—日本・中国大陸・東南アジアの宗教史跡をめぐって　松尾恒一

252 中世日本の茶と文化—生産・流通・消費をとおして

永井晋　編

序文　鎌倉・室町前期における茶の研究　永井晋

第一部　称名寺伝来資料に残る茶の世界

国宝「称名寺聖教・金沢文庫文書」の茶関係資料　山地純
『金沢文庫古文書』が示す鎌倉・房総の茶　永井晋
「称名寺聖教」に見える「茶」と「荼」　張名揚
【コラム】中世都市鎌倉と喫茶文化　大澤泉

第二部　中世における茶の生産と道具

中世前期の茶の受容　福島金治
抹茶の変容—中世の気候変動と覆い下茶園の成立　沢村信一
中世前期の茶臼　桐山秀穂
建盞と天目—茶器の種類と名　岩田澄子

第三部　中世仏教と茶

栂尾茶・醍醐茶の評判—十四世紀高山寺の喫茶文化　芳澤元
東アジア仏教文化と中世信濃の喫茶—王禎『農書』の茗煎・末茶・蠟茶に基づく考察　祢津宗伸
薬としての茶—栄西・性全・忍性・叡尊　岩間眞知子
【コラム】中世鎌倉の喫茶—建長寺境内の発掘調査成果から　宮田眞
【コラム】仏教美術と茶—羅漢図に見る喫茶文化　米沢玲

第四部　地方の茶

中世武蔵国の慈光茶—銘柄の形成とその風味　小田部家秀
出土遺物からみた中世寺院と茶—伊豆国円成寺跡の出土遺物から　池谷初恵
【コラム】称名寺領下総国下河辺庄赤岩郷周辺に残る在来　佐々木清匡
【コラム】史跡河越館跡から出土した喫茶関連資料　平野寛之

第五部　室町時代の茶

室町社会における巡事と茶寄合　白川宗源
【コラム】花はさかりに、月はくまなきのみ見るものかは　橋本雄

253 ポストコロナ時代の東アジア—新しい世界の国家・宗教・日常

玄武岩・藤野陽平　編

序言　境界を越えた「連帯」のコミュニケーションへ—ポストコロナ時代の東アジア　玄武岩・藤野陽平

Ⅰ　ポストコロナ時代の政治とコミュニケーション

日本における新型コロナウイルス感染症とマスメディア報道　森類臣
新型コロナ対策優等生台湾の初動体制—開いたも

250 酔いの文化史 —儀礼から病まで

伊藤信博　編

251 仏教の東漸と西漸

荒見泰史　編

248 明治が歴史になったとき ―史学史としての大久保利謙

佐藤雄基　編

249 漢学とは何か ―漢唐および清中後期の学術世界

川原秀城　編

アジア遊学既刊紹介

243 中央アジアの歴史と現在 —草原の叡智

松原正毅　編

244 前近代東アジアにおける〈術数文化〉

水口幹記　編

245 アジアの死と鎮魂・追善

原田正俊　編